今西 一
Imanishi Hajime

近代日本の地域社会

日本経済評論社

B

i

目次

第Ⅱ部　文明化と民衆世界

序章　国民国家と近代的差別

1　戦後歴史学と国民国家論

戦後の歴史学は、不思議と一五年を周期として新しい波が訪れている。一九四五年から六〇年までは、「講座派」マルクス主義[1]の社会経済史が圧倒的な影響力をもっており、大塚久雄の経済史[2]や丸山真男の政治史[3]のような「市民」派の社会科学も、その影響下にあった。六〇年代には、色川大吉[4]・安丸良夫[5]らの民衆史・民衆思想史が台頭し、七五年には網野善彦[6]・阿部謹也[7]らの社会史が登場した。そして九〇年代になると西川長夫らが主導した国民国家論が登場し、現在は中村政則に言わせると「新戦後歴史学」（新しい実証主義）が台頭しているそうだが[8]、七〇年代中頃からの歴史学は、「戦後歴史学」から「現代歴史学」へと変貌していったというのが、大方の見方である[9]。

民衆史への転換が六〇年安保闘争であるとすれば、七〇年代の社会史への転換は六〇年代後半の学園闘争や反公害闘争のなかから生まれた「近代知」への反省であった。六〇年の安保闘争では、「政治史」や「経済史」から自立した「民衆史」が発見され、「六八年革命」（イマニュエル・ウォーラーステイン）では、世界史的に「マイノリティの復権」が行なわれた。日本でもウーマン・リブがフェミニズム運動に発展し、部落解放運動、「在日」朝鮮人・中国人の運動、エコロジー運動、アイヌ・沖縄の運動、障がい者運動などが、かつてなく盛り上がっていった。

また、七〇年代にはミシェル・フーコーらのフランス構造主義の研究[10]、イギリスのエドワード・P・トムスンの「文化的」マルクス主義[11]などが次々と紹介されて、歴史学にも大きな影響を与えた。八〇年代になると欧米のフェミニズムやフランスのアナール学派の研究が盛んに紹介され、『社会史研究』全八号（日本エディタースクール出版部、一九八二〜八八年）が刊行されて、日本でも社会史が定着していった。

九〇年代の歴史学に衝撃を与えたのは、西川長夫の国民国家論である。その直接的な契機は、八〇年代後半からの社会主義体制の崩壊と、フランス革命二〇〇年を記念する国際的なシンポジウムであった。日本で行なわれたフランス革命二〇〇年シンポでの西川報告は、「フランス革命と国民統合」（『思想』第七八九号、一九九〇年、のちに『国民国家論の射程』柏書房、一九九八年、に収録）という表題で行なわれ、当時の日本の歴史学や法学では主流であった、フランス革命やフランス民主主義への美化論を徹底的に批判した。

その後、「国民（Nation）再考」（『人文学報』第七〇号、一九九二年）などで、「国民という怪物」論を突き詰め、「国家イデオロギーとしての文明と文化」（『思想』第八二八号、一九九三年）のなかで、「文明」（または「文明化」）という概念は、初出は一八世紀のフランス（ミラボーの『人間の友、あるいは人口論』）とされるが、「文明」概念は、普遍主義的な装いをまとったナショナリズムであり、それに対抗してドイツで形成された「文化」概念は個別主義的なナショナリズムであったとする。そして、それぞれの担い手は「市民」（女性や外国人は「二級市民」）や「フォルク」と呼ばれているが、その「市民」や「フォルク」が、国家装置を通して国民化されていく過程が、近代の国民国家の形成であったとした。

九〇年代に西川は、『国境の越え方』（筑摩書房、一九九二年、のちに平凡社ライブラリー、二〇〇一年）、『地球時代の民族＝文化理論』（新曜社、一九九五年）、前掲書『国民国家論の射程』、『フランスの解体？』（人文書院、一九九九年）と次々と国民国家論を展開していった。それと同時に、『幕末・明治期の国民国家形成と文化変容』（新曜社、一九九五年）や『世紀転換期の国際秩序と国民文化の形成』（柏書房、一九九九年）などの共同研究を組織して、序章「日本型国民国家の形成」と序「帝国の形成と国民化」で、国民国家論の日本への適用を試み、この議論を東南アジアにも展開していった。

しかし、いまだに西川の議論を、ベネディクト・アンダーソンの『想像の共同体』（一九八三年、白石隆ほか訳、リブロポート、一九八七年）の「参照」であると見て、「第三世界諸国をモデルにするアンダーソンの研究を、（沖縄と民族居住地を除いて）近代化以前から国土とその住民の大部分が国としての一定のまとまりを持ってきた日本に当てはめることには無理がある」（仲正昌樹『集中講義！ アメリカ現代思想』ＮＨＫブック、二〇〇八年、一九五頁）といった無理解な批判が存在する。確かにアンダーソンからは、大きな影響を受けているが、西川の議論には長い前史があった。「国民という怪物」論などは、すでに初期のスタンダール論をまとめた『スタンダールの遺書』（白水社、一九七九年）で提起されている。またルイ・アルチュセールの「国家イデオロギー装置」論と格闘し、カール・マルクスのボナパルティズム論を批判した、「ボナパルティズム概念の再検討」（『思想』第五八三号、一九七三年）を含んだ『フランス近代とボナパルティズム』（岩波書店、一九八四年）では、マルクスの民衆観が徹底的に批判されている。国民国家論は、これらの諸著作をふまえて、西川の中国での捕虜生活を含めた戦争体験から生まれたものである。

2　日本史のなかの国民国家論批判

もはや歴史学のなかでは、国民国家論は常識化してきている。最近でも、市川裕ほか『ユダヤ人と国民国家』（岩波書店、二〇〇八年）、伊藤定良編『近代ヨーロッパを読み解く　帝国・国民国家・地域』（ミネルヴァ書房、二〇〇八年）、中本真生子『アルザスと国民国家』（晃洋書房、二〇〇八年）等々と、国民国家論を前提とした著書が続々と現れている。

日本史でも鹿野政直は、『岩波講座　日本通史』本巻二一巻・別巻四巻（一九九三〜九六年）を取り上げて、講座全体が「「国民国家」の相対化」を念頭においた（今井修「『岩波講座日本通史』の構成と特色」『歴史評論』第五五四号、一九九六年）という今井修の評価を受けて、「「国民」は、達成願望のまとから離脱願望の焦点へと変った」としている（同『鹿野政直思想史論集』第七巻、岩波書店、二〇〇八年、一九七頁）。鹿野が指摘するように、二〇〇〇年代には、小森陽一ほか編『近代日本の文化史』全一〇巻（二〇〇一～二年）別巻一巻（未刊）、倉沢愛子ほか編『岩波講座アジア・太平洋戦争』全八巻（二〇〇五～六年）などが刊行され、酒井直樹、テッサ・モーリス＝鈴木、成田龍一、米山リサらを中心に、国民国家批判が展開されている。

しかし、「比較史と発展段階論を方法として遅れた日本を批判的に対象化する戦後歴史学から、近代国民国家という普遍のなかで近代日本を捉えるという方向への視座転換である」と国民国家論を評価する安丸も、「国民国家のなかでの対抗・葛藤・矛盾などは主題化されないか、せいぜい国民国家編成の媒介環として処理されていく」と批判的である（安丸前掲書『現代日本思想論』一三七頁）。

国民国家論は、戦後歴史学を代表する日本史の正統派にとっては、実に評判の悪い議論である。永原慶二は、「「国民国家共同幻想」というけれど、あれも全部幻想かといったら歴史の現実を見たことにならない。（中略）その幻想と見られるものがどう現実的な役割を演じているかということを考えないと」「歴史の認識にはならない」（永原慶二追悼文集刊行会編『永原慶二の歴史学』吉川弘文館、二〇〇六年、三八頁）と語っている。大石嘉一郎もまた、愛弟子の田崎公司によると、「国民国家論の議論については、信じられないくらいの反発を示」（大石先生追悼文集刊行会編『日本近代史研究の軌跡』日本経済評論社、二〇〇七年、一六四頁）したそうである。

これらの批判には誤解も多く、国民国家論は近代国民国家の天皇制を含めた「表象とのたたかい」の重要性を指摘しているのであって、従来の「土台・上部構造論」的な見方には反対であるが、現実の社会・経済分析をやらなくてもいいとはひと言も言っていない。もちろん何のための表象分析なのか、わけのわからない恣意的な表象論が増えているのは問題であるが、それまで国民国家論のせいにされてはたまらない。

社会経済史の側からも、丹羽邦男の『土地問題の起源』（平凡社、一九八九年）のような近代主義的な「農業・土地問題」観への批判、朝尾直弘の「時代区分論」のように、先進・後進という「地帯構造」論への批判が現れている（前掲『岩波講座　日本通史』別巻二）。丹羽はまた、従来の地租改正研究のなかに、上杉聡らの賤民「解放令」研究の成果を生かした労作『地租改正法の研究』（ミネルヴァ書房、一九九五年）を残した。漁業史を通して近畿と東北の先進・後進論を批判した高橋美貴は『近世漁業社会の研究』（清文堂出版、一九九五年）で「環境史」という新たな視点から近代化の問題を考えようとしているが、これも丹羽の残した課題のひとつである。

しかし大門正克のように、西川の国民国家論は、、新自由主義と同様に「強い個人」を前提としている（『歴史への問い／現在への問い』校倉書房、二〇〇八年）、といった国民国家論批判は、完全な誤解である。鹿野も語るように、国民国家論こそが「国家への献身を軸とする歴史修正主義と対蹠的な位置に立つ主張にほかならない」からである（鹿野前掲書、四二二頁）。そのことを私は、大門らとの議論のなかで幾度も繰り返してきたが、どうしても理解していただけなかったようである（牧原憲夫編『〈私〉にとっての国民国家論』日本経済評論社、二〇〇三年）。

そして鹿野は、「西川にあっては、そのグローバリゼーションへの認識は弱い」（鹿野前掲書、四二五頁）とするが、最近の西川は、『〈新〉植民地主義論』（平凡社、二〇〇六年）などによって、その独自の国内植民地論などで、グローバリズム批判を展開している。その共同研究の成果の一部は、韓国の漢陽大学とのシンポジウムの記録をまとめた『批評』（第一四号、二〇〇七年、ハングル）や『立命館言語文化研究』（第一九巻一号、二〇〇七年）、同誌（第二〇巻第三号、二〇〇九年）などで展開されている。西川の著作は、戦後最大のグローバリゼーションによる経済危機に悩む韓国で、『国境の越え方』などが次々と翻訳されている。国民国家論では、植民地論が弱いということを一番自覚していたのは西川自身であり、植民地主義の研究を発展させることで西川国民国家論は完成されたと言ってもよいのである。

近年、アントニオ・ネグリとマイケル・ハートの「帝国」論（水嶋一憲ほか訳『帝国』以文社、二〇〇三年）の影響を受けて、国民国家論は古い、もはや「帝国」の時代であるという議論が現れている。しかし、山室信一が「国民帝国」論を提起しているように、「国民国家と植民帝国とが同時期的に相互補完的に形成されていった」という議論が常識化してきている（「国民国家論の射程」、山本有造編『帝国の研究』名古屋大学出版会、二〇〇八年、八八頁）。しかし、その山室が、日本の植民地化の特徴を、「本国に近いところからだんだん外側に同心円的に広がっていったことです。英仏などの欧州諸国が遠方に資源を求めて植民地をつくっていったのとは違います」などと語っているのは奇妙である（朝日新聞取材班『「過去の克服」と愛国心』朝日新聞社、二〇〇七年、八二頁）。

これはマーク・ピーティ（浅野豊美訳『植民地』読売新聞社、一九九六年）なども主張していることであるが、ロシア史の西山克典らが語るように、「イギリス革命の最中に、クロムウェルによるアイルランド征服がなされ、その植民地化の本格的開始をみたのは周知のことである」（『ロシア革命と東方辺境地域』北海道大学図書刊行会、二〇〇二年、一〇頁）。ヨーロッパにおいても植民地は近代革命のなかで拡大され、「国境」の周辺から形成されたのであり、これはロシアや中国、日本においても同様である。沖縄、小笠原、北海道、「樺太」などの国内植民地と台湾、朝鮮、「満州」、「蒙古」、東南アジアなどの「外地」植民地を比較することが、今後の植民地研究にとって、重要な課題になってきている（今西一編『世界システムと東アジア』日本経済評論社、二〇〇八年）。また近年の帝国と国民国家をめぐる議論は、植民地研究のなかで、激しくたたかわされている（日本植民地研究会編『日本植民地研究の現状と課題』アテネ社、二〇〇八年、参照）。

3　国民国家と近代的差別

部落問題研究のなかでの国民国家論については、黒川みどりが「近代「国民国家」と差別」（『部落解放研究』第一三五号、二〇〇〇年）という論文で詳細な紹介をしている。しかも、部落問題研究のなかで、この頃が国民国家論が最も盛んに論議された時期で、屋上屋を架すことになるが、黒川の紹介を参照しながら、近年の議論を加えていきたい。国民国家論の衝撃のひとつは、前近代の遺制として考えられてきた、部落差別や女性差別などが、まさに近代国民国家の抑圧性、排他性のなかから生まれてきたものだということを明らかにしたことである。

部落差別が前近代社会の遺制であるという議論は、戦前の喜田貞吉・高橋貞樹らによって提唱され、戦後、井上清・林屋辰三郎・奈良本辰也・藤谷俊雄・馬原鉄男・鈴木良らによって確立していった。しかし一九六〇年代になると、彼らが議論の前提とした、前近代遺制、半封建的な寄生地主制、ブルジョア・地主天皇制など、「講座派」マルクス主義が捉えてきた日本近代史に対する、理論的・実証的基盤自体が、完全に崩壊していったのである。そしてヨーロッパの近代革命の実証研究が進むなかで、日本の明治維新こそが、フランス革命よりも徹底した近代革命であることが明らかになってきた。国民国家論は、そうした理論的・実証的成果を前提としている。

部落差別を前近代遺制とすることに対する批判としては、秋定嘉和（『近代と被差別部落』部落解放研究所、一九九三年）などの先駆的な業績があるが[12]、一九九〇年代には、畑中敏之ら部落問題の若手研究者からも、前近代遺制論を批判する議論が現れた（『「部落史」の終わり』かもがわ出版、一九九五年）。

部落史の研究者に大きな影響を与えたのは、ひろたまさきの『近代日本思想体系二二　差別の諸相』（岩波書店、一九九〇年）の解説論文である（『差別の視線』吉川弘文館、一九九八年、所収）。ひろたは、文明化の作用のなかで、女性、部落、アイヌなどのさまざまな差別が生まれることを強調する。しかし、福沢諭吉などの啓蒙思想研究から出発したひろたの場合は、「近代」の捉え方は両義的であり、「近代」のなかに「弊害を克服する道」を見るものである。

したがってひろたは、国民国家論には一定の距離をおいているのであろうが、西川との友情もあってか、明確な国民国家論批判を展開していない。これに対して、西川国民国家論を部落問題に適応することを積極的に提起したのは、筆者の一連の研究である。筆者は、『近代日本の差別と村落』（雄山閣出版、一九九三年）のなかで、畑中・鈴木らの「本村」付支配を認めて、本村－枝村関係の遺制のなかに、部落差別を見ようとしたが、『近代日本の差別と性文化』（雄山閣出版、一九九八年）によって、部落差別を近代の産物とする立場に明確に移行した。文明化のなかで、被差別民や山家《さんか》、「乞食」、漂泊民、女性などの激しい「異化」と排除が生まれることを明らかにした。それと前著での近代化による町村「共同体」の扶養《ホスピタル》機能の解体という問題を結びつけたのである。

その後、一九九八年の第四回全国部落史研究交流会において、「近代日本の国民国家と部落問題」と題する報告を行ない、喜田・高橋の「部落史」こそが、国民国家が創り出した「国民史」(ナショナル・ヒストリー)であるという批判を行なった(『国民国家とマイノリティ』日本経済評論社、二〇〇〇年、所収)。また水平社八〇年記念集会での報告をまとめた「水平運動史への一視点――ジェンダーと「主体」の問題――」(『日本思想史研究会報告』第二〇号、二〇〇三年)では、特に部落史のなかでジェンダー的な視点を導入することを提言した。その実践の一部が、『遊女の社会史』(有志舎、二〇〇七年)である。

この一九九〇年代の終わり頃は、実に活発に国民国家論を前提とした研究が現れている。同じ一九九八年の第四回全国部落史研究交流会では、関口寛が「初期水平運動における「政治文化」」(『部落史研究　部落民衆・国民国家論と水平運動』第三号、一九九七年)という報告を行ない、奈良県の大正小学校の差別糾弾闘争のなかに、部落民衆の新しい〈政治文化〉を見ることを提言している。関口の一連の研究は、『水平社創立の文化史的研究』(一橋大学博士論文、二〇〇〇年)としてまとめられたが、いまだに公刊されていないことが惜しまれる。

同時期に興味深い論攷を発表したのが、友常勉である。友常は、「特殊部落」という言説は、近世からの「種姓《しゅせい》観念」が、近代の「文明 - 野蛮」の観念のなかで再編成され、より暴力的な言説としてエリートから民衆に投げ返されたものであり、その背景には「社会ダーウィニズム」があったとする

（「明治期の衛生政策と東京の被差別民（上・下）」『解放研究』第八、九号、一九九五、九六年）。関口や友常の研究は、言説や表象の次元で部落問題を考えようとするもので、従来の安保則夫の『ミナト神戸コレラ・ペスト・スラム』（学芸出版社、一九八九年）のような実証的な都市「下層社会」研究とは、一線を画すものであった。後者の安保の流れとしては、布川弘の『神戸における都市「下層社会」の形成と構造』（兵庫部落問題研究所、一九九三年）、原田敬一の『日本近代都市史研究』（思文閣出版、一九九七年）や、近年では佐賀朝の研究（『近代大阪の都市社会構造』日本経済評論社、二〇〇七年）などが現れている。

両者の流れを意識的に統一し克服しようとしたのが、小林丈広である。小林は「「貧民部落」が一般の地域社会の枠内にあるのに対し、「特殊部落」はその枠外にある」として、その枠組みを作るのは「民族的要素や身体的要素」ではなく、国民国家の「社会的機制全体の問題」だとする（「「特殊部落」認識における構造と主体」『現代思想』第二七巻第二号、一九九九年、一一〇頁）。小林は、すでに「近代部落問題の成立・序説」『関西大学人権問題研究室紀要』第三三号、一九九六年）や近世・近代京都の「悪所」を実証的に分析した「「大仏前」考」（『キリスト教社会問題研究』第五一号、二〇〇二年）などの力作を発表しているのだから、ぜひ、一書にまとめてもらいたいものである。

また近年、部落問題に人種概念を持ち込んだ黒川みどりの一連の研究がある。部落問題を社会的な「人種」の問題として解こうとする議論は、酒井直樹の『死産する日本語・日本人』（新曜社、一九九六年）に見られるように、アメリカなどではかなり一般的である。黒川は、『異化と同化の間』（青木書店、一九九九年）で最初に展開し、文化人類学者竹沢泰子との共同研究（『人種概念の普遍性を問う』

人文書院、二〇〇五年）で強く確信を深めて、『つくりかえられる徴《きざし》』（部落解放・人権研究所、二〇〇七年）などで「人種」論を展開する。黒川の議論には、小林が指摘するように、国民国家の「社会的機制全体」への展開が期待される。

その意味でも、最近注目されるのは、廣岡浄進の「主体と動員の陣地戦」（『待兼山論叢』第四〇号、二〇〇六年）や「アジア太平洋戦争下の被差別部落民における皇民化政策」（黒川みどり編『〈眼差される者〉の近代』部落解放・人権研究所、二〇〇七年）などの研究である。「植民地近代化」論への批判や、戦時体制下のアジアの民衆の共通の苦しみのなかで部落問題を捉えようとする視点は、部落史が国民国家の枠を超えて展開する可能性を示している。金靜美らが提起してきた問題（『水平運動史研究――民族差別批判――』現代企画室、一九九四年）を、次の世代が乗り越えながら継承しようとしている。差別史の研究にも、今後は「帝国」の問題を視野に入れる必要がある。

「表象の歴史学」と実証的な歴史学は、大きく乖離しており、両書の対話は、ますます困難になってきている。しかし、部落問題など社会的マイノリティの問題を解明していくことが、歴史学の方法的な変革を迫る、重要な前提だと考えている。本書は、そのひとつの準備ノートと考えている。むしろ「表象の歴史学」に接近しようとしたのは、『近代日本の差別と村落』の第二部第二章の新政反対一揆のなかでの「流言蜚《ひ》語」の分析や『メディア都市・京都の誕生』（雄山閣出版、一九九九年）などである。

本書では、第Ⅰ部で方法的な試論を含んだ試論を掲載し、第Ⅱ・Ⅲ部と終章では、著者の二〇代、三〇代のフィールド・ワークの成果を提示した。今となっては、七〇年代、八〇年代の農村調査もまた、ひとつの歴史的データーになっていると考えたからである。本書は、筆者の小樽商科大学での最後の数年間の授業のテキストとして編まれたものであり、筆者の研究生活の再出発の足がかりとしたいと考えている。事例研究は、京都府下の宮津市と、兵庫県神崎郡の福崎町で行なっている。最終章のみは、京都府の熊野郡（現京丹後市）を事例にしている。ミクロ・ヒストリーから日本近代を考えるというのが、筆者の出発点である。早く定年を迎えて、健康でいられるならば、もう一度史料の大海のなかで泳いでみたい、というのが近年の願望である。

（1）一九三二年の岩波書店の『日本資本主義発達史講座』に執筆した、山田盛太郎、平野義太郎、服部之総、羽仁五郎、野呂栄太郎らの影響を受けた人びとを指し、これに対立した雑誌『労農』に集まった、向坂逸郎、大内兵衛、猪俣津南雄、櫛田民蔵らを、「労農派」マルキストと呼んでいる。日本資本主義論争については、長岡新吉『日本資本主義論争の群像』（ミネルヴァ書房、一九八四年）を参照。近年、「労農派」マルキストの戦後経済政策に果たした役割を強調する、ローラ・ハイン（大島ゆかり訳）『理性ある人びと　力ある言葉』（岩波書店、二〇〇七年）なども出てきている。

（2）大塚久雄『大塚久雄著作集』全一三巻（岩波書店、一九六九～八六年）。

（3）松沢弘陽ほか編『丸山真男集』全一六巻、別巻一巻（岩波書店、一九九六～九七年）。

（4）安丸は、「戦後歴史学で階級闘争史や人民闘争史と呼ばれてきた領域に新しい分析方法がもちこまれたのは、色川の二つの論文「困民党と自由党」（一九六〇年）、「自由民権運動の地下水を汲むもの」（一九六一年）として、これを日本における民衆史の誕生とする（同『現代日本思想論』岩波書店、二〇〇四年、七一頁）。色川の著作については、『色川大吉著作集』全五巻（筑摩書房、一九九五～九六年）参照。

（5）安丸良夫「日本の近代化と民衆思想」一・二（『日本史研究』第七八、七九号、一九六五年、のちに『日本の近代化と民衆思想』青木書店、一九七四年、平凡社ライブラリー、一九九九年、に収録)。
(6)『網野善彦著作集』一二巻刊行中(岩波書店、二〇〇七年〜)。
(7)『阿部謹也著作集』全一〇巻(筑摩書房、一九九九〜二〇〇〇年)。
(8)中村政則「グローバリゼーションと歴史学」(『神奈川大学評論』第五六号、二〇〇七年)。
(9)「現代歴史学」とは、二宮宏之の言葉を借りれば、近年では「言語論的転回」が問題となり、「表象の歴史学の立場をとる社会史は、認識論の転回を認め、すべての歴史学は言説構造を持つと考えるようになってきている」というように、脱国民国家、脱ナショナリズム、脱性差などを前提とした歴史学である(「戦後歴史学と社会史」、歴史学研究会編『戦後歴史学再考』青木書店、二〇〇〇年)。
(10)フーコーの博士論文『古典時代における狂気の歴史』は、フランスでは一九六一年に刊行されているが、日本で『狂気の歴史』が本格的に翻訳されたのは、一九七五年であった(田村俶《はじめ》訳、新潮社)。
(11)E・P・トムスンの主著『イングランド労働者階級の形成』(一九六三年)が翻訳されたのは、二〇〇三年(市橋秀夫ほか訳、青弓社)であるが、近藤和彦・松村高夫らの精力的な紹介によって、彼の「モラル・エコノミー」論は、八〇年代の民衆運動史のなかで、一つの潮流になっていった(安丸良夫・牧原憲夫・鶴巻孝雄・稲田雅洋など)。
(12)戦後の論争については、師岡佑行『戦後部落解放論争史』第一〜五巻(柘植書房、一九八〇〜八五年)ほか、参照。

第Ⅰ部　近代日本の土地改革

第1章　近代日本の土地改革と「明治農法」

はじめに

日本農業の発展段階を見る時、労働手段（労働生産性）の発達で見るのか、土地生産性を重視するのか、長い研究史の対立がある。前者の代表者に山田盛太郎［一九六〇］、飯沼二郎［一九七六］らがおり、後者の代表に加用信文［一九五六］、中村哲《さとる》［一九六八］らがいる。近年では、「発展段階」説に批判が出ており、近畿＝先進地帯、東北＝後進地帯という地帯構造分析自体が否定され（高橋美貴［一九九五］）、各地域の自然に対する適応の差異として、農業や漁業などを考えるべきだという意見が強くなって、「環境史」がひとつの研究史の潮流になってきている。

地租改正にはじまる日本の近代的土地改革も、いかに伝統社会のエコロジーを破壊し、「山の民」や「海の民」の生活を破壊したものであるか、という視点からの研究も進んできている。またヨーロッパ「近代」から持ちこまれた「所有権絶対主義」の土地改革は、民衆の「共同体」的な「土地利用権」を解体し、「商品としての土地」を無批判に受け入れる。土地の商品化は、「生活基盤としての土地」の利用を破壊し、幾度となく「土地バブル」に踊らされることになる。この「所有権絶対主義」の土地改革は、北海道や沖縄、台湾、朝鮮、「満州」、「蒙古」にまで拡大していったのである。戦後日本や東アジアの農地改革もまた、いくつかの岐路があったのに、「所有権絶対主義」の方向で変革されていった。その出発点となった日本の地租改正の問題から見ていきたい。

1　「明治農法」の段階と類型

近代日本農業の時期区分

戦後、近代日本の農業生産力の発展諸段階を体系的に展示した人物に山田盛太郎がいる。山田は、「段階的視点」と「地帯（地域）構造的視点」との二大視点を結合して、日本農業の発展＝地域構造を図1‐1のように定式化した。

山田は、その独自な生産の様式論から、「農業生産力の段階的発展と零細規模耕作様式との矛盾」を重視する。日本農業の経営規模の零細性が、農業生産の根幹である耕耘《こううん》過程の畜力化、動力化の進展を遅らせた最大の要因である、と批判する。また、そこから技術の発展段階の指標としては、「耕地一筆《いっぴつ》当たり面積」や「乾田《かんでん》馬《ば》耕法《こうほう》」などが重要視される。

そして山田の発展＝地域構造論では、地租改正によって封建的土地所有組織が解体されて、いわゆ

図１－１　日本農業生産力構造の構成と段階（山田盛太郎のシェーマ）

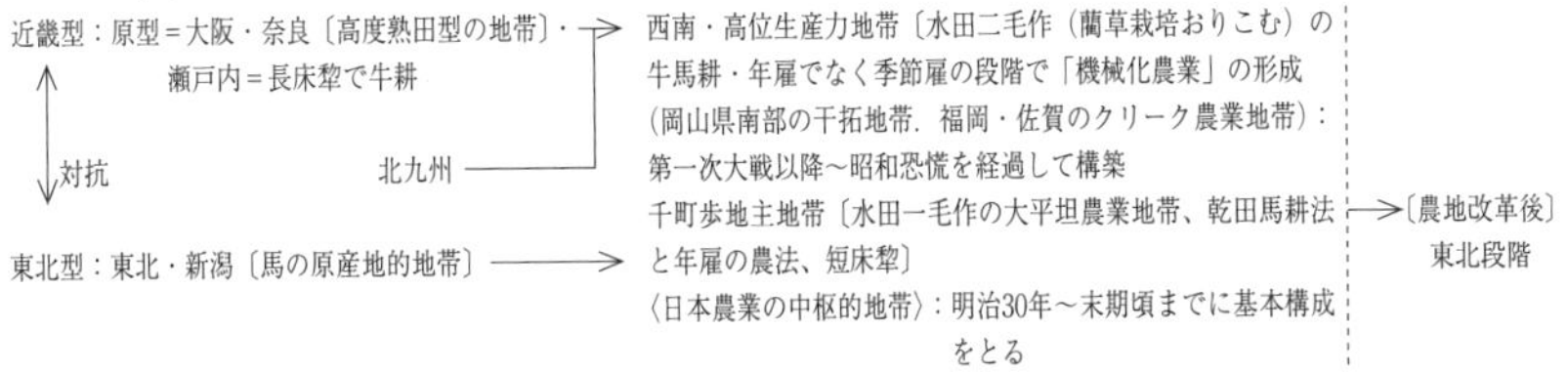

出所：山田盛太郎『日本農業生産力構造』（岩波書店、1960年）、第1部より作成。

る『分断』的な生産力の段階は、終わりを告げてから以降は、

〔第一段階〕東北・新潟の千町歩地主地帯の成立――地主的土地所有が自己に照応する生産力構造をもつ。

〔第二段階〕西南・改革前高位生産力地帯の成立――地主的土地所有に対する抵抗として、或いはその批判として意義をもつ。

〔第三段階〕農地改革後（一九五五年――引用者）に逆転倒。東北＝新潟の圧倒的優位。近畿の地位低下。西南は近畿に終始追随の形。[1]

となる。山田の場合は、近代的農業とは、大農法と機械化という前提があり、なお「地主的土地所有全構成の中枢部分」である東北型を解体させるのは、近畿＝西南型の農業機械化である、[2]という確信があった。しかし、山田の日本農業の「零細農耕」批判という方法では、せっかく農業技術の発展諸指標を、「(一)育種《いくしゅ》、(二)施肥《せひ》、(三)馬耕法、(四)機械化、(五)土地整理の展開の過程」とあげておきながら、結局「施肥と機械化」、とりわけ機械化の前進に収斂《しゅうれん》されていくのである。

　山田の視野には、零細農耕を克服する技術（馬耕、機械など）は入ってきても、零細農耕内部での労働集約的な農業技術の展開は欠落している。

それは近畿型＝原型に対する氏の無関心さとも表裏の関係にある（山田［一九六〇］）。

私は、先進地域の農法をもって発展の諸段階とする山田の発展段階論を批判し、地域類論に組み変え、各地での農民的農業技術（小農技術）の「内在的発展の論理」を、「明治農法」に即して見てゆきたいと考えている。

「明治農法」とは何か

ただその前に、すでに『日本農業発達史』第一巻で、大田遼一郎が、「塩水選《えんすいせん》もしくは寒水選《かんすいせん》、蟹爪打ち、正条埴《せいじょううえ》などをともなう西南馬耕技術が、何故に明治二十年代前後から三十年代にかけて全国的にむかえられたのか」と問うて、次のように答えていることに注目しておきたい。

> それぞれの地域に導入されていった場合には、種々のズレとニュアンスがあることは当然である。たとえば東北においては品種はまだ問題になっていない。石川県においては単に米の増収ばかりでなく、植付期を従来より二週間おくらすことにより裏作麦の作付を可能にした。福島県では精々《せいぜい》選種と田区画正からくる馬耕の問題が、山形県では乾田化のための馬耕が、最も大きな要因になっていた。事実庄内平野においては……明治三十年前には七割程度まで乾田化した。これに対して関東、東海、近畿、中国地帯では愛国、神力《じんりき》の出現や、魚肥《ぎょひ》との関連が、深耕《しんこう》を要求した度合が大であったであろうと考えられる。九州においても、福岡は選種においてこそ発祥の地であったが、品種自体はまだ二十年代初頭においては完全に在来種系統たる白玉、万作であり、

施肥形態もまたおくれていたのであり、逆にそれらの諸要素は近畿、中国から滲透伝来されて来るのである。……馬耕と乾田化――長崎が淵源といわれる――は東漸し、品種、肥料は西漸しながら、各地の農業生産力を高めていった。（大田［一九五三］）

私はもちろん、「明治農法」＝乾田《かんでん》馬耕《ばこう》＝地主制の生産力的基礎、と単純には考えていない。福岡農法（＝西南馬耕農法）の普及過程だけを見ても、大田の言うように、裏作の作季を早めるため、乾田化のため、深耕・多肥のためなど、さまざまな在地固有の要求から導入されている。また「馬耕と乾田化」は東漸し、「品種、肥料」は西漸して、相互に交流している。すなわち「明治農法」とは、そこに福岡農法の先駆性を否定するものではないが、さまざまな在地農法の総合化過程のことである。

近畿農業

明治前期の農業技術の発展方向が、「土地生産力の偏進」である、とする海野福寿（海野［一九五九］）らの説を批判して、中村哲は「土地生産性と労働生産性」が併進的に発展していることを実証した。そして明治前期の日本農業が、「土地生産性の増大が単位労働当たり耕作面積の増大をともない、労働生産性が顕著に増大する」先進地帯、「土地生産性と労働生産性が併行的に発展している」中間地帯、「土地生産性の増大にともない単位労働力当たり耕作面積が縮小する傾向があり、労働生産性はかんまんにしか増大しない」後進地帯に分化する（中村［一九六八］）、と提言する。

このうち「先進」地帯と言われる近畿農業「生産力併進《へいしん》」については、岡光夫の農書研究（岡［一九六六」）によって、かなり具体的に究明されている。岡は一八五六年に河内国八尾木村の木下清左衛門が記した『家業伝《かぎょうでん》』（木下［一八五六］）を分析して、その棉作技術の先進性に注目している。同書の棉作では、⑴優良種子の厳密な選定、⑵反当たり播種《はしゅ》量の薄蒔、⑶周到な肥培《ひばい》管理（追肥《ついひ》主義）、⑷耐病品種の選定と堅固な棉木を育成するための成長抑制、⑸梅雨期に成長を抑えるための施肥期・施肥量間引《まびき》等での調節と同時期の加減水の配慮、などが強調されている（岡［一九六六］）。

岡の議論では、違った機能を持つ諸点が未整理のまま述べられているが、「金肥《きんぴ》に堆厩肥《たいきゅうひ》の併用をすすめて」、「肥料費を節減せしめる」点や、「耐旱《たいかん》性品種と耐湿性品種を組合せ、気候条件からくる危険を分散」している点、また薄蒔《うすまき》によって「間引労働」と、「灌水《かんすい》労働の節減」に結果している点などを評価している。そして総体として、一九世紀前半の「生産費の騰貴、とくに肥料の騰貴に対して」、「労働軽減の方法」を採用し、「流通面では肥料の買留や生産物の投機的販売を通じ、経営を一歩前進させた形で、江戸時代を生きのび」た優れた富農の例を提示している(3)。

以上は棉作の事例であるが、稲作生産力の発展を理論化した業績としては、三好正喜の「近代日本農業生産力の展開について」（三好［一九七七］）がある。三好は、稲作が天水《てんすい》の一毛作田の湛水《たんすい》条件下で田植えされ、稲は用水不足、深田（湿田）であり、稲品種が穂重《ほじゅう》型早稲《わせ》である状態から、多肥化―水稲品種改良（長稈《ちょうかん》穂重型→稈穂数型）→水利改善、耕地改良（乾田化）―犂の改良（長床犂→短床犂）―裏作増大（土地利用率上昇）といった一連の集約化の過程を「明治農法」とする。三好の集約化の評価軸は乾田化と用水である。そして耕種部門と役（用）畜飼養部門との補完関係としては、犂耕による深耕だけではなく、畜力増強、効率的堆厩肥生産など、麦類およびレンゲに代表される飼料作物などの裏作を増大させ、土地利用率を高めることにある点を指摘する。

三好によって稲作の集約的発展の内容が、初めて定式化されたといえる。しかし三好の議論の問題点は、氏が嵐嘉一の『近世稲作技術史』（嵐［一九七五］）に依拠して、稲品種の発達を早稲長稈穂重型→晩稲《おくて》短稈穂数型の発展を一元的な経路とすることにある。近畿でも奈良県のように、早稲・中稲《なかて》品種の残存が強い地域が存在する。これは後作《あとさく》との関連だけではなく、早・中稲穂数型への改良や早稲穂重型の多収品種への展開などが想定される。稲品種の改良だけを見ても、多元的な発展が予想される。

しかし今後、近畿の農業生産力の展開を研究するうえでも、また「明治農法」の研究のうえでも乾田化と灌漑用水を基本原理に据えることには賛成である。まして近畿の最大の特質は、東北地域と対比した時、その農業生産力発展の漸次性・連続性にある、と言える。だが、今日では近畿型の生産力発展段階を零細経営内部での〈多肥化―乾田化―品種改良―水管理の集約化〉の論理を分析することによって明確化することが重要な課題になってきてる。

近畿農業の特質として、とりわけいわゆる「奈良段階」の場合、【幕末】菜種・棉などとの田畑輪換→【明治前期】稲単作化→【明治後期】西瓜《すいか》・蔬菜などとの田畑輪換、といった地目転換、そのなかでの作付け順序・地力維持方式・労働配分比率の転換、留池の築造と皿池灌漑、等々が問題となる。(4)

徳永光俊は、大和国式上《しきじょう》郡辻村を分析して、一八世紀の半ばには、共同体の水利規制を土地所有関係が乗り越えて、耕作地主や自作農が「全く独自の判断で、綿ブロック、田畑輪換《りんかん》のサイクルを決定する」ところまできていたことを実証している（徳永［一九九七］）。

2　地租改正とエコロジー

地租改正と村共同体

一八七三年七月の太政官布告に基づいて実施された地租改正は、近代国民国家の財政的基礎を築くための租税改革ではあったが、農法や自然と人間との関係を転換させる大改革でもあった。ここでは、丹羽邦男の『土地問題の起源』（丹羽［一九八九］）によりながら、地租改正のエコロジー的な意味を考えてみたい。

地租改正の結果については、さまざまな意見が交錯していた。イギリス公使館書記官のA・H・マウンジーは、天皇（あるいは天皇の政府）が、日本で唯一の土地所有者となり、農民はすべてその世襲的な小作人になった、と考えていた。一種の土地国有化が実現したと考えていたのである（マウンジー［一八七七］）。

「王土王民思想」というのは意外に根深く、一八八一、八二年頃、政府指導者のなかにも、王土思想が復活し、土地国有化論が現れてくる。その代表が、侍講の元田永孚《もとだながざね》や参議佐々木高行、右大臣岩倉具視らである。八二年七月に、岩倉が太政大臣三条実美に出した、「地所名称ノ更定等ニ関スル意見書」を起草した若山儀一（太政官大書記官）は、地租改正に反対して次のように述べている。「従来用いてきた官有地・民有地の名称を廃し、官有地は官地、民有地は永業地と称して、皇室のみが国土所有主権を持つことを明らかにすべきである」というのである。マウンジーや若山らの議論は、現実の土地関係を知らない、観念的な議論である。

これに対して、地租改正担当官員は、一八七三年四月の地方官会議に、地租改正法草案とともに提出された「地券ヲ発スルノ益」や「人民告諭書」（未定稿）などによると、まったく異なった見解を持っている。特に「割地のごとく一村の総有で、一人一己《こ》の所有が存在しない土地での農業は、人を怠惰にさせ生産力は発展しない」として、「旧慣の廃絶」を訴えている。彼らが「驚くほど単純率直に表明したのは、地券によって人民に付与したのは近代的土地所有権であり、地租改正で定める地租は、近代的地租だということである。さらにまた、明治政府は市民政府だということである」（丹羽［一九八九］）。これも福沢諭吉によって、「当時在朝の儒流書生輩が少しく翻訳の書を読み又西洋人の説などを聞き」、「一時心酔の余りに匆々《そうそう》議定《ぎじょう》して匆々着手したる政策」（福沢［一八九二］）と皮肉られている。

現実の農民の世界では、新政反対一揆のなかでも、「土地均分」の風聞はささやかれていたし、岐阜県方県郡洞村の松井八澄の「降符《こうふ》怪話」のなかで、庄屋・戸長が集まって、「均田説」や「土地公収」が真面目に議論されている（岐阜市［一九八一］）。政府の公議所でこそ新奇な議論として無視されてきた、神田孝平の「田租改革建議」と同じような王土説・均田論批判が議論されているのである。

そもそも近世農民の土地所持というものは、近代農民の土地所有のように、抽象的・観念的な権利ではなくて、具体的な、その土地の占有関係そのものであった。したがって、近世農民は、必ず特定の共同体の成員であって、その村を離れて土地を所有することはなかった。

この近世農民の土地所持の典型的な例が日本海地域や四国地方に存在した土地割換制（割地《わりち》制度、鬮地《くじち》制度）である。二本松領（現福島県）安積郡成田村では、一七九四年から幕末まで二〇年ごとに土地割換が行なわれ、村の総耕地石高五四五石四斗四升五合（一八五六年）を、百姓四五軒で分割している。どの耕地を耕すかは、四五軒の本百姓が鬮引きで決め、引き当てた鬮に記載された土地を、以後二〇年間耕作したのである（小野［一九三一］）。古島敏雄や青野春水らが指摘しているように、割地制度こそ、近世農民の土地所持の共同体的性格を最もよく表わしている。近世農民の所持する土地は、私のものであるとともに村のものであったのである（古島［一九四三］、青野［一九八二］）。

秋田県の老農石川理紀之助が、『八束穂』（一八六八年）という著書のなかで、「先祖からの地を分与するのは、先祖に対する大きな不幸である」とする。したがって「おのれ、主ある田を預り守る身なれば」、我子であっても、「愚かなるものにて田地を失」うと見込まれる者へは譲り渡すわけにはいかない、というのである。土地は、「我がもの」であるが、「村のもの」でもあり、「天下のもの」であるという所有観念の重層性が存在しており、今日の私的土地所有という観念とは異なった所持観念が存在していた。

近畿地方でも、商品経済が発達して共同体的土地所有が弱っているように見えるが、竹安繁治が明らかにした、「田地《でんち》支配慣行」によると、そうは言えない。竹安の研究によると、畿内のB村の農民甲が、A村に出作している場合、「甲が直接高請《たかう》けすることをせず、高《たか》名前をA村の特定農民乙に預けて、A村帳面上はこの乙の保有高として取り扱」い、乙に「実質的にその田地の「支配」を委ね」、「他村「地主」と村の支配人＝「田預り主」＝「結高《むすぶたか》」との間」で「田地支配慣行」、「結高慣行」が結ばれる（竹安［一九六六・六九］）。この共同体慣行が、地主的土地所有の進展を阻害しており、幕末の畿内でもなお村落共同体の強化をはかろうとする村内勢力があった。村共同体のもつ「団体的」性格は解消していなかったのである。

維新政府は、明治元年（一八六八）一二月一八日、次のような最初の土地布告をだしている。もちろんこの布告が届く範囲は、畿内を中心とした旧幕領に限られていた。

拝領地《はいりょうち》並びに社寺等除地《じょち》の外、村々の地面は素《もと》より都《すべ》て百姓持の地たるべし、然《しか》る上は、身分違《ちがい》の面々にて買取《かいとり》候《そうろう》節《せつ》は、必ず名代《みょうだい》差出し、村内の諸役、支え無く、相勤めさせ申すべき事

一　右同断《どうだん》、町分之《の》地面は向後《こうご》都《すべ》て町人名前之券状たるべし、然《しか》る上は、身分違ひの面々にて買取候《そうろうせつ》節は、必ず名代《みょうだい》差出し、町内之諸役、支え無く相勤させ申すべき事

右之通り相心得候様、仰出《おおせいだ》され候事

この布告は、「維新史料綱要」が、適切に要約しているように、「農・商以外の者、町・村に土地を購入するときは、代人を置き、その課役《かえき》を負担せしむ」ることを、規定したものである。

村の高請地の貢租《こうそ》負担者は村内の農民身分に限られ、町地の所持者は、町人身分に限られることが、再度確認されたのである。しかし、現実には高請地が、違う身分の者に買われることがあるので、その場合は、「名代」を立てて「諸役」を務めることが義務づけられている。「田地支配慣行」のようなものが、全国的に実施されることが要請されており、町や村の「団体性」が、簡単には壊せないとし

ている。

「山の民」と焼畑

農商務省の御雇い外国人、マックス・フェスカは、『日本地産論』（一八九三年）のなかで、明治初年の日本は、耕地が占める比率が一五・五％にしかすぎず、ヨーロッパに比べて耕地の少ない、未開発国だと結論づけている。しかし、これは統計の不備や官有地・御料地をすべて未使用地（不生産地）とした彼の計算方法に問題がある。

しかし、近世では各地の深山幽谷《しんざんゆうこく》にまで境論が起こっており、くまなく山野の利用されていたことがわかる。そしてなによりも、奥山を生活の場として利用していた人びとがいたことを忘れてはならない。まず全国に散在する杣《そま》と呼ばれる人びとが、その代表である。木曾山では、近世中期以降、地元の杣によって山林の伐り出しが行なわれるが、彼らは伐木をする杣と、造林を担当する小杣に分かれ、それぞれが頭《かしら》によって統率されていた。木曾の王滝村では、杣が村落をつくり、田畑と焼畑で自家の食料を確保していた。しかも彼らは、春から木曾山の始まる八十八夜まで、組を作って遠く秩父・飛騨までも出稼ぎに行っていたのである（所［一九八〇］）。

また木地師《きじし》と呼ばれ、「官民有の別なく随意に入山し」、「椀類《わんるい》製作」（内務省山林局飯田出張所）をする集団がいた。これらの集団に対して、明治政府は、枯れ木にも代価を払わせ、小屋掛けした土地から借地料を取るように命令している。

このほかにも「山家《さんか》（窩）乞食」と言われる集団や、中国地方には「諸国流民」と呼ばれる集団がいた。また高知県には、村の明所山《あきしょやま》とよばれる無税の山頂に近い山地を耕作する「亡土《もうと》」という人びともいた。しかし、明治政府は、彼らを「盗賊」と見なして「山家狩り」や「乞食狩り」によって捕え、授産所のなかで「国民」化しようとしたのである（今西［一九九七］）。

これら「山の民」の生活を支えていたのが、焼畑であった。かつて宮本常一は、「明治初年に水田三〇〇万町歩に対して畑三五〇万町歩にのぼっていた推定」しているが、焼畑は「五〇万町歩くらいあったのではないかと」見ている（宮本［一九六八］）。丹羽邦男は、この宮本の推定を支持し、明治前期では「五〇万町歩」、「これを抱え込んで生態系を形成・維持してきた山野は一〇〇万町歩を超えていた」と推定している（丹羽［一九八九］）。

焼畑の作付け期間は二～三年、休閑期間は二〇～三〇年であるが、野本寛一は、山間部の「かなり広い範囲で行われきた」畑地埋葬の習俗に注目する。野本は、死者を定畑《じょうばた》埋葬する以前には、焼畑地に埋葬していたのではないかと考えている。野本はここに、焼畑地の輪作期間、休閑期間の循環に根ざした焼畑農民の再生観＝霊の再生願望を見ている（野本［一九八四］）。二〇年を超える休閑期間を持つ焼畑には、私的土地所有の観念は生まれてこない。この焼畑を明治政府は厳しく禁止し、「一九五〇年世界農業センサス」では、七五三三町歩にまで減少していっている。現在も、宮崎県の椎葉《しいば》村などでは焼畑は見られるが、雨乞いなどの儀礼的なものに変わっている。

エコロジーの解体

加用信文は、日本農業の発展段階を、刈敷《かりしき》から金肥《きんぴ》へ、そして金肥のなかで魚肥《ぎょひ》→大豆粕→化学肥料へと推移したことに求め、一般的に「多肥農業」が日本で成立したのは、化学肥料段階だとした。加用の言葉を借りれば、近代日本農業は、「浅耕少肥から浅耕多肥への推移」ということになる（加用［一九五六］）。日本史でも、この加用の提言が受け入れられ、特に畿内は幕末から金肥段階に到達したとされている。

しかし、農商務省農務局の「農事調査」（一八八八年）でさえ、富山県を除く三府三九県で、生草・柴・落葉類がそのまま肥料として用いられている。明治二〇年代のほうが、幕末より棉作などが後退しており、金肥の使用量が減少しているという意見があるかもしれないが、明治初年の施肥量からも、刈敷の多さが目についてくる。

古島敏雄は、全国的な検討から近世の水田一反《たん》（一ヘクタール）当たり刈敷施肥量を一五〜三五駄（一駄約三〇貫）としていた（古島［一九四三］）。しかも、所三男によると、「田畑平均反当たり二〇駄の柴草を採るためには、田畑反別の一〇〜二〇倍という林野が必要であった」（所［一九八〇］）。このほかにも山野は、農家の家作や薪炭《しんたん》、村の橋や神社の用材、水防・水利用資材としても重要であった。明治前期での入会《いりあい》山野の役割は大きかった。

しかし、近畿の平野部の農村では山野が少なく、購入肥料＝金肥に依存することが多かった。このような地域でも、「郡内の欠点」として「山草の乏《とぼ》しき事」をあげ、村内の堤防・道敷・畦畔《けいはん》などから青草を刈る努力が払われている（前掲「農事調査」大阪府）。

また各地では、さまざまな入会慣行が報告されている。神奈川県高座郡などでは、「草刈」、「屑《くず》掻《かき》」慣行と言って、前者は入会地の草を取る規則であるが、後者は「山林の中に入て落葉その他の薪を取る」慣行があった（『山林原野入会慣行調査』一八九三年）。宮城県陸前国遠田郡のように、草を刈る者は、その道・橋などを修理する義務を負うものもあった（『民事慣例類集』一八七七年）。京都府の加佐郡の「田の上苅り」慣行や、兵庫県多紀郡大芋村の「わち苅り」慣行などでは、村の入会利用に優先して、接続地の耕作者の優先的な利用権が認められていた。関東にも、これとよく似た「木陰《こかげ》苅《が》り」慣行が存在する（『明治初年地租改正基礎資料』中巻、熊谷県伺）。このように、農業生産と村内各地の土地利用とが結びついていた。

そして漁業でも各地に「魚附林《うおつきりん》」と呼ばれる独自な土地利用形態があった。京都府与謝郡伊根浦の古老たちは、「同村西湾口に在る字《あざ》城島（国有保安林）の樹木を、嘉永の頃（一八四八～五四）伐採したる為め、伊根湾内竝《ならび》に其付近の漁獲を減じ、紛擾を生じたることあり」という事件を起こしているが、これが魚附林である。大阪府下泉南郡多奈川村の住吉神社境内地の報告によると、

漁民の言に依れば……森林は海面を陰翳《いんえい》し、海中をして魚類の愛好する暗蒼色たらしめ、……いわし等の如き弱小なる魚族をして来りて、敵を避け餌を求め棲息休憩せしむ、而《しか》して又他の比較的強大なる魚族も、其の好餌たるべき小魚の食堯多なると其他の食餌の豊富とに依り、好んで来遊し。

と書かれている（農商務省水産局「漁業ト森林トノ関係調査」一九〇一年）。樹影が水域を暗くし、水中にプランクトンを育て、それを食べるために小さい魚や大きい魚が集まり、時には水鳥や海鳥を

棲息させる。そして、なにより「風除林」として村を災害から守ってきたのである。

しかし、明治政府が付与《ふよ》した近代的土地所有権では、土地所有権が個人の私的所有を対象とするものだと強調された。そこから、土地割換制度はもちろん一村持ちや、一村総有などの所有形態も否定されたのである。これを「歴史の進歩」と評価する論者もいるが、近代的土地所有の確立は、伝統社会のなかの人間と自然との「共生」やエコロジーの循環を強権的に解体したのである。この伝統社会での共同体的な土地利用権を破壊し、自然の独占的な領有を実現することが、近代的な改革であるという思想と実践は、北海道や沖縄などの国内植民地の開拓や、台湾・朝鮮・「満州」などの植民地支配のなかでも、ますます拡大していった。

しかも明治政府は、明治五年（一八七二）四月一四日の太政官布告第一二四号で、外国人への土地売渡、質書入《しちかきいれ》の禁止を布告した。そして、改正地券の裏面には、「日本帝国の人民、土地を所有するものは必らず此《この》券状を有すべし、日本帝国外の人民は此土地を所有するの権利なき者とす」という文言を印刷したのである。土地所有者は、「日本国民」に限定するというのである。

この文言に対しても、近代史家のなかには不平等条約下で外国人の居留を制限していたからしかたがないという意見もある。だが、京都府下の丹後地域では元えたの苗字を許さず、土地を買う権利を奪っている（今西［一九九三］）。また明治五年の「北海道土地売貸規則」や「北海道地所規則」などによって、アイヌの狩猟地問題を奪っている（今西［二〇〇八］）ことなどを考えても、国民国家「日本」の暴力性・排他性は、本質的な問題であったと言える。

3　老農農法から学理農法へ

大久保農政の意義

明治四年（一八七一）一〇月に出発し、七三年に帰国した外務卿岩倉具視を特命全権使節とする「岩倉使節団」は、欧米の国民国家を模倣することを学んで帰国した。久米邦武の『特命全権大使米欧回覧実記』によると、欧米諸国が「鉄の時代」にあるとして、「炭鉄」に基礎づけられた工業化を説くとともに、農業改革も強調している。およそ「耕作、樹芸、牧畜の三業」の利益を拡大するため、「勧農会社」、「農学校」、「農業博覧会」と政府機関としての「勧農寮」の役割が注目されている（久米［一八七八］）。

これを具体化したのが、使節団に参加して帰国し、西郷隆盛ら「征韓派」を放逐して、政府内部の指導権を握った大久保利通である。大久保は、一八七三年、内務省を創設すると、「殖産興業に関する建議書」（一八七四年）や「本省事業の目的を定むるの議」（一八七五年）などを起草し、「大久保農政」と言われた勧農政策を実行する。

すでに明治五年（一八七二）には東京の内藤新宿試験場が作られており、北海道開拓使仮学校が東京の芝増上寺に設けられていた。前者は付属試験場を三田に作り、一八七七年九月、主たる事業である内外国産種苗《たねなえ》、果樹の試作、繁殖や各府県への頒布などが三田育種場に移さした。そして、七九年に内藤新宿試験場が廃止され、西洋農具の試作も三田に移った。

北海道開拓使仮学校は、七五年に札幌に移され、翌年八月に札幌農学校と改称されて、アメリカのアマスト農科大学校の学長ウィリアム・S・クラークらを迎えて開校した。クラークらはアメリカの大農法を直輸入しようとしたが、札幌農学校は、駒場農学校などと比べても、「英文学・心理学・英語の演説・討論などをはじめ、リベラル・アーツ的な諸科目が高い比重を占めていた」。したがって、内村鑑三・大島正健・新渡戸稲造・志賀重昂・武田由太郎など思想・文学界の有名人が続出したが、早くも一八八五年に政府から、教育内容が「高尚に過ぎ」て、卒業後北海道に残る者が少ないという理由で、廃校論がだされていた（松沢［一九七一］）。

他方、内藤新宿試験場にも、七四年三月に農学掛がおかれ、翌月に農事修学場が設置された。そして、七八年一月に駒場野に移され、駒場農学校と改称された。しかし、試業科に老農船津伝次平《ふなつでんじへい》を登用した以外は、イギリスから雇った教師たちが中心であった。しかも、入学者のほとんどが士族の子弟で、農業の実践にはほど遠い人物であった。しかし、ドイツ人教師マックス・フェスカらに切り替えられ、玉利喜三《たまりきぞう》、横井時敬、酒匂《さこう》常明ら学理農法を担う若い農学者らを輩出するようになる。

しかし、この「大久保農政」期の評価については、近藤哲生らのように、

内務省事業でいえば、農業部門は、欧米品種および農法・農具の導入＝移植を意図したその中心部分において、失敗したといってよい。この結果をも反映して、新宿試験場は、一八七九年五月宮内省へ移管され、その事業は駒場農学校……三田育種場その他に吸収された。また、下総《しもうさ》牧羊

場での牧羊業展開の試みも、病気による牧羊の斃死によって失敗におわった……こうした失敗は、日本における零細農耕のうえに、世界史的段階差を内包する欧米農法を接ぎ木しようとしたかぎり、むしろ当然であった。

と、その失敗が強調される（近藤［一九八八］）。だが、西村卓《たかし》のように、外国種苗の各府県への頒布は、青森県のリンゴと小麦以外は、ほとんど定着しなかったと否定的に評価されているが、「この頒布を一つの契機としていくつかの県では植物試験場などが設立されたこと」、「各府県勧業機構の中で一定の役割をはたしたこと」、「当時在地での農業生産力発展の担い手＝老農の農事改良への意欲をかきたて、彼らの眼を、在来種苗（特に稲）の取り寄せ、試作による稲作全般にわたる改良へと向けさせた」ことなどを評価する論者もいる（西村［一九九七］）。

初期の農学校は、農業教育という点では疑問があるが、それだけにかえって日本の思想界にユニークな人物を輩出したという皮肉な結果になっている。また、西村の言うように、各地での植物試験場が繁栄し、「国内産優良種苗、果樹の取り寄せ、頒布がおこなわれ」、「在来農具の取り寄せ（買い上げ）と各府県への貸与がみられた」のも事実である。しかし、農業の改良が、自生的な農民結社を中心とするのではなく、府県の勧業機構に組み込まれていった側面も、重視しなければならない。また、機械的な欧米の「大農法」の輸入は完全に破綻し、そのことが逆に「老農農法」の再評価を生み出していったのである。

農商務省と「老農時代」

一八七七年の西南戦争による巨額の軍事支出によるインフレーションと、翌七八年五月の大久保暗殺事件を契機にして、明治政府の財政・農業政策は大きく転換する。「大久保農政」への批判は、七九年の勧農局長松方正義の批判から始まる。松方は「勧農要旨」（『明治前期財政経済史料集成』第一巻）のなかで、

政府は任意鋭進して博《ひろ》く各般の事業に着手し、人民に代て大に農業の進歩を求め、直に物産の改良繁殖を図るを以て経済の要点、即ち政府の担負すべき義務なりと信認すべきか。曰く否《いな》……政府以て各般の民業に着手し事を好み功を貪《むさぼ》るが如きは、反《かえっ》て人民自為独立の気勢を挫折し、其弊害たるを得て測るべからざらん。

と、「大久保農政」を批判する。「官」がすべてやるのではなく、「民」にまかせろ、と言うのである。その具体化は、「本局主務の目的と臨時事業の要旨」（一八七九年一一月）によってなされるが、①全国を一二農区に分けて、勧農局は各区担当委員を置き視察せしめること、②各郡両三名の「老農篤志《とくし》の人」を選び、彼らをして「其郡内の農事を商量し時には相会」せしめて農事会議を開くこと、③各郡数名の農事通信委員を選び、「全国農事の気脈を通ぜしむ」こと、④各県農事会議員・通信委員会から数名を選び、農区会議を開き、「農事の良否得失を討議し、互に智識を交換せしむ」こと、⑤農

区共進会を開き、「各業務を競い益々精良ならしめんことを要す」の五点であった。

これ以降勧農局は、「人民競争の気勢」を引き出し、「村郡より府県農区に亘《わた》り遂に全国に及《およぼ》し候見込」をもって、農事会・農談会・共進会の開催を重要な課題とするようになった（『農務顛末』第六巻）。たとえば一八八〇年、岐阜県では「農事会概則」を布達し、管内を二七農区に分け、広範な農事会を組織している。以後、農事会は毎年一〇〇回前後開催され、参加人員も多い年には四〇〇〇人を超えている（『岐阜県勧業年報』）。

そして八〇年、大隈重信・伊藤博文の連名で農商務省の設立が建議され、一二月に裁可されて、翌八一年四月七日に設置される。大隈に近い河野敏鎌《こうのとがま》が初代の農商務卿に就任するが、農商務省は、輸入防遏《ぼうあつ》・輸出促進のために、農事改良などを奨励した（上山［一九七五］）。

ここで直接的勧業政策から間接的勧業政策への変更、模範の奨励、直接保護主義から間接誘導主義への転換は決定的となった。この政策転換を象徴したのが、八一年三月の第二回内国勧業博覧会の開催にあわせて、全国の老農一二〇人を浅草の本願寺に集めて行なわれた、第一回全国農談会の開催であった。同年の四月五日、大日本農会が設立されて、いわゆる「老農時代」が開幕した。

大日本農会は、同年五月二九日、北白川宮能久親王《きたしらかわのみやよしひさしんのう》を会頭にし、名誉会員には有栖川宮《ありすがわのみや》ら六皇族、太政大臣三条実美ら三三人がなった。特別会員には、農商務卿をはじめ玉利喜造、船津伝次平ら二七七人、通常会員には沢野淳、酒匂常明ら三一一人、そして幹事長品川彌二郎《しながわやじろう》の構成であった。翌八二年、東京で第一回の大集会が開かれ、農商務省委託の集談会も開かれている。その後、三田育種場の事業委託を受け、八五年には種苗交換市を開催して、農事巡回員を設置している。

各地で老農が活躍するようになるが、そのなかでも特に中村直三《なおぞう》、船津伝次平、奈良専二の三人を、「明治三老農」と呼んだ。中村直三が八二年八月、コレラで急逝してからは、これに林遠里《えんり》が加わった。次に林遠里と勧農社の活動を、西村卓の研究から見ておきたい（西村［一九九七］）。

林遠里と勧農社

林遠里は、福岡藩士林直内の次男として、一八三一年正月二四日、早良郡鳥飼村茶屋内に生まれた。林家は、代々福岡藩のなかで砲術方を担当する「家業」を担っていた。一八七一年一月には、「依願免職」し、二月からは早良郡重留村で帰農している。この廃藩置県よりも早い帰農の背景には、七〇年七月の「太政官札贋造事件」があったのではないかと、西村は推察している。

遠里が、稲作改良を決意した動機は、安徳村の勤務時代に、庭園を散歩していた時、偶然南瓜などが自然に繁殖しているのを見たことにある。彼は、「凡《およそ》草木を播種するには、人為《じんい》に依り却《かえっ》て生育を害する事少なからず。故に職として天然如何を察し、其生育を全うせしめば、其繁殖往日の倍徙《ばいし》するや必せり」と考えるようになった。そこで、稲のような「春生秋熟」するものは、種子に寒気を含ませ、寒中から水に浸して、播種する方が効果があると考えるようになった。

そして重留村に帰っても試験を継続し、「寒水浸」と「土囲い」の法を体系づけ、周囲の農家に種子を普及した。また七五年に、『稲作之伝書』を一〇〇〇部、翌年に加筆したものを三〇〇〇部を、筑前の各村の有志に配布した。それに「一層経験する所の数条を合し、一冊子と」したのが、遠里最初の著書『勧農新書』（一八七七年）である（「履歴并成績」）。同書は、筑前各郡役所を通して八五〇部配布され、また農家の求めに応じて配布された。すでに福岡県では、一八七七年から稲作改良試験に着手していたが、七九年には、九四九カ所の内、三五三カ所で遠里の寒水浸法と土囲い法が試験されている。

また八一年の第二回内国博覧会では、遠里は寒水浸法と土囲い法で栽培した種籾数種と、『勧農新書』に挿し絵を入れた再版を、同時に出品した。この再版で、遠里は「陰陽説《おんみょう》」を意識的に導入した。近世農書によく見られる「陰陽説」で寒水浸法や土囲い法の理論武装をし、「それら改良法を地方特殊的なものから全国的一般的なものへ発展させようとした」のである。また遠里は、同博覧会で二等進歩賞牌を受けている。この博覧会と同時に開催された全国農談会でも、遠里は寒水浸法、土囲い法という遠里農法を熱心に語り、各地の老農がこれを実験するようになった。ここで遠里は、「一地方老農から全国的老農へ」と飛躍したのである。

遠里は、一八七九年に「山林の荒廃」を考慮するための興産社という結社を起こしている。この興産社の活動として、八二年に長崎に出張している。そして、八四年に自らの稲作改良法を携えて、富山・石川県を巡回し、一九〇〇年頃まで全国を巡回する。これが福岡県から実業教師を招聘《しょうへい》し、各地で稲作改善事業を推進する大きな契機となった。その実業教師を養成するために、遠里は一八八七年九月頃、勧農社を創設する。

遠里は、一八八九年に、農商務省の命令でドイツ、フランス、アメリカ、インド、サイゴン諸地域の巡回視察に行き、帰国してからは西洋・ロシアのアジア進出に対抗する「富国論」を主張しだした。そして、洋行中から勧農社の新しい体制を構想し、九〇年には、勧農社を私立農学校に改組しようとしている。また九二年から勧農社は、社員の募集と、中央政府の高官や府県知事、地方名望家の援助を得る活動に奔走している。これは、「学理農法派との対抗のなかで、勧農社衰退の危機意識を背景とした起死回生のカンフル剤」であった、と評価されている。

しかし、政府高官や知事などのなかにも「学理農法支持派が、主流を占める」ようになり、実業教師の派遣数も減少していった。そして、一八九四年頃には、農業経営にも行き詰まり、膨大な借金をかかえて一九〇六年に遠里の死を迎え、勧農社は終焉していった。

遠里の農法は、初期には寒水浸法、土囲い法を強調しているが、一八九〇年頃から冬蒔《ま》き畑苗代法に転換している。集約的農業技術を高める一方、短床犂《たんしょうり》の抱持立犂《かかえもちだてすき》を使って労働生産性を高めようとするものでもあった。

稲作論争と学理農法

初期の遠里の稲作改良法とは、

夫《それ》寒気は陰の極《きわめ》、陽の元《もと》にして、万物発生の気を含める者なれば、之を播種するの始と謂《いう》可《べ》し、是故《これゆえ》に春生じ、夏茂り、秋稔者《みのるもの》は、必ず冬より蒔付可き者にして、家屋の内に貯え置べきに非ず。……稲は元来、四季を兼たる者にして、冬より蒔付難ければ、水に浸し、又は土中に囲い、寒気に触しめて後、蒔付くべきなり。

というものである（『勧農新書』再版）。確かに冬の蒔き付けが難しければ、「寒水浸」や「土囲い」をすすめている。しかし、この時期の遠里は、「陰陽説」を信じており、植物は「天性に順《したが》って愛育せざるべからず」（『農業実益日本米麦改良法』一八八七年）と、天性に従うことが強調されている。

これを批判したのは、若き農学者酒匂常明である。酒匂は、一八八〇年、駒場農学校を卒業すると、さらに三年間、農芸化学科に進学し、八三年二月、同校を卒業した。その年の三月には、農商務省御用掛、駒場農学校勤務などを命じられた。その後も、大日本農会学芸委員、駒場農学校助教授、東京農林学校教授兼幹事（一八八七年）などに昇進している。まさにエリートコースを邁進した、学理農法の代表的人物である。

酒匂は、『改良日本米作法』（一八八七年）のなかで、「近年本邦の農業に於て、実に奇々妙々なる現象を生じ、学問もなき若輩にして農理を談じ、或は経験もなき老爺にして農の実施を説くあり」と、厳しい批判を展開する。前者の「学問もなき若輩」は横井時敬を指し、後者の「経験もなき老爺」は林遠里を指している。横井が「己に其資格なくして、鉄面皮にも老農に任」ぜたり、遠里が「学者を気取りて全国を徘徊するに於ては、実に其大胆に驚くに外なし」、「之が為め種々の浮説誤謬に迷うて、知らず識らず莫大の損をなすに至ては、農家の為に歎ず可きのみならず、本邦の農業に取って容易ならざる次第なり」と言うのである。

酒匂は、「人工を以て不適当の保護法及貯蔵法を施すに於ては、種子の保護にあらず、反て玩弄《がんろう》にして種子の為には甚だ迷惑なる次第なり」として、「米は春生して秋枯れ、春夏秋の寒暖の変化を受くるのみなれば、四時の気を含まずるは無益なるのみならず。稚苗は一回の春あるのみが故に、到底、夏秋の気候に耐ゆる性を附与するは望むべからず。是故に、此等の空理に迷はず、又之に依頼せず、健康の種子を以て健康の培養をなすことを必要なり」と言うのである。陰陽説の「四時の気」などは無用で、稚苗は春一回のものであるから、夏秋の気候に耐える性を与える必要などないと言うのである。そして、「寒水浸、土囲の法は、古来例なき悪法にして実に有害無効たり」とまで断言している。

この酒匂の遠里農法を一面的に非科学的とする批判に対し、横井時敬の立場は、若干異なっている。横井は、酒匂と同じ八〇年に駒場農学校を卒業し、ただちに農芸化学科に進学するが、八一年五月、慢性気管支病のために中退した。そして、同年七月から翌七二年三月まで神戸師範学校嘱託兼植物園長を務めていた。七二年から八九年までは、福岡農学校教頭として五年、同校廃止後は勧業試験場長として二年、都合七年間を福岡県で奉職していた。農学校卒業後、順風満帆に中央のエリートとして過ごした酒匂と違って、地方の試験場を渡り歩いた横井は、それだけに地方の老農たちと密接な関係をもっていた。

横井は、自分が園長を務めた「兵庫県の試験場は植物園と名づけられて居ったが、民間では之れを菊畑と綽号した居った。之れは園長が多く菊を作って楽んで居ったからである」(『新日本史』第二巻、一九二六年)と回想している。「大久保農政」時代の植物試験場の一面を伝えている。

横井は、「此《これ》の如きの断定をなすには、事実を排斥するに足る丈けの証拠なかる可らず、今や充分の証拠を掲げざるなり。而て独り思想に因て其得失を判断するのみか、直ちに一筆に抹殺し去て、『悪法の極』と迄極論するは寧ろ失言にあらざる乎《や》」と反論する。横井自身も、遠里の寒水浸・土囲い法や、河野剛の穂先三分選などから塩水選種法を生み出していた。

そこで、「現今世上に囂々《ごうごう》として称揚する所の寒水浸及土囲の両法は、果して利益ありや、果して採用すべき良法なりや否やは未だ確定せず」といった慎重な態度をとっている。しかし、自然界の「優勝劣敗」の原則を強調し、「昔日の稲は今日の稲にあらず」として、遠里の「自然論」を批判している（『稲作改良法』一八九二年）。

酒匂と横井は、遠里農法に対する態度は異なるが、その自然観には、共通性がある。これは、二人の恩師船津伝次平の遠里批判の影響ではないかと考えられる。船津は、安藤広太郎、町田吹吉、堀正太郎の「三技師」に対して、次のような遠里批判を語っている（石井泰吉［一九〇七］）。

林遠里の米作改良法は、稲の天性のままに従うというのを根本としたので、籾種を地に蔵する等の方法を工夫したのだが、翁は之に反して農業の事は

天性のままにするのは間違いである

天性を率いるのでなければならぬ

即ち或は自然を利用し、自然を圧抑するの用がある云々と説いたのである。

従来から『中庸』のなかで「天命之謂性卒性之謂道」という言葉を、中国の朱熹《しゅき》は、「天の命之を性と謂い、性に従うこれを道と謂う」と読んだが、日本の太宰春台は、「性をひきいるこれを道と謂う」と読んだ。これは、船津と遠里の違いであって、船津は「性をひきい」てで、遠里は「性に従う」である、と言われている（須々田［一九七二］）。

船津は「三老農」の一人であったが、学理農法に近い立場である。自然を征服することこそが、学理農法の哲学である。老農農法は、自然との「共生」を説いている。先述した秋田の老農石川理紀之助は、土地が、「我がもの」であるとともに、「村のもの」、「天下のもの」であることを力説している。また、「非人番」出身というユニークな奈良県の老農中村直三は、一八八一年に、

其豪農即ち地主の如きは、家計常に豊なれば、随て其交際する所自ら広く、之を求め之を換うる為し難きに非ずと雖も、奈何《いかん》せん多くは自作を為さゝるものなり。名は農なりと雖も、其職業の性質を論ずる時は之を名づけて地貸渡世《とせい》と称するも敢て誣言《ぶげん》にあらざるべし。然らは則ち世の謂はゆる農なる者は誰ぞ、曰く貧農則ち小作人是なり。

と語り、地主のような無為徒食の徒を批判している（今西［一九九三］）。明治三〇年代には、学理農法の攻撃によって、老農農法は終焉していったのである。

4　乾田馬耕と東北農業

東北地域の農業

福岡農法の導入が、庄内平野の乾田馬耕を確立し、地主制の生産力基盤を確立した、という議論に

ついては、主として次の二つの実証研究から疑問が出されている。ひとつは須々田黎吉（須々田［一九七五］の一連の研究である。須々田は、庄内平野の乾田馬耕が、林遠里の勧農社が衰退していく時期に本格的に成果をあげていったことに着目し、庄内の「明治農法」が、近代農学を修めた巡回教師と福岡県から招聘された稲作改良教師、さらに庄内の篤農家や地主の密接な交流によって達成されたもので、たんに乾田馬耕が先進地から導入されたものでなかったと結論づけている。

須々田の研究によると、一八九〇・九一年頃に庄内の稲作改良は、従来あまり活発でなかった大地主本位の農事改良とは異なる手作地主や篤農家を中心に展開する。篤農家とは「自作上層ないし手作地主の下層」である。同時期の福岡県からの稲作改良教師の招聘は、二つの系統から成っている。西田川郡は勧農社《かんのう》を主催した林遠里の系統に属し、飽海郡と東田川郡は近代農学者横井時敬の系統に属している。

西田川郡では一八九〇年に勧農社から二人の教師を招聘するが、四年間に至る試験中一、二カ所を除いて皆不良であり、翌九一年に一人は帰郷し、もう一人も九二年に解雇されている。その後は農商務省の巡回教師志岐安秋・小野孫三郎らの指導によって、一九〇〇年前後から乾田馬耕は本格化する。また飽海郡では、九一年に志岐と横井時敬の推薦する老農伊佐治八郎を招聘し、九六年には飽海郡内の七、八割の村落が田区改正に成功している。そして東田川郡でも、九一年に農商務省の斡旋で福岡県勧業試験場の常雇農夫島野嘉作が招聘され、九五、六年に田区改正が本格化する。

須々田の研究によって、一八九〇年代初頭の稲作改良の主体が「自作上層ないし手作地主の下層」であること、庄内の乾田馬耕を主導するのが林遠里ら勧農社のグループであるより、近代農学を修めた巡回教師や福岡より招聘された稲作改良教師であることが解明された。特に前者の問題については、氏の「系譜」論的な研究とは方法を異にする農業総合研究所豊原研究会の地域農業史研究によって、新しい事実が発掘されている。

同研究会編『豊原村』(豊原研究会編、一九七八年)によると、庄内平野の一農村豊原村においても、自作農主体の豊原勧農会によって、一八九二年から一分水堰掛り地区の地表水排除による乾田化の試行→豊原全域での明渠《めいきょ》掘割による地中水排除の本格的乾田化→馬耕導入→魚肥・大豆粕導入および品種・苗代改良、雁爪導入という一連の経過をたどって、分水堰掛り地区を対象として田区改正を行なう地元農民主導の豊原耕地整理事業が遂行されている。しかし、これに対して一九一三年から寄生地主主導の飽海郡耕地整理事業が行なわれるなかで、「「いえ」の保有地を単位として用水を配分しあう」関係が解消され、農民層から中畔が奪われて本田面積が拡張され、開田化が進行することによって農民層から秣《まぐさ》・肥草の採取場が収奪されている。だが乾田馬耕の定着は、湿田鍬耕を軸に結ばれていた家族の単純協業的な構成を改変し、「鍬頭」や「馬使い」の労働を機能分化して、家族内分業をつくり出して管理労働の萌芽をさえ生み出している。

この研究によって、飽海郡では寄生地主主導の耕地整理事業が一九一〇年代であること、その前提として一八九〇年代の農民主導型の耕地整理事業の広汎な存在が見られること、そして寄生地主制下の耕地整理＝乾田馬耕の展開のなかで家族内分業(＝「管理」労働の分出)が進行していること、などが解明されている。ここでは特に、先行する農民的耕地整理の成果を吸収して地主的耕地整理が遂行されており、技術的に成果を吸収して地主的耕地整理が遂行されていった。技術的にも「飽海郡耕地整理は、一面では部落的規模での新溝掘割にみられた、耕地ごとに用排水路を付設するという」農民的耕地整理の技術形態を引き継いだ、連続性の強いものであることに注目する必要がある。

地主経営の問題

最後に、地主的耕地整理と村落支配の問題を考えるため、宮城県遠田郡南郷村の二〇〇町歩地主佐々木家の事例を分析した、安孫子麟の研究（安孫子［一九五四］）を紹介しておきたい。佐々木家は、一八五六年に分家し、五七年には手作地九反歩と貸付地四町五反歩を持っている。手作り地経営は奉公人と借屋・宅地代の賦役によって賄なっている。この段階の借屋層は「佐々木本家を通して佐々木家に従属する」という「小族団体的結合」の強いものであった。その後、手作り地経営と借家層のピークは八一年に来る（手作り地四町前後）。借家層は「宅地を「買う」という関係」のなかで再生産されており、この時期の地主は「生産力的性格」の強いものであり、諸営業においても「村落内における「生産上の貨幣経済」の先頭に立つ地主」であった。しかし、すでに八二年から金穀貸付は村外に伸び、「小族団的結合を外部から破壊し、それと同じく小作関係として並列的に支配する傾向」が現れている。

だが決定的な転換は、一九〇三年の耕地整理にある。「この「改良」が、個々の地主・小作人の範囲を超え、且、経営改良に指向するにつれ、農民層（特に中農以上に限られていたが）の農業生産力が向上し、これが地主経営を変質せしめ、借家・奉公人の支配関係をも変化させ」ていった。佐々木家では、これより少し前から手作り地を縮小し、諸営業（醤油）を廃止している。ただ同家では、〇七年から小作人の「差配《さはい》」制度を置き、一七年に手作り地を廃止して「親睦貯金会」の名称のもとに借家二六戸を再組織している。

村落での地主支配を見ると、一八九四年の「大柳同志社の規定」によって、「上昇する農民的生産力を把握するための機構としての明治期の「部落制度」が確立し、本家中心の「小族団的結合」は解消する。しかし、この「部落制度」も大地主が「部落的規模の支配から、村的規模の支配へと移り、さらに村を越えて自らの地主－小作関係を基幹として、農民層一般に対する支配体制を完成する」とともに変質していくのである。この時に「部落の新たな役員として登場するのは、小地主・自作上層農或いは小作関係にあっても富農的色彩を強く持つ農家」である。そして「土地改良・郷倉制度の消滅（一九〇四年）・部落有財産統一（一九〇八年）の過程を通じ、ちょうど佐々木家の大きな経営変化の過程と同じ時期に、部落制度もまた、もはやかつてのような独自機能を喪失してゆくのである」（傍点は引用者。佐々木家の経営変化は、部落制度の変化より少し時期が早い）。

安孫子は耕地整理が、地主の寄生的・生産者的な二側面から上昇する中間層の剰余を吸収するために行なわれ、そのことによって寄生地主制の村落支配が確立するとともに、農民的小商品経済を内部に包摂することによって地主制解体が促迫されることを、見事に実証している。地主が支配を確立するためにも耕地整理が必要であり、そのことによって農民的小商品経済を発展させ地主制の解体を促進する、〈寄生地主制解体の弁証法〉は耕地整理事業のなかにも見事に貫徹しているのである。

最後に蛇足を加えれば、東北地域にみられる、中小地主・自作農による乾田馬耕の導入→寄生地主主導型の耕地整理の進出→「管理労働」の分出→寄生地主制の確立と農民的商品経済の包摂（寄生地主制解体の契機）、という乾田馬耕による明確な断絶性に対して、近畿地域はア・プリオリに連続性で捉えられてきた。しかし、近畿地域においても老農農法から学理農法への展開には一定の断絶があり、再検討を加える必要がある。

おわりに――課題と展望――

本章では、「明治農法」の土地生産性「偏進」説への批判や、「明治農法」＝地主制の生産力的基礎の確立という定説へのいくつかの疑問を提起した。しかし、これは研究整理とでも言うべきもので、いくつかの課題を解明していない。以下、特に残された課題を提示して結論にかえたい。

地租改正をエコロジーの観点から見たとき、いかに自然と人間との「共生」関係を破壊するものであったかを提起した。特に日本の近代的土地所有が、自然を略奪し破壊する。これは、私的所有というものの本質的な性格ともいえる。その私的所有の性格を、杣や山家などの「山の民」や、本章では分析できなかった、「家船《えふね》」などの「海の民」の生活から考えてみる必要があるだろう。また、「アイヌ」や沖縄、植民地など周縁の土地収奪の問題を考えるのも重要である。そして、老農農法のなかには、自然との「共生」の思想があり、今日、再評価される必要がある。

次に、ここでは「明治農法」そのものの規定を与えていない。これは地域農業史の研究が不十分（特に近畿地域の近代農業史）のなかで、性急な結論を出すことを回避したためである。おそらく「明治農法」の多様性が、各地で検討されてくるだろう。ただし、東北地域においても、労働生産性と土地生産性の「併進」、農民的商品経済といった農民的農業技術が貫徹していることを提起した。また、近畿の幕末からの相対的な連続性、東北の乾田馬耕による明確な断絶性、という相違はあっても、今後は両者を乾田化と灌漑用水という原理で比較してみる必要があると考えている。

最後に今日的課題として、戦後の農業技術史もまた労働生産性・土地生産性の「併進」、小農技術の一巡と考える三好正喜らの見解（三好・荒木［一九七五］）に対して、「庄内平野や佐賀平野における技術形成を一つの迂回的形態」（伊藤［一九七九］）と評して、新潟県蒲原平野の「稲作中型技術」を重視する見解がある。しかし、「規模拡大に地代負担を伴う農業の場合は土地生産性と労働生産性の併進が必要である」（梶井功の見解）ことは言うまでもない。戦後の日本農業史のなかでも、「併進」論の深化を切に望むものである。

（1）鈴木敏正は、山田理論を批判して「いわば否定をともなうようなこの類型化は、過去の展開の一つの『総括』としては理解できる。しかし、これをもって農業生産力構造展開の法則的把握ということはできないであろう。われわれはこのような代表的農業地帯の移行の論理よりも、まず各地帯の内在的発展の論理を究明すべきである」（鈴木［一九七八］〔安達［一九七九］〕）と言う。そして、農地改革後の「農業生産力の発展、たとえば農地改革前高位生産力地帯の『否定の否定』とみられるような「新佐賀段階」、その「否定」とみられそうな北陸（「東北型」）の請負耕作・借地経営の展開なども山田（盛）氏ないしはその理論を継承する人々によって理論化の対象とはならなかった」と、山田シューレの人びとをも痛烈に批判している。

（2）西南日本の農業機械化の過大評価は、戦時下、岡山県興除村の日本型のトラクターの発展に、地主制解体の夢を託した農業経済学者吉岡金市（吉岡［一九三九］）らの議論に淵源する。しかし、興除村での「日本型トラクターの作業機装置は、截土耕起装置ではなくして、砕土装置である……故に浅耕であり、深耕は困難である。されば永く地力を維持するためには二、三年に一回は必ず牛を以て深耕して底土を掘り起こす必要がある」（大槻［一九三九］）と言う大槻正男の指摘の方がはるかに現実を正確に捉えている。

（3）老農の技術は土地生産性追究型である、という牢固とした考え方が従来からあるが、これも疑問である。川浦康次は、大蔵永常の『公益国産考』（大蔵［一八八四］）の「機留縞算当」によって、永常の眼から見た尾西の棉織マニュファクチュアを検出している（川浦［一九六五］）。ただし、永常が「織方を家内多き家にて」する時にも、家族労働力の「V」（自己労働力）部分をゼロと評価している点、自給部分を拡大しつつ商品経済を奨励している点などに注目する必要がある。ここにも永常の江戸時代の思想家としての限界がうかがえる。

また大和の老農中村直三は、『勧農微志』（中村［一八六二］）のなかで堆肥の利用を勧めているが、これも「種粕かすり直上り《ねあがり》」のなかで、金肥を併用して経営費の節減（荒川［一九〇九］）を説いたものである。明治にはいって、中井太一が太一車という水田中耕除草機を発明して『稲作改良実験記』（中井［一八八九］）を公刊しているが、これもまた「労働節約的技術の具体化の実例として記録に値する経過」（伝田［一九七八］）である。

（4）大和の田畑輪換の鳥瞰については、とりあえず山路健「大和平野における水田生産力の展開」（山路［一九五三］）を参照。また近年の研究としては、徳永光俊『日本農法史研究』（徳永［一九九七］）を参照。

参考引用文献

青野春水［一九八二］『日本近世割地制度史の研究』雄山閣
安孫子麟［一九五四］「明治期における地主経営の展開」（『東北大学農学研究所彙報』第六巻第四号）
荒川清澄［一九〇九］『老農中村直三』自費出版
嵐嘉一［一九七五］『近世稲作技術史』農文協
飯沼二郎・堀尾尚志［一九七六］『ものと人間の文化史　一九　農具』法政大学出版局

同［一九八五］『農業革命の研究』農山漁村文化協会
石井泰吉［一九〇七］『船津伝次平翁伝』上野教育会
伊藤喜雄［一九七九］『農業の技術と経営』家の光協会
今西一［一九八〇］「農法論と近代農業史研究の課題」（『歴史評論』第三六三号）
同［一九八二］「「原生的産業革命」期の農村構造と農業生産力」（『日本史研究』第二三三号）
同［一九九一］「近代日本の「国民国家」と地域社会」（『歴史評論』第五〇〇号）
同［一九九三］『近代日本の差別と村落』雄山閣
同［一九九七］『近代日本の差別と性文化』雄山閣
同［二〇〇〇］『国民国家とマイノリティ』日本経済評論社
同［二〇〇一］『文明開化と差別』吉川弘文館
同［二〇〇八］「帝国日本と国内植民地・北海道」（同編『世界システムと東アジア』日本経済評論社）
上山和雄［一九七五］「農商務省の設立とその政策展開」（『社会経済史学』第四一巻第三号）
内田和義［一九九一］『老農の富国論』農山漁村文化協会
海野福寿［一九五九］「農業生産力発展の特質」（堀江英一・遠山茂樹編『自由民権期の研究』第四巻、有斐閣）
大蔵永常［一八八四］『公益国産考』（一九四六、土谷喬雄校訂『公益国産考』岩波文庫）
大田遼一郎［一九五三］「明治前・中期福岡農業史」（『日本農業発達史』第一巻、中央公論社）
岡光夫［一九六六］『近世農業経営の展開』ミネルヴァ書房
大槻正男［一九三九］『国民生活と農業』岩波書店
小野武夫［一九三一］『土地経済史考証』巌南堂
加用信文［一九五六］「日本農法の性格」（一九七二、『日本農法論』御茶の水書房）
川浦康次［一九六五］『幕藩体制解体期の経済構造』御茶の水書房
木下清左衛門［一八五六］『家業伝』（一九七八、『日本農書全集』第八巻、農文協）

岐阜市［一九八一］『岐阜市史　近代』岐阜市
久米邦武［一八七八］『特命全権大使米欧回覧実記』（一九七七〜八二、田中彰校注、岩波文庫）
近藤哲生［一九八八］「殖産興業と在来産業」（『岩波講座　日本歴史　一四』岩波書店）
鈴木敏正［一九七八］「農業生産力構造論の方法について」（島根大学『農村開発』第九号、安達生恒編、一九七九、『農林業生産力論』御茶の水書房、第二章第一節に再録）
同［一九七八］「戦後自作農体制の『崩壊』をめぐって（中）」、（『歴史評論』第三三三号）
須々田黎吉［一九七二］「実学的農学者横井時敬の前半生をめぐる人々――明治農法形成における農学者と老農の交流（Ⅱ）――」（『農村研究』第三三・三四合併号）
同［一九七五］「明治農法の形法の形成過程」（農法研究会編『農法展開の論理』御茶の水書房）
高橋美貴［一九九五］『近世漁業社会史の研究』清文堂出版
竹安繁治［一九六六］『近世封建制の土地構造』御茶の水書房
同［一九六九］『近世畿内農業の構造』御茶の水書房
伝田功［一九七八］『豪農』教育社
徳永光俊［一九九七］『日本農法史研究』農山漁村文化協会
所三男［一九八〇］『近世林業史の研究』吉川弘文館
中井太一［一八八九］『稲作改良実験記』自費出版
中村哲［一九六八］『明治維新の基礎構造』未来社
中村直三［一八六二］『勧農微志』（一九九四、『日本農書全集　第六一巻』農山漁村文化協会）
西村卓［一九九七］『「老農時代」の技術と思想』ミネルヴァ書房
丹羽邦男［一九八九］『土地問題の起源』平凡社
農業総合研究所豊原研究会編［一九七八］『豊原村』東京大学出版会
野本寛一［一九八四］『焼畑民俗文化論』雄山閣

福沢諭吉［一八九二］「地租論」（一九八一、富田正文・土橋俊一編『福沢諭吉選集　第八巻』）
古島敏雄［一九四三］『近世日本農業の構造』（一九七四、『古島敏雄著作集　第三巻』）
松沢弘陽［一九七一］「近代日本と内村鑑三」（一九八四、『中公バックス　日本の名著三八　内村鑑三』中央公論社）
マウンジー、A・H［一八七七］『薩摩反乱記』（一九七九、安岡昭男補注、平凡社）
宮本常一［一九六八］「畑作技術試論」（一九七五、『宮本常一著作集　一九』未来社）
三好正喜・荒木幹雄［一九七五］「農業生産力の発達」（三橋時雄編『戦後日本農業の史的展開』ミネルヴァ書房）
三好正喜［一九七七］「近代日本農業生産力の展開について」（『日本史研究』第一八〇号）
山路健［一九五三］「大和平野における水田生産力の展開」（前掲『日本農業発達史　別巻上』）
山田龍雄［一九七七］『九州農業史研究』農山漁村文化協会
山田盛太郎［一九四九］「農地改革の歴史的意義」（東京大学経済学部編『戦後日本経済の諸問題』有斐閣）
同［一九六〇］「日本農業生産力構造の構成と段階」（『日本農業生産力構造』第一部、岩波書店）
吉岡金市［一九三九］『日本農業の機械化』（一九七九、近藤康男編『昭和前期農政経済名著集　一七』農山漁村文化協会に再録）

第Ⅱ部　文明化と民衆世界

第2章　明治維新と宮津

1　宮津藩の解体

西園寺望公の山陰鎮撫

京都府下宮津の明治維新は、西園寺公望《さいおんじきんもち》の山陰鎮撫からはじまった。慶応四年一月四日（一八六八年一月二八日）、参与の西園寺に、山陰鎮撫の勅命が下った。その内容は、薩摩・長州二藩の兵を率いて、山陰道に向かい、沿道の諸藩を鎮撫せよ、というものであった。

しかし、この鎮撫の真のねらいは、後年、西園寺が語っているように、「元来、昔から京都で敵を防いで勝ったためしがないという。これは頼山陽などの説から来たようです。いつも天子様は叡山《えいざん》へ避け給うたが、叡山は地の利を得ない。よって万一の事があったら西の方へ行って、あの明智光秀の上ってきたという老坂《おいのさか》から丹波の方へ出て、亀山の城を乗っ取って、丹波の方で防ごう。それから山陰道をずっと従えて長州と手を合わせることにしようという相談がきまったのです」というものであった（白柳秀湖『西園寺公望自伝』日本評論社、一九二九年）。

実際に西園寺は、鳥羽・伏見の合戦で薩摩・長州軍が敗れた時、亀岡の亀山城に明治天皇の行在所《あんざいしょ》を作れという密命を受けていた。しかし、予想に反して幕府軍が早く敗退し「亀岡行在所」計画は幻に終わったが、西園寺らの山陰鎮撫は続行された。一月一九日午後一〇時、先発隊として園部・小出両藩兵と丹波の郷士ら合計二〇八名が、田辺（舞鶴）から園田峠（現栗田《くんだ》峠）を越えて宮津に到着した。郷士隊長中川禄右衛門らは、宝来屋儀八方に宿陣した。

西園寺の本隊は、一月二一日午後八時に、宮津の本陣三上金兵衛方に着陣した。郷士隊は、新茶屋清三郎ほか三軒に宿陣した。三上金兵衛が書いた「為二御勅使一西園寺三位中将様」によると、当日の西園寺軍の陣立ては、次のようであった。

柏原藩　篠山藩　園部藩　御行烈（列）　御先払　小頭
西洋調練ニ而《て》御先供積而
御本陣　長州様御人数西洋御調練ケヘル（銃）所持　牙旗　錦旗
西園寺様駿馬　白木長持二棹
馬路郷士拾弐人　何れも手槍壱本つゝ
薩摩様御人数　福知山　田辺　其外御荷物

宮津藩では、藩主本荘宗武親子は江戸に在府して留守であったが、山城国八幡《やはた》で官軍と衝突して発砲し、国境で西園寺らを襲撃しようという計画を立てており、このため佐幕派と見なされて福知山の西園寺軍から召喚された。あわてて伊従《いおり》数馬らがご機嫌伺いに推参したが、直ちに追い返され、存亡の危機を迎えて宮津藩は、急遽帰順に決め、西園寺軍を歓迎した。宮津藩は帰順の書簡を送るとともに、領内にも鳴物《なりもの》の停止や、葬式を夜中にとり行なうべきなどといった触れをだしている。

城内家老沼野半太夫らは福知山に行き、福知山藩の紹介で西園寺軍に嘆願書を出し、八幡での発砲事件を謝罪した。事件の責任者として小谷与一左衛門・柴田要人両名を監禁し、田辺城に勅使が入ったのを聞くと河瀬外衛らを派遣した。そして、西園寺軍の通行筋の表札を外し、社寺などにある将軍家葵紋付きの墓・提灯その他一切の物を片づけ、藩士は皆月代《さかやき》をし、閉門をして西園寺軍を待った。

山陰鎮撫後の宮津

一月二二日、山名義済の生野鎮撫を命じると、二三日、西園寺は薩長両藩兵と郷士を従えて宮津の城中を巡見した。宮津藩は佐幕派の疑いがあったので、宮津藩巡見は厳重をきわめ、重臣たちから「朝廷毫髪《ごうはつ》茂《も》二心無《これなく》レ之　勤王之志第一ニ相立」といった誓詞を出させている。

守衛長の小笠原美濃介は、先年の長州征伐の時に、長州藩の家老宍戸備後守らを、宮津藩の前藩主本荘宗秀らが独断で釈放したことを「徳」として、八幡事件の責任者小谷ら二名の助命を請い、嘆願書を出している。宮津藩の責任者も小笠原宛の助命嘆願をしていた。結局、本陣に帰って評定し、二名は釈放されることになった。

翌二四日、西園寺は天橋立で洋式の調練を見る予定であったが、雨天で中止になり、午後から天橋立、一の宮籠《こも》神社を参詣した。ここで、宮津藩が降伏し、山陰鎮撫の見通しが立ったので、各藩の藩兵は主だった者五名を残し、後は国元に帰還させ、丹波の弓箭《きゅうせん》組郷士も錦旗守護として約五〇名を残して、ほかは国に帰らせた。

次いで二五日午後には、島崎砲台を巡見しながら、年寄《としより》衆の拝謁が行なわれた。この日には、帰還する郷士隊に、章典として郷士一同に金一〇両、特に福住・篠山に一番到着した者には各五〇〇疋《ぴき》、さらに二、三の功労ある者に各一両ずつが下賜された。そして、中川禄左衛門に、二条城にあった内国事務局に対し山陰諸藩の誓詞を届けるように命じた。また西園寺軍は、この地域で羽振りのよかった大菊こと品川菊五郎という博徒《ばくと》を捕え、亀ヶ丘で斬首にしている。西園寺軍の威力と「善政」を見せしめるためであろう。

西園寺軍は、二六日辰刻（午前八時）、峰山に向かって出陣したが、先発には宮津藩士が立っている。この後、豊岡から八鹿《ようか》に向かい、村岡から湯村、そして鳥取・米子・松江へと行進した。正月の五日から三月三日まで、五七日間の進軍であった（『西園寺公山陰鎮撫従軍記』）。

宮津藩の藩主本荘宗武と父宗秀は、八幡の発砲事件で、ともに京都に出ることを禁止されていた。だが、約ひと月半後の二月二三日付で、「入京被レ免《めんぜられ》候事」とされて喜んでいると、四月一八日、新政府は宗秀に対して、宗武に上京を命じても病気といって出てこないばかりか、関東方面でも「勤王之形勢無レ之《これなく》」と、再び疑いをかけてきた。宗秀が代わりに出勤を願い出ても、追って宗武を取り調べ「寛大ニ可レ被レ処候条《しょされるべくそうろうじょう》」という返事であった。

結局、五月三日、新政府は八幡事件に対して、「恐縮謹慎罷在《まかりあり》、既ニ数十日ニ及ビ候事ニ付、出格寛大之御仁徳ヲ以テ、被レ免二謹慎一候条《きんしんめんぜられそうろうじょう》」と、本荘親子の謹慎を解除した。その時に八幡事件の「鉄砲悉《ことごと》ク御取揚ケ」になったのが、唯一の処分であった。本来新政府は、宗武に東北方面に出兵するか、「御軍費金貢献等」を命じたかったのだが、宮津は京都朝廷の北門であるため、「陸海軍備ヲ厳ニ」せよという注意だけですんだ（『宮津旧記』）。

「ええじゃないか」と山陰鎮撫

山陰鎮撫の時期の民衆は、「ええじゃないか」踊りを乱舞していた。宮津は伊勢神宮への「おかげ参り」の盛んな土地で、『宮津日記』の寛保三年（一七四三）の記事には、宮津町内で八五七人の抜け参りがあったと記されている。その後も、明和七年（一七七〇）、文政一三（一八三〇年）の「おかげ参り」が有名である。幕末・維新期には、『与謝郡誌』によると、

慶応三年秋冬より四年（明治元年――引用者。以下同）にわたり、神札天降ること流行し、宮津町へは十一月二十日頃より所々（ママ）軒端庭先等に神札降下し、家人発見大驚喜にて酒食を饗して、并《ならびに》舞乱踊上下家業を忘る。殊に岩滝町には花嫁の降りしこと、三重郷土誌に詳《つまびらや》かなり。宮津にては西園寺中納言巡撫の為めに、早春このこと頽《すた》れたるも、橋北地方及び世屋《せや》より野間谷《のまたに》にかけては五、六月の交猶盛《なおさかん》に酔狂せしといふ。

図2－1　「神符」降下と山陰鎮撫

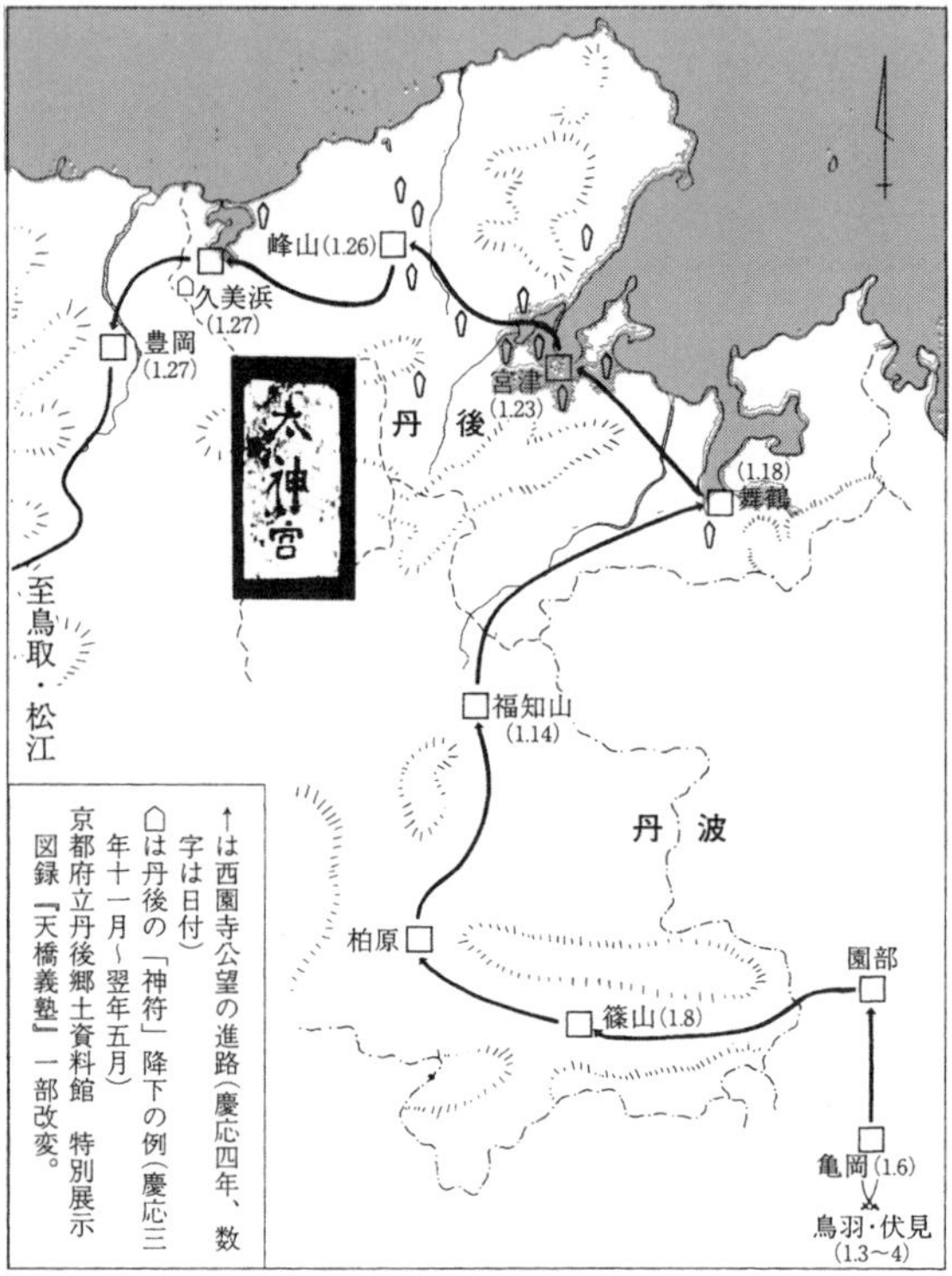

京都府立丹後郷土資料館　特別展示図録『天橋義塾』一部改変。

と記録されている。図2－1を見ても、現在わかっている「神符」が降下した地域では、宮津が最も多く、西園寺の山陰鎮撫のコースと、「神符」の降下地域は、ほぼ一致している。稲葉市郎右衛門の『過度の久美浜』には、「ええじゃないか」踊りの民衆は、「幕府失錯世態移り」と唱え、昼も夜も歓喜して、舞いながら「人間万事総児戯」と叫び、男は女装し、女は男装していたと伝えている。丹後地域では、踊りのなかで「善哉《よしや》、善哉これ無き事」と民衆が唱えていたことから、「ええじゃないか」は、「善哉踊り」とも言われている。加佐郡では、「鉢《はち》」と呼ばれる周縁の被差別民が、「御祓」を降らせて、「よいじゃないか」の乱舞を誘発したという記録もある（中嶋利雄「「ええじゃないか」と被差別部落」『部落問題研究』第一三号）。

しかし、この乱舞も、西園寺の鎮撫隊が「音曲停止、閉門謹慎の触達《ふれたつ》ありて、城地取上げ、藩封没収の流言伝播し、さしもに酔狂せる善哉踊りも一時に灯火の消へし如く、町内暗黒となりて終息す」（『丹後宮津誌』）と言われている。西園寺軍の軍事占領が、「ええじゃないか」を鎮圧している。

図2-2　丹後・丹波・但馬地域の行政の変化

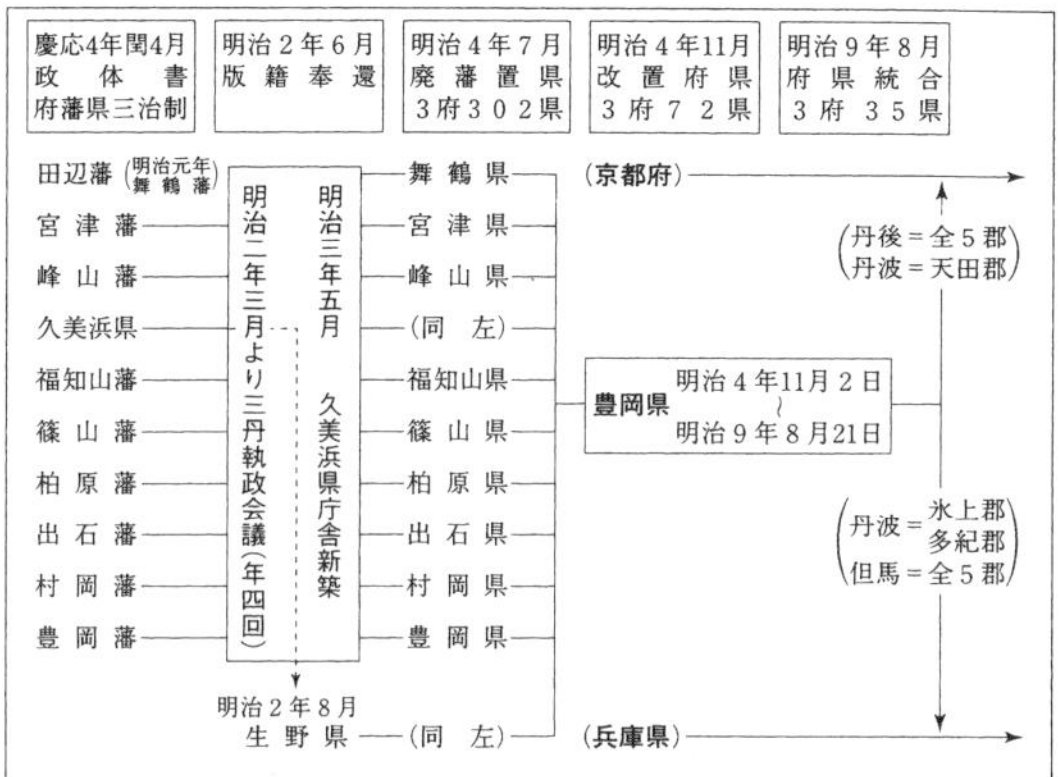

京都府立丹後郷土資料館特別展示図録『天橋義塾』から転載。

版籍奉還の背景

明治二年（一八六九）二月、宮津・峰山・田辺の三藩は、全国に先駆けて版籍奉還を実施し、旧藩主が藩知事となって太政官からの委任統治を行なった。同年の三月から丹後・但馬・丹波の三丹執政会議がもたれ、翌三年から宮津は、久美浜県の統括に入るが、四年七月から一一月だけ宮津県となった。同年一一月から一八七六年八月、京都府に併合されるまで、丹後・但馬・丹波は豊岡県を名乗っていた（図2-2）。

維新期の宮津藩は、著しい財政難で、先述の慶応四年（一八六八）四月一八日、新政府から藩主本荘宗武に上京が命じられたが、「病気」を理由に断った。これは旅費にさえ困って上京できなかったからだと言われている。そこで進退きわまった藩庁は、四月二二日、「年寄衆《としよりしゅう》御談」（家老たち重臣の談話）を発表し、藩財政の一切を投げ出して、根本的な財政改革を求めようとした。その「年寄衆御談」によると、

従来御物入続《ごものいりつづき》之《の》事ハ、一同相弁候通《あいわきまえそうろうとおり》ニて、打続御頼銀被ニ仰出一候処《おたのみぎんおおせいだされそうろうところ》、都度《つど》々速《すみやか》ニ及ニ御請一《おうけおよび》、是迄《これまで》御取続相成候得《あいなりそうらえ》とも、旧冬（慶応三年暮れ）以来別而《わけて》右之御用途ニて、御勝手向《おかってむき》必死と御手詰り、自他共御融通《ごゆうずう》一切難ニ出来一《できがたく》、今日ニ差迫候段《さしせまりそうろうだん》達御聴ニ候処、深《ふかく》御配慮被レ遊《あそばされ》、方今朝廷御一新之折柄《おりがら》ゆへ、尚更《なおさら》勤朝御勉励専一之御急務ニ候間、如何様《いかよう》之御不自由も、更ニ御厭不レ被レ遊候間《おいといあそばされずそうろうあいだ》、

として、明治維新を理由に、藩士にも在町村にも負担を強いるものであった。藩士に対しては、「改革局」という係をつくり、同年六月二五日、城内「御殿」において、「奥表御目見以上《おくおもておめみえ》」を「総出《しゅ》仕《つし》」させ、藩庁重役から「未年《ひつじ》（明治四年）迄三ケ年厳重御省略被レ成候《なされそうろう》」として、俸禄の引き下げを命じた。

また在町村に対しては、七月五日、藩主宗武から「御直御沙汰之事《ごじきおさた》」として、「何《いず》れも無事で目出たい、当春ハ御勅使《ごちょくし》様（西園寺軍のこと）御出被レ成《おいでなされ》、一同神妙ニいたし居《おり》、無レ滞相済難レ有《とどこうりなくあいすみありがたく》大慶ニ存候、右ニ付なにとぞ施し遣したく存《ぞん》つれとも、勝手不廻りゆへ、当年収納了《お》へ少しなから米穀をつかわす」といった沙汰書を出している。

西園寺軍の饗応を、三上金兵衛ら町方に押しつけておきながら、その報償さえ十分にできないとこ

ろまで、藩財政は逼迫していた。しかも、伊根浦三カ村からは、鰤運上《ぶりうんじょう》の軽減と売りさばきの自由を要求した「口上覚《こうじょうおぼえ》」が出されていた（岩崎英精『丹後伊根浦漁業史』伊根漁業協同組合、一九五五年）。

この藩財政の破綻のなかで改革派が台頭し、明治二年、有吉三七らは「藩の執政」伊従数馬《いおり》（伊織左近）の暗殺を計画していた。しかし、藩主宗武は、翌三年一月二七日、伊従を権《ごん》大参事の職から罷免し、沼野内蔵介《くらのすけ》（半太夫）を後任にすえた。改革派の勝利であった。宮津藩が「朝敵」としてにらまれていたことと、藩財政の破綻が、版籍奉還を急がせたのであろう。

久美浜県と伊王野知事

西園寺軍が、慶応四年（一八六八）一月二七日、久美浜に進軍すると、二月には旧代官所が官軍出張所となり、小笠原美濃介が民政をつかさどった。そして、五月二五日、久美浜県が誕生して、初代知県事には伊王野《いおうの》治郎左衛門、藩県事には松本鉷太郎が任命された。久美浜県は、丹後・丹波・但馬・播馬・美作の五カ国にまたがって、二三郡二三万石を統括した。

のちの明治三年の官吏構成を表2-1に見ても、三枝、山中、室谷、浅田、友田らは、この明治初年から継続している。伊王野で七等三四〇石、松本で九等二〇〇石であったから、知事と言っても表向きの収入はそう高くはない。大属で一二等六三石、少属で一五等二六石であり、一六等に至っては一二石であるから薄給であった。これだけ少ない官吏のなかでも丹波の馬路村は、特に重視されていたようで、久美浜県は、同二年に京都出張所とならんで馬路村に出張所を置き、同三年には「権大属

表2－1　久美浜県の官吏（明治3年）

職　　名	人　　名	備　　考	担当地域
租税掛兼出納掛	三枝銀三郎大属	12等63石　福知山藩中	
租税掛	山中畠太郎権大属		
同	寺田熊太郎権大属	13等50石	
同	小川藤内権少属	15等26石	
同	大塚芳彰権少属	15等26石　豊岡県士族	馬路村
同	篠原吉恪権少属	15等26石	
税掛附属	田原武之助	16等3号15石	
出納掛	深海養左衛門大属	12等63石	馬路村
同	田辺民之助権少属		
出納附属	谷岡藤一	16等3号15石	
租税出納附属試補	木村親之助		馬路村
庶務兼用度掛	室谷直三郎権少属	15等26石	
用度附属	千賀亮輔		
同	和田八郎		
用度方附属	藤井初太郎		
簿書掛	浅田恭治権大属	13等50石	
同	平井金弥少属	14等33石	
簿書附属	毛利真人	16等3号12石	
聴訟掛鞠獄兼庶務掛	木村松三郎権大属		馬路村
聴訟掛鞠獄庶務掛付属	藤野　齊	16等3号12石	京　都
聴訟掛	伊東西一少属	14等33石	京　都
鞠獄掛	来住景祺少属	14等33石　豊岡県士族	
同	服部拘平少属		
鞠獄附属	郈上慎吾	16等3号12石	
同	平木忠三郎	16等3号12石	
捕亡兼鞠獄掛	山中昌太郎権少属		
土木掛	奥田幹右衛門少属	14等33石	
史生兼土木掛	木郈太助史生	16等1号20石	馬路村
同	長谷川小十郎史生		馬路村
土木附属	高田荘右衛門		
史生	城堂義房史生	15等26石	
史生附属	桂木良造	16等3号12石	
同	石原牧太	16等3号12石	
社寺兼庶務掛	友田重五郎権大属	13等50石　出石藩中	
社寺庶務附属	柏原純一郎	16等3号15石	

出所：「久美浜県職員衆写」、『久美浜県官員録』ほかによる。
　　等級・石高は、明治2年8月22日の大蔵省達「官禄定則」による。

一人、権少属一人、史生一人、使部一人、仕丁一人、附属二人」を配置していた（「太政類典」）。
また、すでに明治元年から、久美浜商法会所が設けられ、久美浜の御用掛としては、稲葉市郎右衛門らが中心となり、三丹御用掛もつくられていた。宮津からは、三上金兵衛、今林忠蔵、山本善治、糸井一郎兵衛、糸井品蔵、小室初蔵、下村五郎助、真下六郎右衛門らが参加していた。

翌明治二年三月二五日には、久美浜県の知県事・藩県事と、管内一三藩の執政・参政などが、久美浜の西方寺に集まり、「三丹執政会議」を開いた。この時は、第一回では、境界標柱を立てること、藩県訴訟人の取扱い、捕縛取扱いのことなどが話し合われた。そして、第二回では、小学校建設のこと、宿駅賃銭の協定、三丹地域に「事有ル時ハ各藩応援取決メ」などが話し合われた（「議事録」）。同年五月五日には七〇〇〇坪の庁舎を完成させ、七月には、早くも「戸籍」編成が命じられたが、これらの戸籍は一部の地域には残存している。

しかし、この伊王野という知事は、極めて専制的であったと言われている。伊王野は、坦《ひろし》ともいい、鳥取藩の蘭方医《らんぽうい》の出身であった。文化一一年（一八一四）、伯耆《ほうき》国河村郡（鳥取県東伯《とうはく》郡）石脇村に生まれ、壮年に大坂と江戸でオランダ医学を学んだ。明治元年に同藩の松田道之とともに貢士となり、次いで久美浜県の知県事を三年間務めて、鳥取藩少参事になった。明治五年に職を辞して、一八八三年七〇歳で病没した。

丹後では、伊根浦三カ村と旧「天領」（幕府領地）大島村との間で争われた「わりくり海境」問題での伊王田の処置が有名である。江戸時代から伊根浦と大島村との海境は、「わりくり二ツ岩」だと主張していたが、明治二年に大島村は、海境問題、村境の確定を久美浜県に申し出た。この時、伊王野知事は、旧「天領」である大島村の主張を受け入れ、全面的に勝訴させたというのである。しかも、「伊王野もまた大島村を正しいとして三ケ村側を押え、ついには亀嶋村庄屋新助を一室に閉じ込め、槍をもって脅し、承諾捺印を強要して大島村を勝たせた」と言われている。そのため二ツ岩に、「無念の「村界標識」を立てざる得なかった」といった話しが伊根浦には伝わり、伊王野の専制ぶりの証拠として語られている（岩崎英精『京都府漁業の歴史』京都府漁業協同組合連合会、一九五四年）。

この時の宮津藩庁の構成は、大参事は沼野正で、権大参事が山本嘉内、鞍岡監、田副実、伊従数馬であった。少参事は小谷益彦、町田一尾、川村又蔵、権少参事が宮地三三治、荒川左右らであった（『謝海新聞』）。また明治三年二月二六日の「藩政」で、司市、司船、司農、大監察、勘定奉行所などが廃止されて、政務、文武、治民局、会計局に整理された。司市、司船などが行なっていた民政の業務は、治民局が行なうことになった。そして、名主・組頭は、太政官達により三月限りで廃止され、四月からは、新たに市長二人、街長二、三人を置いたが、市長の一名は旧家中すなわち士族町の長で、いま一名は旧城下すなわち平民町の長であった。街長は両町から選出された。

2　豊岡県下の行政と宮津

廃藩置県と豊岡県の設置

明治四年（一八七一）七月一四日に廃藩置県の詔勅が発せられ、七月一四日に宮津県ができたが、その年の一一月二日に豊岡県の管轄に入ることになった。一一月二二日、旧宮津県の参事鳥居誨《かい》は、田中光儀《みつよし》豊岡県権参事に面会した。そこで田中から、「宮津を出張所とは定めかねるが、出張所とみなす扱いにする」、「先日は、塩沢を出仕させたが、今は二人と言いたいが、まず一人を出せ」、「そこもとの県は七万石だから、一〇万石なみの一八人の人員を出せ」と、矢継ぎ早に命令が出され、「ハーイ〳〵」と聴くしかなかった。ただ最後の一八人の出仕ということには、さすがの鳥居も、「奉職するもの一八人となっては、その減員に困る」と取りすがったが、田中は取り合わなかった。鳥居は、一八人を残しての解官では、かえって藩内の統一が乱れることを心配した（「鳥居誨書簡」）。元藩主の本荘宗武は、豊岡県に出仕したが、「大参事某（田中）専壇」に憤って、即日「辞表」を出して、城崎《きのさき》で半年遊んでいる（有吉忠一『追懐録』）。

豊岡県は、丹後五郡、丹波三郡、但馬八郡をあわせ、四六万七七二石余の地域が合併したものであった。権令には、元久美浜県の権知事小松彰が、権参事には同じく元久美浜県大参事田中光儀が任じられた。小松は、天保一三年（一八四二）に信州（長野県）松本に生まれ、松本藩士として、幕末には河井継之助《つぎのすけ》と親交を結び、佐久間象山《しょうざん》に師事した。豊岡県権知事から文部大丞になり、東京株式取引所の二代目頭取にも就任して、一八八九年に逝去した。

しかし、明治五年三月八日に「県令」になった小松は、同年一〇月二日に「大外史」に転任しており、後任の元「土佐藩士」もわずか四〇日で香川県県令に転出し、豊岡県の実権三代目県令となった元「都城県（現鹿児島県）参事」桂久武に至っては、病気のため現地に赴任せず、五カ月余で辞任した。権令不在のまま、県政の実権を握ったのは参事田中であった。田中は「静岡県士族」と公称しているが、元幕臣であった。文政一一年（一八二八）五月二八日に江戸で生まれ、浦賀奉行与力見習・小普請組などを経て、明治二年に民部省に入り、同四年から久美浜県の権参事となった（「由緒書」）。田中が豊岡県の参事になってからの横暴さは有名で、狐に対して田畑を荒らすなという立て札を出したことでも有名である。しかし、一八七五年七月、「官有物の私借」という理由で免職になっている。

久美浜県時代に、権知事の伊王野は、一一万円の欠損金を出して辞任しているが、後任の田中らは大蔵省から一〇万円の借用をして、管内の人民四万七五〇六円を募った。そして七二年にいったん一〇万円を還納したが、その一〇万円から生じた利益と調達金を、田中が勝手に東京に貸し回したり、大阪堂島の米相場に投じたというのである。田中が免官になって、七五年に鳥取県から「山口県士族」三吉周亮《しゅうすけ》が権令に転任してきた。この三吉も、地租改正のなかで、二度の地租改正をした県令として、民衆の反発をかっている。

豊岡県の役人のなかで比較的評判がいいのは、元新選組の隊士というユニークな経歴を持つ権参事大野右仲《うちゅう》であった。大野は又七郎といい、天保七年（一八三六）に江戸で生まれたが、唐津《からつ》藩（現佐賀県）の藩士であった。幕末に新選組の隊士となって、箱館戦争では陸軍奉行添役になり、土方歳《ひじかたとし》三《ぞう》らとともに新政府軍とたたかい、降伏して捕虜となった。明治三年に放免となり、翌四年から新政府に仕え、豊岡県の七等出仕から権参事になり、後年は長野、秋田、青森などの警部長を歴任して、一九〇五年五月に五七歳で横浜で病死した（『新選組隊士録』ほか）。大野は、天橋義塾の開設を許可したり、丹後ちりめんの保護政策をとったなどとして、数少ない人気のある地方官であった。その大野が宮津を担当していた。

表2－2　豊岡県の官吏構成（1874年）

参議　田中光儀　従6位			静岡県士族
権参事　大野右仲　正7位			佐賀県士族
庶務課			
権中属	塩沢行覚	戸籍掛・営繕掛	豊岡県士族
12等出仕	秋田道貫	駅逓掛・物産掛・民費取調掛	同
13等出仕	鳥山　匡	戸籍掛	佐賀県士族
同	伊吹正臣	兵器掛・徴兵掛	
15等出仕	岡田希賢	受付掛	
同	松本誠之	学務専任記録	静岡県士族
等外1等出仕	脇　稠董	書記	山口県士族
等外1等出仕	山内伸蔵	戸籍掛	豊岡県士族
等外3等出仕	今井敬郎	病院会計掛	
同	葛山鉉蔵	記録掛	
同	御園生智哉	受付掛	千葉県士族
同	檉村俊能	駅逓掛・物産掛	
同	一瀬政孝	学務専任	
同	北条　東	徴兵掛	
等外6等出仕	倉谷多都志	営膳掛	
聴訟課			
権大属	吉江　精		東京府平民
11等出仕	白井　驥	寺院掛兼学校掛	豊岡県士族
12等出仕	平田八郎	巡査長兼囚獄掛	同
同	松永四郎		
同	草間正名	会計掛兼	
同	篠川　直	神社掛兼	筑摩県士族
14等出仕	関口友大	雑説掛兼	
同	相馬主殿	神社掛兼会計掛	
15等等出仕	木下　茂	囚獄掛兼寺院掛	
等外3等出仕	初田信義	巡査取締兼	
等外5等出仕	高松長登	書記	
等外6等出仕	市橋安太郎	同	
租税課			
中属	来住景祺	土木・貢米金納検査掛・諸帳簿	豊岡県士族
権中属	大脇　文	地券掛	筑摩県士族
同	小川知遠	堤防官林・貢米金納方・諸帳簿	豊岡県士族
同	高橋喜悌	貢米金納検査掛・諸帳簿・勧業并公債	東京府士族
同	大塚芳彰	貢米金納検査掛・諸帳簿・公債	豊岡県士族
11等出仕	村田敬之	地券掛	神奈川県士族
同	安藤義雄	貢米金上納検方・諸帳簿検査掛	浜松県士族
権少属	城堂義房	雑説・証券印紙取扱掛	奈良県平民
13等出仕	坪倉重和	諸帳簿仕組掛・堤防官林掛	
同	畑　弘和	地券掛	
同	竹村好博	堤防官林掛	豊岡県士族
14等出仕	尾藤　多	雑説・証券印紙取扱掛	同
同	小田切　暢	諸帳簿仕組掛	

表2-2　つづき

(2)

15 等出仕	高田平次	地券掛	豊岡県士族
同	松崎省吾	同	
等外 1 等出仕	高辻信之	諸帳簿仕組掛	
同	高津道光	地券掛	東京府士族
等外 2 等出仕	熊谷良輔	堤防官林掛	同
等外 3 等出仕	赤堀廉蔵	同	筑摩県士族
同	永井正一	地券掛	鳥取県士族
同	吉田安昌	同	
同	薄田隼矣	土木掛	
等外 4 等出仕	平田馬三郎	貢米金収納掛	
同	日下部嘉納	諸帳簿仕組掛	
同	木崎吉郎	地券掛	
等外 5 等出仕	望月臺作	同	
等外 6 等出仕	谷川清三	同	
同	竹村貞治		
同	日下部栄	貢米金収納掛	
出納課			
等外 3 等出仕	向井　務	家禄渡方掛	
等外 5 等出仕	黒田直芳	同	
等外 6 等出仕	永沢正造	同	
宮津支庁			
10 等出仕	牛窪招軒		豊岡県士族
権中属	堀内信行		木更津県士族
少属	松林太作		
12 等出仕	馬場政樹		豊岡県士族
権少属	柏原　繁		豊岡県士族
13 等出仕	京田直義		豊岡県士族
14 等出仕	小野壮八郎		筑摩県士族
15 等出仕	坂根友兵衛		
等外 1 等出仕	関　茂		
同	竹中茂恒		
等外 3 等出仕	名古屋経房		
同	松田精一		
等外 5 等出仕	神永　忍		
同	田川平承		
等外 6 等出仕	羽室義行		
東京出張所詰			
中属	浅井　実	他 17 名	
福知山支庁			
大属	三浦峯高	他 22 名	
篠山支庁			
権中属	吉原利渉	他 4 名	
大阪出張			
等外 2 等出仕	立花義方	他 0 名	

出所：『豊岡県官員録』ほかによる。

官吏の構成を表2-2に見ると、まずその大幅な増員が目立っている。久美浜県時代には、官吏増員の要求が出されていながら実現しなかったが（「太政類典」）、豊岡県になってやっと実現した。戸籍法や徴兵制、地租改正など、地域への委任事務が飛躍的に増大したのだから当然ともいえる。しかし、久美浜県との継続は少なく、官吏の構成も毎年、大きく変わっている。宮津支庁には、福知山支庁の二三名、東京出張所の一八名に次ぐ、一五名の官吏がおかれた。

二つの「解放令」と民衆騒擾

廃藩置県クーデターを成功させた政府内の急進派グループは、明治四年（一八七一）八月二八日賤民の「解放令」など、劇的な近代化、文明開化政策を実現していった。明治初期の宮津藩では、表2-3・4のように、百数十戸のえたと五八戸の非人番がいた。しかも、それよりも京都市内の空也《くうや》堂系の「鉢《はち》」とよばれる、「雑賤民」の人びとがいた。

えたは、本村から年貢諸役などの支配を受けるとともに、「本村」地主の小作になることが多かった。それとともに、頭村《かしらむら》から刑吏として処刑などにかり出されていた。非人番もまた、数村に一戸おかれ、非人番給をもらい物乞いする特権が許されているかわりに、村の番人として、非人や乞食を統制し、町村の「清め」や処刑場の刑吏として活動していた。宮津藩では、徒目付《かちめつけ》—番人頭（宮津）—非人番—非人という頭《かしら》支配のもとにあった。鉢もまた、死体のとり片づけや、正月祝言など、非人番と同様の仕事をしていたが、宮津藩最大の江尻村の鉢は、漁村でもあって牛の博労《ばくろう》や魚の「抜け買い」などで生計を立てていた。

表2－3　宮津藩の賎民戸数・人口

年　(西暦)	戸数（戸）					比率（%）		
	町　村	(A)鉢	(B)えた	(C)非人番	(D)計	鉢(A)／(D)	えた(B)／(D)	非人番(C)／(D)
寛保４年(1774)	10,685	189	98		10,972	1.7	0.9	
天保12年(1841)	13,258	189	118		13,565	1.4	0.9	
明治２年(1869)	13,316	200	118	58	13,692	1.5	0.9	0.4

年　(西暦)	人口（人）					比率（%）		
	町　村	(E)鉢	(F)えた	(G)非人番	(H)計	鉢(E)／(H)	えた(F)／(H)	非人番(G)／(H)
寛保４年(1774)	50,488	982	553		53,023	1.9	1.1	
天保12年(1841)	60,085	980	671		61,736	1.6	1.1	
明治２年(1869)	60,216	1,011	671	275	62,173	1.6	1.1	0.4

出所：寛保４年と明治２年は『宮津旧記』、天保12年は「丹後国村々版籍取調帳」による。
注：宮津町の人口は『与謝郡誌』上巻により補足した。

表2－4　明治初年丹後の賎民戸数・人口

	えた		非人		鉦打		茶筅	
	戸数	人口	戸数	人口	戸数	人口	戸数	人口
	戸	人	戸	人	戸	人	戸	人
宮津藩	162	949	58	275				
舞鶴藩	150	852	—	—				
峰山藩	30	255	11	55	17	82	1	8

出所：高橋東山「明治初年各藩□□・非人其他の人口」『融和事業研究』第56輯による。

宮津市の犬の堂地域は、明治末の京都府の『旧えたに関する調査』によると、戸数が四一戸、人口が二四二名（うち男子一〇一名）で、農業を専業としていた。「寛政十二年（一八〇〇）二月、明治二十五年（一八八二）八月、両度祝融（火事）ノ襲フ所トナリテ殆ド全滅ニ近キ災厄ニ罹リ」、古文書などの記録を消失している。しかし、村の伝承では、寛文六年（一六六六）、京極高国が封土を没収された時に、田辺から移住してきたと伝えられている。与謝郡では、ほかにえたが三九戸という算助《さんじょ》村があるが、あとは数戸という小さいえたの枝村が多い。ただ、鉢が九二戸・四七四人という丹後地域でも最大の江尻村がある。「解放令」が出ても、「本村」との地主・小作関係は残るし、中郡では、一度届け出た苗字を戸長が勝手に統一し、被差別民への土地売買を許さないという事件が起きている。元賤民たちへの露骨な差別は、敗戦後、高度経済成長期まで継続している（今西一『近代日本の差別と村落』雄山閣出版、一九九三年）。

賤民の次に、明治五年（一六七二）一〇月二日、芸娼妓の「解放令」が太政官から出されている。この時、司法省が、芸娼妓は「牛馬と同じ」であるから、その金銭貸借の訴えは受理しない、としたところから「牛馬きりほどき」とも言われるようになった。宮津の東新浜《ひがししんはま》では、明治五年に、酌取《しゃくとり》女《おんな》五一名、茶汲女二一名がいた（曽根ひろみ『娼婦と近世社会』吉川弘文館、二〇〇三年）。しかし、芸娼妓「解放令」の翌七三年四月、万年町新地（東新浜）の但馬屋ていほか二六名が、同町戸長吉川万助とともに、次のような歎願を行なっている。

「私どもは、「芸娼妓渡世《とせい》」を行なってきたが、先年芸娼妓の「解放」を言われて恐縮している。しかし、原籍へ引き取らすことも、にわかに改業させることもできずに、「余儀なく」当所に寄留させ、生活の目途を立てるまで、芸娼妓渡世を続けることを願い出たが、願いの通り聞き届けてもらった。そこで寄留中に小学校に入学させたいが、「身薄」の銘々のことで、生活するのに精一杯であるから、「壱人に付き壱ケ月金弐銭宛」を、「小学校有志金」として上納したい」と申し出ている。芸娼妓「解放令」以後も、このように抱え主が当所に寄留させ、芸娼妓を続けさせることが認められており、小学校にやるための「小学校有志金」をつくることまで願い出ている。この「有志金」について豊岡県は、「願意におよばず」、いずれ生計が立てられるようにする、と返事しているが、これは貸座敷業《かしざしきぎょう》として芸娼妓を再編成することであった（今西一『遊女の社会史』有志舎、二〇〇七年）。

また明治の初年は、農民一揆が激発する時代であった。現在わかっているだけでも、明治元年（一八六八）から一八七七年までの一〇年間で、農民一揆は四九九件、都市民衆騒擾は二四件、村方騒擾は一五一件起こっている。しかも西日本では、えた・非人などの「解放令」反対を掲げた新政反対一揆が起こっている。その最初の大規模な「解放令反対一揆」が、七一年一〇月一三日から二一日まで、播州・但馬で起こった、「播但一揆」であった（第3章を参照）。宮津県では、この一揆の宮津への波及を心配して、藩士梅村寛猛を調査に派遣している（「宮津藩政記録」）。次いで宮津周辺で起こった一揆としては、一八七五年七月二三日の京都府下何鹿郡《いかるが》（現綾部市）の「明六一揆」または「何鹿騒動」がある。ここでもえた「解放」への反対が叫ばれていた。

宮津町では、明治五年（一八七二）五月二七日、文殊村《もんじゅむら》の村民が文殊堂対岸の洲を埋め立て、村境を拡大しようとしたのに対して、宮津町の民衆三〇〇有余人が、「旧藩の馬表および蓆旗《むしろばた》を建て、喇叭《らっぱ》を吹き、竹槍を携え」、突然文殊村を襲って、船四艘を略奪した、という民衆騒擾が起こっている。宮津支庁は、豊岡に事件を告げ、捕亡吏二〇名、元宮津藩の兵隊三〇名と合わせて、四〇名を逮捕して鎮圧した（「太政類典」）。

戸籍法と大区小区制

明治四年（一八七一）四月五日、戸籍法が制定され、旧来の宗門改帳に変わって、戸籍が編成された。戸籍は、翌明治五年に編成されたので、干支《えと》をとって「壬申《じんしん》戸籍」といわれた。戸籍法では、戸籍編成事務を遂行するために、行政区域とは別に数カ町村を組み合わせて新しい区を設定した。この区に戸長、副戸長を置いて戸籍事務を取り扱わせたが、行政事務一般は、従来通り庄屋が行なった。

明治五年四月九日、太政官布告をもって、庄屋・年寄などの名称が廃止され、戸長・副戸長と改称して、戸籍事務ならびに一般行政事務を取り扱うように命じられた。したがって戸籍編成のために設定された特別「区」も消滅し、「区」は行政区域へと性格を一変した。

そこで豊岡県では、明治五年五月、改めて大郷長を区長、中郷長を副区長、庄屋を戸長、年寄を副戸長と改称した（「豊岡県布達」）。しかし、行政区に変わった「区」も、その管轄区域が、旧天領・藩領などを基礎に分割したので、広狭・錯綜など不合理な点が多いので、是正して県下を統一した「大区・小区」の地域制度をつくることになった。そして、県（県令）―大区（区長）―小区（副区長）―町・村（戸長）の行政機構が整えられ、区長は県と町村の中間に立つ行政官的な性格を強めていった。この大区・小区制が完成したのが、同年六月であった。

豊岡県の大区・小区制は、但馬国が第一から第八大区の八大区・四〇小区、八郡・四〇町・六三〇村（枝村を含む）、丹後国が第九から第一五の七大区・三六小区、五郡・八五町・四〇三村（同）、丹波国が第一六から第二一の六大区・一一七小区、三郡・四五町・五〇三村（同）であった。総計二一大区・一一七小区、一六郡・一七〇町・一五三六村であった（『豊岡県史』）。

大区・小区の発足当時、丹後・但馬の「区長」は、三人を一組にして、豊岡県に「月番」として詰めていた。与謝郡からは羽賀恕平が出ていた。また、一五歳以上六〇歳までの人は、「一人ニ付、一日銭一文」ずつ徴収され、それで区長以下の月給、筆・墨・紙、旅行その他の費用をまかなっていた(豊岡市、「田中家文書」)。いわゆる「民費《みんぴ》」の徴収であった。しかし、豊岡県では、このように大区の下に小区をおく行政機構を確立していたが、全国各地の地域行政はさまざまであり、明治五年一〇月一〇日の太政官布告によって、初めて小区が制度化した。

与謝郡でも、大区・小区の制が取られ、市長・街長の制が廃止されて、区長・権区長がおかれ、区長はのちに戸長と改められ、副戸長をおくようになった。宮津町には、豊岡県宮津局がおかれて地方を監督した。宮津は第一二大区と第一三大区に分かれ、小区に区長、大区に郷長を置いて管内を監督した。廃藩置県によって、治者の地位にあった旧宮津藩の家中は、ほとんどが被治者となったが、旧来の宮津町を士族町と町家に分け、士族町は第一三大区一小区に、町家は同二小区に編入された。士族町の区長には若林良介、町家の区長は塩田重賢が任命された。のちに小区長は戸長に、大区郷長は大区長に改められた。

3 地方制度の転換

京都府への移管と宮津

一八七六年(明治九)八月二一日、豊岡県は廃止され、京都の管轄に移り、宮津町には、京都府宮津支庁がおかれることになった。この京都府への合併は、明治政府の財政支出の削減(府県費の節減)、国政委任事務の増大に対応するものであった。政府は、同年四月一八日と八月二一日の両度にわたって諸県の統廃合を行なった。八月二一日、右大臣岩倉具視名で、「飾磨《しかま》及び豊岡県を廃し、但馬両国並びに丹波国多紀郡・氷上《ひかみ》を兵庫県に合し、丹後国並びに丹波国天田郡を京都府へ合併」することが命じられた。この統廃合と管轄替えによって、全国は一道三府三五県となった。

この丹後地域の京都府への合併については、京都の西陣の経営者が、丹後ちりめんを支配下におくために、槇村正直知事に働きかけたものだ、という「伝説」が丹後地域に伝わっているが、これを証明する史料はない。現在の研究では、この合併は「太政官布告をもって、強制統合させられたものである。このことは、府県の財政上の強化策として統合を促進するものとして意義があった。すなわち、豊岡県の統合によって、京都府は石高約八四万石になった」（林正巳『府県統合とその背景』古今書院、一九七〇年）と言われている。

宮津町では、移管直後、郡区制がひかれる前の第一三大区一、二小区すなわち町家・士族町を一区として、その他を分合した。城東村田中および桑飼、石川、吉津の各諸地域、すなわち五万騎《ごまんき》（山）の裏表を与謝郡第三区、上宮津村および城東村の宮津川以東と栗田《くんだ》村全域、すなわち秋葉山の裏表を同第四区、宮津町を第五区とした。区長事務所は、与謝郡第三区は、石川村、第四区は上司町に、第五区は魚屋町に設けられ、各町村の主務者を戸長とした。その後、さらに小分して四五カ町村を一区にして、官選戸長が設けられた。

一八七八年七月二二日、「郡区町村編制法」、「府県会規則」、「地方税規則」のいわゆる「三新法」が設けられ、郡役所（郡長）が設置された。数カ町村を管轄する戸長役場（戸長）をおける制度とな

表2－5　宮津市域の旧行政区画と戸数・人口

天保郷帳(天保5年)			与謝郡誌(幕末期)		(明治5年)		地方行政区画便覧(明治18年)		市町村制施行による町村名(明治22年)
郡	町村名	石高	戸数	人口	大区	小区	郡	町村名	
	本　町(1)					2		本　町	
	波路町					1		波路町	
	魚屋町							魚屋町	
	小川町							小川町	
	魚屋町新道							東新浜	
	万　町					2		万　町	
	金屋谷							金屋谷	
	文庫町							柳縄手	
	宮本町							宮本町	
	京街道							京街道	
	大久保町							大久保	
	木之部町					1		木之部町	
	京口町							京口町	
	松原町							松原町	
	白柏町							白柏町	
	蛭子町		(2)					蛭子町	
	万年町		2,616	9,606	13			万年町	宮津町
	万年新地							万年町新地	
	宮　町							宮　町	
	池ノ谷					2		池ノ谷	
	河原町							河原町	
	住吉町							住吉町	
与謝郡	川向町						与謝郡	川向町	
	杉末町							杉末町	
	猟師町(3)							漁師町	
	京　口							京　口	
	島　崎							島　崎	
	外　側							外　側	
	馬場先							馬場先	
	中　町					1		中ノ町	
	吉　原							吉　原	
	安　智							安　智	
	波　路							波　路	
								鶴　賀	
	猟師町	184.074						猟師町	
	有田村	169.505	41	171	12	4		滝馬村	
	田中村	415.493	42	149					
	惣　村	395.294	80	335				惣　村	
	皆原村	311.803	37	165				皆原村	城東村
	山中村	116.263	20	83	13	3		山中村	
	獅子崎村	79.153	19	103				獅子崎村	
	波路村	347.156	43	200				波路村	
	宮　村	237.711	50	226				宮　村	
			(4)　1	6				文珠村	
	鍛冶町	83.97			12	4		鍛冶町	吉津村
	須津村	1080.547	157	705				須津村	

天保郷帳(天保5年)			与謝郡誌(幕末期)		(明治5年)		地方行政区画便覧(明治18年)		市町村制施行による町村名(明治22年)
郡	町村名	石高	戸数	人口	大区	小区	郡	町村名	
	上宮津小田村	598.679	169	719				小田村	
	北村	800.642	146	584	13	3		喜多村	上宮津村
	今福村	200.526	47	194				今福村	
	国分村	341.911	51	275				国分村	
	小松村	162.745	16	76				小松村	
	府中中野村	354.028	58	234				中野村	
	大垣村	72.716	22	93				大垣村	府中村
	難波野村	113.695	21	101				難波野村	
	溝尻村	244.759	76	325				溝尻村	
	江尻村	285.442	216	1,064				江尻村	
	成相寺村	56.296	25	104	12	3		成相寺村	
	駒倉村	68.713	39	204				駒倉村	
	木子村	71.806	49	285				木子村	
	上世屋村	259.361	69	308				上世屋村	
	下世屋村	102.071	51	258				下世屋村	世屋村
	東野村	26.184	6	32				東野村	
	松尾村	113.400	38	189				松尾村	
	畑村	81.673	34	160				畑村	
	日置浜村	808.726	117	519				日置村	日置村
与謝郡	日置上村	1123.416	117	539			与謝郡		
	新宮村	194.747	56	264				新宮村	
	脇村	133.036	51	218				脇村	
	中村	134.077	26	102				中村	
	小寺村	383.921	69	291				小寺村	
	栗田上司村	586.164	108	519	13	3		上司町	
	中津村	169.908	72	352				中津村	栗田村
	屋原村	112.231	22	111				矢原村	
	小田宿野村	373.452	93	415				小田宿野村	
	嶋影村	151.930	33	161				島陰村	
	田井村	200.222	39	171				田井村	
	獅子村	276.328	41	208				獅子村	
	奥波見村	505.130	81	341				奥波見村	
			(5) 47	224				中波見村	
	里波見村	332.815	77	334				里波見村	
	永江村	127.062	52	265	12	2		長江村	
	岩ヶ鼻村	156.038	56	294				岩鼻村	養老村
	外垣村	119.161	39	171				外垣村	
	大嶋村	277.259	91	534				大嶋村	
	田原村	200.566	42	255				田原村	
	日ヶ谷村	438.166	259	1,351				日ヶ谷村	日ヶ谷村
加佐郡	由良村	633.805			14	5	加佐郡	由良村	由良村
	石浦村	104.391						石浦村	

出所：『日本歴史地名大系　第26巻　京都府の地名』による。一部改変。

注：(1)本町～波路の町名は元禄16年宮津城下町絵図による。(2)は宮津町全体の戸数。(3)現字漁師の分のみ。(4)文殊村として記載。(5)中波見村として記載。

り、俗に「戸長役場」時代とも呼ばれた。この戸長役場では、所属する町村の組み合わせが、大・中・小連合とたびたび変わる、激しいものであった。

郡区町村編制法によって、宮津支庁は廃止されて郡役所がおかれ、翌七九年三月には組戸長制となった。この制度では、一〇ないし二〇〜三〇カ村でひと組とされ、組内二、三カ町村ごとに戸長がおかれ、町村戸長、受理戸長、組戸長といった。与謝郡第三区は、さらに岩屋、市場、山田、岩滝の町村を加えて与謝郡第二組となり、同第四・五区をあわせて第三組として、前者の組戸長事務所を石川村に、後者を魚屋町においた。もとの与謝郡は五組であったが、翌八〇年に変更されて、宮津町は第一組、栗田地域は第二組、上宮津地域は第三組等々、一〇組に編成された（表2－5参照）。

連合戸長役場時代

一八八一年（明治一四）五月には、従来の組戸長制度を改めて、数カ町村連合戸長役場を設け、直接郡役所の監督を受けて、事務を執ることになった。この改正によって、宮津町はまた、町家と士族町とに分かれ、前者は本町外一七カ町村・新庄村連合戸長役場、後者は松原町外一五カ連合戸長役場となり、ここでも戸長は官選であった。

ところが実際には当時の町家の町役場は、魚屋町西堀川辺新浜の尽道校《じんどうこう》の傍らにあって、本町にはなかった。京都府の訓令では、役場所在地の町村を筆頭に、外何カ村と呼ぶべしとなっていたが、新浜は遊廓なので、筆頭の字《あざ》にすることは、町の対面にかかわるという議論が強かったからであった。しかし、町役場をほかに移転することになれば、堀川を中央とする東西の両町民による、役場の争奪戦が起こることが危惧された。そこで役場の敷地の片隅が、わずかに魚屋町域にかかっていることを理由に、魚屋町外一七カ町村・新庄村連合戸長役場と改名することになった。

また士族町も、旧宮津城本丸跡に役場を設けて、改めて鶴賀町外一五カ村戸長役場といった。そして宮津町の周縁でも、文殊村・波路《はじ》村以南、のちの城東・上宮津両村が合併して、惣村外一二カ村連合戸長役場を惣村におき、栗田村は二分して、中津以東の表栗田を上司町外五カ村連合戸長役場区域とし、小田宿野以西の裏栗田と獅子崎とを併せて田井村外五カ村連合として、筆頭の村に戸長役場をおいた。

その後、宮津町は、魚屋町外一七カ町村・新庄村戸長役場は、本町外六カ町連合と白柏町外一一カ町村・新庄村連合とに分かれ、のちにまた合併した。田井村外五カ村連合は、いずれも分離・独立し、のちにまた獅子崎《しいざき》を除いて田井村外四カ村連合戸長役場をおき、惣村外一二カ村連合は二つに分離し、ひとつはのちの上宮津村三カ地域を一区域として小田村外二カ村連合として、いまひとつは惣村外九カ町村連合に獅子崎を加え、惣村外一〇カ町村連合としたが、こののち八五年二月に有田村と田中村が合併して瀧馬村といって、以来惣村外九カ町村連合となった。ただし、鍛冶町・猟師町は地名のみで、住民がいないので、事実上惣村外七カ村連合となった（『丹後宮津志』）。

府中地域の概観

この時期の村の具体的なあり方を、府中地域で見てみたい。「往古」から「江尻・難波野《なんばの》・大垣・中野・小松・溝尻・国分・成相寺・男山・岩滝および上世屋・下世谷を総称して、拝師の里（又速石

表2-6　府中地域の戸数と職業構成

村名	延高	戸数 延享元 (1744)	うち農家比率	戸数 天保12 (1841)	戸数 明治20 (1887)	農業	商業	工業	漁業	雑業	庶業
	石	戸	分	戸	戸	戸	戸	戸	戸	戸	戸
溝尻村	236.890	48	4	75	67	15	3		43	5	1
国分村	339.226	33	9	35	53	40	6	3		3	1
大垣村	71.232	10	7	20	22	11	7	3			1
小松村	160.316	8	9	15	18	14	2	1			1
難波野村	111.494	14	9	20	23	17	3	2		1	
中野村	348.390	36	8	56	54	43	5	5			1
江尻村	279.804	98	3	215	217	49	50	4	66	47	1
成相寺村	56.296	30	10	24	20	19					1
合計	1603.648	277	7	460	474	208	76	18	109	56	7

出所：「町村沿革取調書」（中野区有文書）、「丹後国村々版籍取調書」（京都府立総合資料館所蔵文書）による。
注：延高は延宝年間のものである。職業別戸数は1887年のものである。

の里）と云」っていたが、江尻村から岩滝・上下世谷村を「拝師の里」または「拝師の庄」として捉える考え方があった。しかし、のちに「岩滝・男山を裂《さけ》て板列の庄」とも言われてきた。近世になると、「部内則ち八カ村を府中村と云い」、「寛文八年（一六六八）に至りこれを東西に分ち、江尻・難波野・大垣・中野の四カ村を東府中と云い、小松・溝尻・国分・成相寺の四カ村を西府中と云う。貞享九年（一六九六）に至り各村に分る」とある（「与謝郡町村沿革取調」）。

府中の村と言っても、表2-6のように天保一二年（一八四一）の戸数を見ても、十数戸の村から二〇〇戸を超す村まで、その村落の規模はまちまちであった。ただし、江尻村には、「鉢」と呼ばれる被差別民の枝村《えだむら》がある。おそらく延享元年（一七四四）の九八戸は本村のみの戸数であろう。一八八七年（明治二〇）の江尻村には、二〇％を超す雑業層が存在したが、そのほとんどが「鉢」の人びとであった。

府中での伝統的な寄合慣行を見ると、総寄合、五人組寄合、長《おさ》百姓寄合、総百姓寄合、数村連合寄合、庄屋寄合などがあった。「町村沿革調」によると、「一町村内総寄合は」、「庄屋宅に於て御公儀の御法令を読聞かせ」、「年中その村内にて行うべき要件及び進退を取極《き》め」、「宗旨《しゅうし》人別《にんべつ》調《しらべ》」を行なった。「五人組寄合」では、「五人組筆頭を庄屋宅に集め、何事によらず評決す。然《しか》りと雖《いえど》も大事に至たっては総寄合に於て決評す」。「長百姓寄合は、その村々により五人乃至《ないし》十人位庄屋宅に」集まり、村費《そんぴ》賦課《ふか》法を決めた。「総百姓寄合は種蒔期日定《さだめ》、稲刈り鎌始め、あるいは免割《めんわり》と唱え庄屋に於て収納なす御年貢取立方を調査」した。そして、

　庄屋寄合。当部内の如《ごと》きは、旧府中七カ村役人集合し、苗代草刈り期日、かつ柴草刈取り期日、諸職人の賃銭、日雇賃銭、田耙《は》賃等の七カ村画一に行うべきことを評決す。

と、おそらく成相寺村を除く「七カ村」で、「苗代草刈り期日」から「諸職人の賃銭、日雇賃銭」などが決められていた。この村落結合の基盤のひとつに、共有山の問題があった。寛文八年（一六六八）の府中八カ村の分離によって、東府中四カ村に三九町四反七畝一六歩、国分・小松・溝尻村に八町五反九畝一八歩の共有山が分割された。また成相寺村の四七町三反一畝一二歩の共有山も、「稼《かせぎ》入会《いりあい》は四カ村あるいは三カ村の入会」となっていた。こうした入会慣行が続くかぎり、村寄合が消滅することはなかった。

表２－７　府中地域の村行政の変遷

近　世	大庄屋－出役庄屋－庄屋－組頭－百姓代
明治２年４月	大庄屋→郷長、庄屋→村長、組頭→戸長
４年８月	村長→里正、戸長→保正
５年８月	郷長・里正を廃す。各村に戸長・副戸長、各区に区長・区長見習、各小区に副区長・副区長見習を置く。
同　11月	豊岡県に属し第12大区３小区に編入。
６年８月	区長見習→権区長
同	区の事務所を江尻に置く。
７年６月	権区長→副区長、副区長→戸長、副区長見習→副戸長、戸長→用掛、副戸長→触頭。用掛の官選。
９年３月	村用掛・触頭を廃し、小区のうち最寄の２・３か村かあるいは５か村をあわせて村吏を置き、これを副戸長という。府中は副戸長２名を置く。
同　８月	豊岡県を廃し、京都府に移管した時に各区長を廃す。府中を３分して戸長３人、総代８人を置く。
同　10月	従来の区制を廃して京都府区制に編入。国分より駒倉村までの16か村を第７区と唱え、区長・副区長を置く。戸長は区長に、副戸長は副区長に改正。
10年10月	副区長を戸長と改め、大村は独立し、小村は３か村あるいは５か村をあわせて戸長1名を置く。府中は戸長３名。
12年４月	区制を廃し、従来の第７区を第４組(府中・日置・世屋・野間地域21か村)と改称。第４組の戸長役場を日置浜に置く。
同　12月	第４組が第７組となる(区域は元のまま)。
14年８月	組戸長制を廃止し、戸長役場は各村一つ、もしくは数村で一つとなる。江尻・難波野・大垣・中野は各村単独戸長役場で各村単独戸長。小松・溝尻・国分三か村は連合戸長役場で一人の戸長。
同　12月	江尻・難波野・大垣３か村で連合戸長役場(位置は江尻)。３か村で一人の戸長。
17年７月	連合戸長を置き、戸長は准判任官となる。役場を大垣村に置き、大垣村ほか７か村連合戸長役場と称する。用掛２名、書記１名あり。
22年４月	町村制施行とともに府中村と改称し、村長・助役・書記を置き、各区に区長を置く。

出所：「与謝郡各町村沿革調」（京都府立総合資料館所蔵文書）、阿蘇尋常高等小学校編『府中村郷土誌』による。

府中の明治以降の村行政の変遷を見ると、表2-7のようになる。明治四年（一八七一）の戸籍法の段階では、里正・保正制であったが、翌五年に大区・小区制がひかれ、大区に区長・区長見習、小区に副区長・副区長見習、各村に戸長・副戸長がおかれ、戸長役場が設けられた。七四年の改正によって戸長は用掛となり、副戸長は触頭《ふれがしら》となって、しかも用掛は官選となった。七六年の京都府への移管によって、大区・小区制は廃止された。七九年三月、京都府は郡区町村編成法による七〇号布達によって区制を廃止し、同年一二月には番外二五号で組戸長《くみこちょう》制をひいた。しかし八一年には、組戸長を廃止して、数カ村連合か各村戸長に戻したが、これは「郡役所より直接監督を受けて村政を司掌せり戸長役場こゝに始まる」（小嶋和司『明治典憲体制の成立』木鐸社、一九八八年）と言われている。

連合町村会の成立

京都府下の連合町村会は、一八八〇年（明治一三）四月八日布告の区町村会法第三条の「数区町村連合会を開く時は、その地方の便宜に従ひ規則を設け、府知事県令の裁定を受く可し」という規定よりも早く、七九年八月八日に京都府が独自に制定した、区会章程・町村会章程に基づいて作られたものであった。京都府下では、一八八〇～八二年で、区会・全郡連合町村会の規則が新設一八・改正五、連合町村会が新設二二・改正八一、単一町村会が新設一一四・改正八と裁定された。区会・全郡連合会の結成は進まず、数カ町村の連合町村会の結成が先行し、単一町村会が八二年から増加してきた。

八〇年から八二年の京都府下の区町村会の設立件数の比率では、久世《くぜ》郡が七五％と断然高く、綴喜《つづき》郡四二％、熊野郡三二％と続き、丹後地域は、加佐郡の三％を除くと、与謝郡一七％、中郡二四％、竹野郡一三％と、決して低くはない。むしろ山城地域の愛宕《おたぎ》郡五％、紀伊郡四％や丹波地域の何鹿《いかるが》郡七％、天田郡九％などが低い。市域は上京《かみぎょう》区・下京《しもぎょう》区ともに四％と低いが、これは町村数が多いので低く現れたためで、上京区の新設七七、改正三八、下京区の新設五一、改正一八は、最高の数字である。ちなみに与謝郡は、新設二八、改正三である（府庁文書）。

現在わかっている与謝郡の連合町村会の規則を表2-8に見る。内容は、区会章程・町村会章程に準拠して作られているが、若干の違いが見られる。議定の内容は、区町村にかかわる公共事業を「討論」し、議案の提出は戸長が行なっている。選挙権は満二〇歳以上の男子のみが持っていた。選挙権は町村に本籍を持つことが明記されているが、被選挙権の場合のように必ず三年以上の居住や土地・不動産の所有を義務づけてはいなかった。だが、男性戸主が選挙権・被選挙権の主体であることには違いなかった。また与謝郡第三・四・五・六組では、被選挙権に「地租額弐円五十銭以上」という規定があるが、「水利土功之義ニ付《つき》至急開会」されたという同連合会の特殊な事情によるものであろう。

しかし、「瘋癲《ふうてん》・白痴《はくち》」は、公民権が剥奪・停止されており、「懲役一年以上及国事犯禁獄一年以上実刑」を受けた者も、同じく公民権を剥奪されているが、これも町村会章程を受けたものである。同章程では、「但満期七年を経たる者」は回復されると規定しており、この「七年」は、八二年三月一六日に布達で「五年」と短縮され、同年の各連合会の規則では改まった。連合会の会期は、普通一〇日から一五日であった。

一八八一年（明治一四）の調査であるが、「丹後の国は五郡にして、町村組数七十三、村数四百就中《なかんずく》町村会開設したるもの僅《わずか》に七組に過ぎず、……竹野・加佐・熊野の三郡は未だこれを開設せ

表2－8　与謝郡の連合町村会規則

	第1組町村連合会	第6組連合村会	第3・4・5・6組連合村会
製作年月日	明治14年4月21日	（明治14年）	明治14年9月30日
議定内容	経費の支出・徴収の予算、共有財産の処分、道路等の造作・修繕、衛生・殖産、非常予防法、公立学校の廃合保存	経費の支出・徴収の予算、臨時費支出、共有財産処分、道路等の造作・修繕、衛生・殖産、非常予防法、公立学校の廃合保存	水利土功に関する一切の事業および経費支出ならびに徴収の方法
議案の提出	戸長	戸長	戸長
選挙権	満20歳以上の男子町内に本籍を定め、其連合町内において不動産を所有する者	満20歳以上の男子町内に本籍を定め、その連合町内において不動産を所有するかもしくは戸主	満20歳以上の男子戸主。町内に本籍を定める者
被選挙権	満25歳以上の男子町内に本籍を定め、3年以上住居し、その地において不動産を所有する者	満25歳以上の男子村内に本籍を定め、3年以上住居し、その地において不動産を所有する者	満25歳以上の男子連合町村内に本籍を定め、3年以上住居し、地租額2円50銭以上納める者
公民権の剝奪・停止	瘋癲・白痴、懲役1年・国事《(ママ)》犯禁獄1年以上、身代限の処分を受けている者、官吏・郡村吏、教導職・小学訓導	瘋癲・白痴、懲役1年・国事犯禁獄1年以上、身代限の処分を受けている者、官吏・郡村吏、教導職・小学訓導	瘋癲・白痴、懲役1年・国事犯禁獄2年以上、身代限の処分を受けている者、官吏・郡村吏、教導職・小学訓導
議員定数	組内の者6人ずつを選挙	上山田村3人、下山田村3年、弓木村4人、岩滝村6人、男山村3人	後野村4人、加悦町4人、温江村1人、算所村3人、四辻村4人、明石村1人、幾地村2人、石川村9人、須津村3人、弓木村5人、岩滝村2人、三河内村6人、上山田村5人、下山田村4人
議員報酬	議長・副議長・議員は無給、書記は有給	議長・副議長・議員は無給、書記は有給	議長・副議長・議員は無給、書記は有給
議員任期	4年、2年毎に半数改選	4年、2年毎に半数改選	4年、2年毎に半数改選
会期	15日以内	15日以内	10日以内

出所：『京都府百年の資料　一』による。

「与謝郡第6組連合村会規則」「与謝郡第3・4・5・6組連合村会規則」は岩滝区有文書による。

飯塚一幸「連合町村会の展開と郡制の成立」『日本史研究』第326号参照。

ず」と語っている。町村会は、与謝郡の第一・四・六組と、中郡の第一・二・五組で開設されただけであった（「丹後国景況」）。しかし、すでに八〇年七月八日の『大阪日報』には、「同地の沢辺正修は、先頃より近郡近在を遊説せられたるが、国会開設を熱望する者その数を知らずと。且同氏を始め横川〔規〕・星野〔源八郎〕両氏等が尽力の町村会も、各町よりの委員総会を開きたり」とあるように、八〇年夏から沢辺正修ら天橋義塾の社員が、連合町村会の開設に尽力し、後述するように一八八一年五、六月の与謝郡では、民権派主導の連合町村会規則修正会が開かれていた。

京都の市域でも、一八八〇年一〇月二二日の上下京連合区会での「産業基立金」の使途をめぐる紛争が起こっており、槇村正直知事は、この事件で敗訴して区民側が勝訴した。全国的にも、八三年の福島県若松地域六郡の「不穏」な動向や、同年六月の徳島県の「乙第百十号達」に対する町村連合会での改進党の反対闘争に起因して、政府は八四年五月七日、区長村会法第五・六条を改正した。区長に区会、郡区長・戸長の町村会の中止権限、府知事・県令の区長村会の停止または解散権などを与えたのである。

4　地域社会の変貌

消防・警察機構の整備

宮津の消防組は、明治初年には、宮津町に私設消防組もしくは消組と称する消防組が組織されていた。その組名は、鶴賀町外一五カ町が士族組で、一組を作っていたが、なかでは東、中、西の三部に分かれていた。そして町人組は、本町、万町《よろず》、魚屋町・新浜、白柏町《しらかせ》、河原町・住吉町、漁師町、川向町、蛭子町・池ノ谷・万年町・万年新地・宮町、杉ノ末、宮本町の一一組に分かれていた。このように消防組でも、士族組と平民組は別組織に編成されていた。

各組は、龍吐水《りゅうとすい》という消化器を一台か二台備え、取締・副取締・担当人などを数名おいた。しかし、一八八四年（明治一七）には、男子を火防夫として、その数を一組に五〇名ないし一〇〇名とした。一八七七年には、魚屋町は龍吐水をやめて、喞筒《しょくとう》を一台新調した。続いて本町、万町、白柏町、宮本町なども、龍吐水を廃止して喞筒を新調し、揃いの法被《はっぴ》を着るようになった。

宮津町では、一八七七年（明治一〇）三月一四日に波路で草葺《くさぶき》長屋四棟、六〇戸を焼く火災があり、一八七九年一〇月一〇日に魚屋町で一棟全焼、隣家半焼の火事があった。八一年には、一月八日に京口で五戸全焼、一月二〇日に宮町で四戸全焼、二月五日に同町で一二戸全焼、半焼一戸があった。翌八二年一二月二七日、同町の真照寺が一棟全焼し、その翌年八三年八月一八日には、同町の愛宕神社の本殿と一棟が全焼したが、いずれも死者はいなかった（『消防沿革史』）。

一方、警察機構は、江戸時代の番人制度が、明治四年（一八七一）の廃藩置県からから捕亡吏《ほぼうり》と改まり、七五年から豊岡県の管轄となり、警部・巡査をおいた。そして京都府に移管された七六年八月二一日の当日、宮津警察所が、大手橋詰めの旧藩郡会所跡に設置された。同年同月に岩ヶ鼻と舞鶴の二分署がおかれた。また同年一二月二〇日に、宮津町字《あざ》小川に分署が設置され、七八年一二月三一日に同分署が廃止されて、宮津警察署の直轄となった。

一八七七年（明治一〇）一月には、与謝郡加悦、岩屋、雲原、日置《ひおき》、本庄、岩滝および加佐郡河守、大川、由良、桑飼、市場の一一分署がおかれた。翌七八年六月一五日には、岩屋、雲原の二分署を廃止して、加悦分署に合併された。また同年一〇月二四日、河守分署を福知山警察署の所轄とした。八〇年七月、本庄、日置の二分署を廃止して、岩ヶ鼻分署に合併した。同年七月二六日、由良、桑飼の二分署を廃止して、桑飼分署の所轄を宮津警察署の直轄とし、由良分署の所轄を舞鶴分署の直轄とした。

一八八二年（明治一五）三月二八日、岩ヶ鼻分署を日置村に移転し、日置分署と改称した。翌八三年七月一日、峰山警察署を廃止して、中・竹野・熊野の三郡を宮津警察署の管轄とし、峰山、網野、間人《たいざ》、久美浜の四分署をおいた。八五年六月三〇日、日置分署を再び岩ヶ鼻村に移転し、岩ヶ鼻分署をおいた。そして、翌八六年一〇月一三日、中・竹野・熊野の三郡を割き、峰山警察署がおかれ、加佐郡に舞鶴警察署が、与謝郡に宮津警察署がおかれるようになった（『警察沿革録』）。宮津警察署は、長い期間、丹後一円の中心的役割を果たしてきた。

宮崎六左右衛門『日誌』から

この時期の地域の実態を、宮崎六左衛門『日誌』から見てゆきたい。宮崎は、弘化三年（一八四六）六月二二日、先代六左衛門と妻よしとの長男として、与謝郡江尻村に生まれた。父の四代目六左衛門は、文政二年（一八一九）一二月二八日に生まれ、安政五年（一八五八）に庄屋に選ばれてから、一八七一年（明治四）まで、十有余年間その職をまっとうした。維新後も、七二年には第三小区の副区長、七四年に第一二大区の副区長になり、七六年には第一二大区区長にまで昇進した。だが同年八月の京都府への移管に際して、すべての公職から身を引き、家督を長男の嘉邦に譲って隠居し、九二年に七三歳で逝去した。

五代目宮崎六左衛門は、幼名を寅之助、成人して浅七・嘉邦と名のった。宮崎は、幼児から学問が好きで、六歳から一一歳まで慈光寺の寺子屋で漢字と習字を学んだ。また演劇が好きで、「結婚の後まで、素人芝居を演じていた」。一八七四年一一月、父と一緒に魚耀社《うおせり》を設立し、二七歳の若さで社長に就任した。八〇年五月の与謝郡第七組戸長から始まって、江尻村総代、江尻村戸長、江尻・大垣・難波野村戸長兼学務委員などを歴任して、八九年の町村制の施行にともなって初代府中村村長になっている。その後、府会議員、立憲政友会の京都支部評議員、郡会議長、郡水産組合長、江尻郵便局長などを歴任しており、典型的な「地方名望家」の生涯であったが、一九二三年、享年七八歳で逝去した（『宮崎家のあゆみ』）。

この五代宮崎六左衛門の『日誌』には、当時の地域行政や自由民権運動についての貴重な記録が残されている。宮崎は、一八八〇年（明治一三）五月一六日、府中の用掛となり、八月一六日から江尻村の総代を兼務した。総代の仕事から見ると、九月八日、府中七組の総代集会がもたれ、そこでは地租、衛生、徴兵、戸籍、農務、警察などの地域行政のすべてが決議された。そして、一方用掛としては、九月一〇・一一日、江尻・中野・大垣・難波野四カ村の東府中集会に参加し、野焼きや畦地や他人の所有地への立ち入り禁止などを決めている。このように、村への行政委任事務は、七組戸長役場―総代集会で決められ、これとは別に東府中四カ村などの寄合集会がもたれ、山の入会や道普請の問題などが相談されていた。

一八八〇年（明治一三）一一月一五・一六日、宮津で農産会が開かれたが、その前の一〇日の府中七カ村総代と農産掛の集会では、府中は出品を拒否して、費用を返して欲しいという要求が出された。宮崎は、戸長や郡長に取り次ぐと約束し、やっと出品を承諾させた。そのこともあってか、宮崎は用掛を免職している。

七組連合町村会の挫折

京都府は、地方制度の転換として「郡会開設」、連合町村会の開催を指示した。一八八一年（明治一四）二月一八日、郡会議員選挙通知が宮崎のところに来ているが、二〇日の伍長集会で郡会議員を選出した。ところが、京都府は三月七日、先般投票した郡会議員を、連合町村会議員としてくれと通達してきた。府中の連合町村会議員は、宮崎と小松九郎右衛門、田井五郎右衛門、矢野善七、藤野平左衛門の五名が選ばれた。

同年五月三〇日、宮崎らは府中議員が集合して、連合村会規則修正会に来るように通知を受け、宮崎佐平治らと会議に参加した。ここで注目されるのは、この会の開き方と出席者である。

　兼説明者
議長沢辺正修・副議長竹中行央・書記速石弥平二・幹事岩瀬章道
一一番　沢辺正修　一弐番　後藤佐平二　一三番　速石弥平二　一四番　宮崎六左衛門　一五番　井上與右衛門　一六番　速石徳三 竹本行央　一七番　吉田重右衛門　一八番　後藤幸二郎　一九番　木崎幸助

一十番 岩瀬寂門　一十一番 井上喜兵衛　十三《(ママ)》番 井上嘉左右衛門　一十四番 内藤品蔵　一十五番 宮崎正兵衛　一十六番 宮崎佐平治　一十七番 小松九郎右衛門　一十八番 羽渕喜左衛門　一十九番 小松幸四郎

とあった。議長の沢辺正修をはじめ、一九名の出席者のうち一一人までが、民権結社天橋義塾の社員であった。原田久美子は、「重要な役柄」が竹本ら小学校の教師社員に振りわけられていること、「連合町村会そのものではなく、村会規則修正会であるのに、一番から一九番まで出席者全員に議員番号がつけられた」ことなどを重視している（「天橋義塾」、原田久美子ほか編『日本民衆の歴史一〇　丹後に生きる』三省堂、一九八七年）。

原田も指摘しているように、この時期の民権派は、丹後各地で連合町村会の結成に動いていた。『京都新報』によると、丹後「地方は、近頃町村会が続々起りて、与謝郡第一組中にも一ツは沢辺正修氏議長にて宮津校に、今一ツは府会議員たりし黒田宇兵衛議長にて尽道校にて開かれたるが、随分立派な議論もありて町村会にて珍しきことなり」と伝えている。ここでも、士族町と町人町は、別々の連合町村会を開いていた。

結局、第七組の連合町村会の規則修正は、宮崎と小松九郎右衛門、田井五郎右衛門の三人が依頼された。しかし、この規約改正の途中、七月二二日、京都府は布達第一三七号で、組戸長制を廃止して各村戸長としたため、選出母体の消滅のために七組連合町村会は消滅した。

一村独立か村連合か

組戸長制が廃止された直後、一八八一年（明治一四）八月二四日、宮崎は、郡役所に出頭して、長田重遠与謝郡長から、京都府の第一三七号布達によって、「毎町村戸長一員置き、又は幾町村連合し戸長壱員置くも、その町村の都合に致すべき様」命ぜられ、八月三〇日までに、届け出るように言われた。長田郡長自身は、連合を勧めたが、宮崎は「村民と相談して決めたい」と答えて帰途に着いた。その途中で、小松九郎右衛門と沢辺正修を訪ねて相談している。

同日の午後六時から七組総代が招集されて相談したところ、連合論が主流になったが、どのような村連合をとるかは、各村まちまちでまとまらなかった。翌二五日、江尻村の伍長集会がもたれ、「一村独立」が決められた。

しかし、九月四日の大垣村の大谷寺での七カ村集会では、「府中七カ村連合」が決められたが、同月六日の同集会では、連合戸長を置くことは同意できたものの、各村の用掛の選定では合意が得られず「破談」になった。その後、九月二八日の七組総代集会で、「七組連合会開会は当分見合わせ」ることに決まり、ここで「七組連合」の可能性は、村落レベルでは消滅した。しかし、この間でも、道の普請や野山の争論にかかわることは、府中七カ村連合や東西四カ村総代集会で決められていた。

同年一一月七日に、江尻村の戸長選挙が行なわれ、九日の金屋谷の仏性寺での開票の結果、宮崎が戸長に選出された。この間も、連合のあり方で紛糾するが、江尻・難波野・大垣村の「三カ村連合」が決められ、戸長役場は江尻校となった。「旧七組」の戸長役場は、一一月五日に機能を停止し、一二月六日に宮崎らは、旧戸長役場を訪れ事務を引き継いだ。

戸長になった宮崎は、難波野・大垣村と共同で、一二月五日、郡役所に三カ村戸長を一人にする代わりに、用掛・筆生を三カ村で一名にしたいと申し出たが、各村一名にするよう却下された。このように郡役所の統制が強化された例は多く、翌八二年二月に学務委員を選出するが、七月に一度決定した学務委員を、郡役所の都合で「取消」し新たに選出した。また郡役所は、組戸長制の廃止によって消滅した連合町村会を再度提起してきた。同年一〇月、宮崎らは規約草案委員に選出され、一一月から審議に入るが、一二月に委員会は「紛糾」し、宮津町から「不服」が出て、翌年に延期された。

結局、翌八三年一月一二日、江尻村では四番学区の連合町村会は決まったが、全郡の連合町村会は動かなかった。ようやく五月五日の郡役所の戸長集会で、郡の連合町村会を決めたが、郡役所の位置を宮津の万町桜山に決めたので、今度は宮崎らが反対派にまわった。そして、やっと九月二〇日、連合町村会の開設委員の選挙があり、宮津その他の地域から三名、男山《おとこやま》より加悦地域から二名、国分村より蒲入《かまにゅう》村まで二名の計七名が選ばれるが、宮津は士族町会議員であった。八五年の与謝郡全郡連合町村会議員の選挙は、複選方式であった。

このように、学務委員の選出などを見ても、はるかに組戸長制下のほうが、町村の自立性は高かった。これに対して、各村戸長制が施行されてからの方が、郡役所の町村に対する支配が、より直接的になった。しかし、各村戸長制下でも、町村の寄合がもたれ、寄合機能が消滅したわけではない。また、八一年には、一度府中七カ村の連合戸長役場まで決められながら、用掛の件で「破談」になるなど、地域間利害の対立は激しかった。しかし、郡役所からは広域的な地域支配のために全郡連合町村

表2－9　1町歩経営の収支計算
（1885年4月5日）

		自　作	小　作
収入	収穫高	石 12	石 12
	代　金	円　銭　厘 63.60	円　銭 63.60
損料	地租金	11.54	
	協議費	8.30.9	
	米培料	8.	8.
	（小作料）		42.40
差引（収益）		37.75.1	13.20

出所：「丹後国与謝郡窮民ノ実況」『京都府百年の資料』一による。
注：数字は原史料の宮崎六左衛門「明治十七年十月　備忘録」により一部修正した。

会が提起される。この連合町村会は一度は民権派主導のもとに確立しようとするが、組戸長制の廃止のために解体し、二度目は宮津市街（特に士族層）との郡役所の場所をめぐる対立で紛糾し、結局、郡役所と宮津市街の主導のもとに確立した。

松方デフレと士族授産

一八八二年（明治一五）以降、松方正義蔵相のデフレ政策が、農民生活を危機に陥れたことは、江尻村の宮崎六左衛門が書いた、「丹後与謝郡窮民の実況」を見てもよくわかる。一町歩のモデル経営は、表2-9の通りである。

四～五人家族の一人平均自作農で、七円余という生計費（＝収益÷家族数）は、当時の都市スラムの年間生計費の中等の上、八円二八銭よりも低い。都市スラムの最下等が、五円八七銭余であったから、小作農の二円六四銭はより低いことになる。もちろん農家の場合は、家計仕向けといって、食料・衣料などを自給することがあるが、それでも小作農は都市スラムの住民より低い生活水準になる（土居我士『貧天地饑寒窟探検記』）。これでは、「地主にあっては、一歳《ひととし》の喰米《しょくまい》に足らざる収益」しか得られず、小作農は「麦作等の間作《かんさく》はありといえども、その収料と労力の相償い難」い状態であった。ちりめん業もまた、反物《たんもの》の低価格によって、「職工はその業を止め、仲買はその商売を廃」していた。

また明治政府は、一八七六年（明治九）に金禄公債証書発行条例を出し、士族の秩禄制度を全廃していた。翌七七年の西南戦争の余波もあり、政府は士族の困窮には注意していた。そこに松方デフレであるから、士族の状況に、当然関心をはらっていた。八二年、京都府知事北垣国道は、元老院議官河田景与のもとめに応じて、管内の概況に関する調書を提出していた（「京都府庁文書」）。それによると与謝郡は、「旧宮津藩士族　多くは旧地に居住」として、

天橋義塾を興して子弟を教え、時体に通暁するもの多し。官途に仕ふるものあり、教員と為るものあり、工商農桑を為すものあり、職工と為すものあり。就中《なかんずく》民権主義を唱うるものもまた該義塾にあり。

と報告している。八二年当時、丹後縮緬の生産に従事した士族は七〇名、さらに事業を発展させるために、広業社を組織し、七〇〇〇円の貸し下げを政府に出願していた。広業社は、会社自身が製織業を経営するのではなく、社員に対して縞織りの原料を供給し、その製品の監督検査を行なうものであった。政府貸し下げの七〇〇〇円を七〇〇株に分け、貸し下げに対する抵当として、各社員から提出せた公債証書の醵出《きょしゅつ》高に応じて、その株を社員に分配した（「公文録」）。

この事業への貸し下げは、願書訂正のために遅れたが、一八八四年（明治一七）二月、農商務省は、無利子三カ年据え置き、その後四カ年賦返済を条件に許可した。しかし、松方デフレの影響によって、彼らのなかでも休業者が続出し、八七年頃には、結社人員も三九名に減少していた。そこで輸出用の

羽二重ハンカチーフの製造に切り換える者もあったが、それもうまくいかず、八八年八月には五カ年間の返納延期が認められ、翌八九年には他の授産事業に対する貸付け金とともに棄損《きえん》（棒引き）が許されたが、九〇年には事業を閉鎖していた（吉川秀造『士族授産の研究』有斐閣、一九四二年）。

5　天橋義塾と自由民権運動

小室信介と天橋義塾

丹後における天橋義塾の結成は、一八七五年（明治八）、小笠原長道《ながみち》という二三歳の一青年の行動からはじまる。小笠原長道こと小室信介《こむろしんすけ》は、「宮津藩士小笠原忠四郎長縄の第二子」（古沢滋《うるお》の墓碑銘）として、妻路子との間に、嘉永《かえい》五年（一八五二）七月二二日、宮津城下の柳縄手《やなぎなわて》に生まれた。父の忠四郎は砲術家で録高八〇石、兄の長孝は天橋義塾の創始者の一人である。信介は、幼名を鍗吉、やや長じて少《わかな》と称し、のちには長道と通称したが、ここでは小室信夫《しのぶ》の養子になってからの通称信介で通すことにする。

信介は、「幼にして慧《けい》敏、すこぶる学を好み」、八歳から藩校礼譲館で生涯の友沢辺《さわべ》正修《せいしゅう》の父淡蔵らに学び、外舎生、内舎生、上舎生と進んでいる。彼は、慶応二年（一八六六）七月に藩の軍台熕手《こうしゅ》に任じられたが、砲術の師は一一歳ちかく年長であった兄長孝であった。翌三年二月、信介は一四歳七カ月で藩校「礼譲館の助教を兼摂」している。一説では、藩主本荘《ほんじょう》宗武《むねたけ》の命で京都に遊学し、儒者「中沼了三に師事した」といわれているが、根拠は定かではない（原田久美子「小室信介とその時代」『郷土と美術』第八四号）。

信介は、明治二年（一八六九）には、有吉三七らと「藩の執政」伊従《いおり》数馬（伊織左近）の暗殺を計画し、伊従の失脚によって未遂に終わっている。しかし、藩主宗武は、翌同三年一月二七日、伊従を権《ごん》大参事の職から罷免し、沼野内蔵介《くらのすけ》を後任にすえているところから、信介ら改革派が勝利したことがわかる。同年初頭の藩上層部は、鳥居誨《かい》（大参事）、川村政直（少参事）、有吉三七（少属）ら改革派の手に握られており、信介の兄長孝も大属として参加している。明治三年以降の数年間の信介の伝記には不明が多いが、同年三月から西京の儒者山口又左衛門（正養）の盍簪《こうしん》家塾に学び、明治五年一〇月から山城国綴喜郡井手小学校の句読教師となっている。

一八七五年一月、休暇で郷里に帰った信介は、廃藩置県によって職を失った元宮津藩士族の惨めな生活を目にする。とりわけ藩校礼譲館（明治四年には文武館と改称されていた）の廃止後、「十五年以上二十年前後の少年、教えを受ける所がなく、遊惰の風が日」増しに強くなっていく姿を見て、粟飯原《あわいばら》曦光《ぎこう》・粟飯原鼎《かなえ》・神谷広生・岩城《いわき》親雄らと私塾天橋義塾の創設を計画する。「いずれの年にか、彼らが薩摩・長州・土佐・肥前の人らと肩をならべることがあるだろう」と彼らは語り、信介が「規則」を制定して、豊岡県一三大区区長鳥居誨に計るが、鳥居もこれを承諾したので、信介は山城に帰った（「天橋義塾略史」）。

創立期の天橋義塾

一八七五年六月、天橋義塾は、創立委員鳥居誨ら三五名、生徒は木村栄吉ら二一名の体勢を整備し、七月一日、「小学予科の名をもって」宮津学校内の西南隅一舎（旧藩校文武館訓導室）に、栗飯原曦光を教師として開業した。開業式に会した者五四名、生徒とあわせて九〇余名が参加した。栗飯原曦光が義塾開業の趣旨を演説し、社員一同、その目的を永く貫徹することを誓って役員を選出した。

八月一日、天橋義塾は小室信介を迎え、信介が塾則を編成するが、その総則大綱の一節には、「それ該塾は、一人一己の単力に依りて結社せるものに非ず。衆人愛国義務心の小分子、集合凝結してもってこれを組成す。ゆえに将来これを維持するも、また集合力に依らざるを得ず。よって毎月一日をもって社員会合の日と定め、集会の上事務を改良進歩せしむ」として、「愛国義務心」と集団討議による運営をうたっている。

社員らは「天橋義塾開業願添口上書《そえこうじょうがき》」を豊岡県に提出したが、豊岡県参事（知事）田中光儀は、「書式布達は触るゝあるをもって許さ」なかった。そこで再提出すると、今度は権参事（副知事）大野右仲が信介を呼びだして尋問したが、信介はこれに答えて、「その許可の速《すみや》かならん事を請う」たが、大野権知事は信介の回答に満足し、「再び書を作り上願」するよう指示したので、八月二七日に提出した。

その後、九月には天橋義塾幹事の神谷広生、河南雪三が辞職し、社長に鳥居誨、副社長に岩城親雄、幹事には小笠原長孝、横川規、粟飯原鼎らが公選された。すでに会計掛には、「その職を尽す能はざるをもって」辞職した鈴木直徳の代わりに高橋亀八が選出されていた。

一〇月二四日、義塾は支舎を小笠原長孝邸に置き、四十余名の寄宿生が、「冬節に際す、寒川米を磨き、雪夜釜を洗う」自炊生活を送っていた。そして同年一〇月二九日、豊岡県は天橋義塾の開塾を認めた。翌七六年七月から天橋義塾は、宮津学校内の建物を返上して、社主の小笠原長孝邸に移り、九月からは、中ノ町に土地をもとめて塾舎を新築するための建築講を起こした。当時、この地方で広く行なわれていた頼母子講《たのもしこう》の一種で、一本を四円として五八本を募った。

そして翌七七年一一月には塾舎を竣工した。塾舎は、三一〇坪（一〇二三平方メートル）の敷地に、二階建ての家屋（五九坪）で、一階が教室として使われた。二階は総畳敷で、平日は生徒の学習室として開放されていたが、時にはさまざまな会合に使われていた。

天橋義塾の運営は、社員の醵出金《きょしゅつきん》（月収の一〇〇分の三、収入のない者は月一〇銭）と月謝によってまかなっていたが、相当の財政難であった。小室信介は、旧藩主の本荘宗武に寄付を要請しているが、宗武はこたえなかったようである。そこで天橋義塾は、一八七六年（明治九）五月、千人講と称して、一本五円、総籤数《くじ》一〇〇〇本として、丹後の農民や商人に加入を呼びかけた。翌七七年一二月に開かれた最初の資本講には、三〇〇余名の人が集まった。ただ、同年の加悦町の資本講関係の史料を見ると、さらに一本を細分化して総勢二一名が出資している（「加悦町区有文書」）。

その後、八二年（明治一五）には別の資本維持講（一本一二円、五〇〇本）が創設され、同年七月九日付の加入者名簿では、三六八名が加入している（六一〇本）。八四年度の天橋義塾の年間経費は収入八八五円三六銭余、支出八四六円五八銭余で、収入のうち四八六円四〇銭は維持講金（五五％弱）

であった。この株主が社員となり、社員として年二回の大会に出席し、株主として年一回の資本講会に出席した（原田久美子「自由民権政社の展開過程」『資料館紀要』第一号）。

天橋義塾の人びと

天橋義塾は、七五年一一月から官令により社主をおき、社員総数を届け出て、社主には小笠原長孝がなっている。六月時点での天橋義塾の構成を見ると、すべて宮津藩の藩士とその子弟である。社員の年齢は、天保末年以降がほとんどであり、社長の鳥居誨をはじめ三〇歳前後が主力である。平田敬信・原田直行らが二〇歳以下と若い。社員の宮津藩時代の役職を見ると、社長の鳥居誨は権参事、副社長の岩城親雄は権大属であり、旧藩主の本荘宗武まで参加している。藩士時代は文武掛句読師に属している者が多く、藩校礼譲館の人脈が濃厚である。

一方、生徒の方は、万延元年（一八六〇）前後に生まれ、開塾時には一五歳前後の人びとが圧倒的であった。初期の生徒もまた、丹後の教育界で活躍し、その後ほとんどの人物が天橋義塾の社員になって義塾を支えている。小室信介の一八七五年八月二七日付の「天橋義塾開業添口上書」を見ると、義塾開業の目的を、「人材培養」、「小学保護の一助」と語っている。義塾の社員は、「与佐郡中小学教員の集合せるものと、学齢外に在りて小学教官とならん事を志欲するもの等」（「天橋義塾略史」）が入社しており、義塾は小学伝習所に入るべき学力を講習する所だとしている。

一三大区学区取締の神谷広生は、旧藩士の子弟が、「その年いささか長じ、既に小学齢外にあるものは、小学生徒と伍する事を恥じ、志学の年齢をもって、終身の捬《ママ》に附するもの多し」という添書を付けて、豊岡県権参事大野右仲に提出している。このように神谷が語っているように、創立期天橋義塾の性格は、旧藩士族の子弟の教育機関であった。義塾の授業料は、束修《そくしゅう》一〇銭、謝儀一〇銭であった。

教師には粟飯原曦光（四一歳）があたったが、曦光は、宮津藩士尾見亀之助に経学と漢学を二〇年間学び、同梶川作左衛門（景典）、小浜藩士大沢雅五郎、綾部藩士近藤東作に経学や漢学を学んで、維新後に京都の中沼了三と出雲路定信に短期間であるが遊学している。曦光の師尾見亀之助は、藩命で江戸に遊学し、梅田雲浜《うんぴん》の師でもあった小浜藩の儒者山口菅山の門人となり、山崎闇斎学に傾斜した。藩校礼譲館は、尾見が塾頭になってからは、崎門学《きもんがく》（闇斎学派・浅見絅斎《けいさい》派）に転じたが、曦光は尾見の高弟であった。

京都府の監察掛高木文平は、曦光が「生得《せいとく》左足不具、歩行不自由にして干戈《かんか》（武器）を採るの器《うつわ》にあらず。よって若年より学に志し」と悪意のある書き方をしているが、「当国において漢学の名誉あり」とその学識は認めている（「探索書」）。曦光は、創立期から九年間、教育者としての円熟期の四〇代を天橋義塾の教育に専念した。後年は、京都府高等女学校教諭に「十五年余、満七十二歳まで元気に奉職され」、その間に京都第三高等学校などの倫理科講師を務め、一九一一年一〇月三日、行年七七歳で逝去した（宮津市教育委員会〔中嶋利雄〕編『資料天橋義塾』宮津市、一九七九年）。

天橋義塾の教育

一八七五年一〇月、結社人小室信介が、豊岡県権参事大野右仲に提出した天橋義塾の「塾則」には、

第一章として「該塾は人材培養は論なし、小学校教員を保護し、民権を暢達《ちょうたつ》するが為に創立するものなり」とある。これには京都府への合併後、高木文平によって「小学校教員を保護するは、私塾の権にこれあらず」、「許可したるの意解き難きなり」という付箋が貼られている。高木らが、天橋義塾を警戒していたことがよくわかる。そして、「該塾は、元と一家一人の単力によりて成るものにあらず、有志輩の集合力より起こり、将来これを維持するもまた、その集合力によらざるを得ず」（第四章）と集団主義を明記し、「着席の順序」は、「学力により」定めるなど、実力主義がうたわれている。

教科目としては、初期の普通学科で読物輪講（読講）・問答・作文・算術の四科目、一八八二年（明治一五）二月の高等普通学科では、修身・読書・習字・算術・作文・討論の六科目であった。科目は意外と少なく、近世の藩校以来の伝統が踏襲されている。また等級制は当初から採用されており、創立当初の仮課業表では上下各五級の一〇段階、八二年では六級から一級の六段階に分かれていた。変則英学科でも、設立時には第七級から第六級まで六段階に分かれていた。正課を修めた者に、定期的に試験を行なって進級させているが、もっとも修学年限を定めていないので、足かけ五年在学する者もあれば、数カ月で退塾する者もいた。そして教員など昼間働いている者のために二部制をしいた。創立の頃から、小室信介と宮津校の教員たちは、一一歳の「唖者」の少年に、「聾唖《ろうあ》教育」をはじめているが、これも早い例である。

教科書としては、ミルの『自由之理』やスマイルスの『西国立志編』、福沢諭吉の『民間経済録』などが使われている。『左氏春秋』や『孟子』などの漢籍の本からフィセリングの『性法略』、ボアソナードの『性法講義』、ブルンチュリの『国法汎論』などの法律書が目立っている。また「仮授業表」

を見れば、下等五級で竹中邦香の『民権大意』が使われおり、三・四級で新聞体の作文が要求されている。そして、教科書の書籍は貸し出されており、一八八一年二月改正の社則には「書籍出納規則」があって、天橋義塾が地域の図書館として機能していたことがわかる。

天橋義塾に学んだ生徒の回想を見ると、林清志は「後世のくちかき」のなかで、上等小学校を中退して義塾に入学し、「経書の講義、諸訳書の講習ハ中軒沢辺正修先生に、英語は綾部文蔵先生に、算術ハ松本秀三郎先生に授かりける」としている。そして、

> 昼ハ終日教場に出入して暮しつゝ、夜ハ十時を限りとして、楼上なる学寮にて同窓の人々と復習などに励みける、学寮こそ同学の世界なれバ、社則の許さるゝ限り、自ら万の事を執り行ひけり……此頃土佐より、筑前より説客訪ひ来て、国会開設請願ふて（という）ことを我が宮津の重立《おもだち》たる人々に説き勧めけるが、中軒先生は毎に主として応対し玉ひぬ。

と語っている。林が学んだ変則英学科は、一八七八年（明治一一）九月に開設され、慶応義塾卒業生の綾部文蔵（高知県士族）を教師として招いていた。林の回想からも、生徒の自主的な学校運営、自由民権運動への参加がうかがわれる。

なお天橋義塾は、宮津から離れた地域にも支舎をおき、一八七七年には京都（責任者佐久間丑雄）、奥丹後では熊野郡の同仁会が運営にあたったと報道されている。京都支舎には、後年弁護士として活躍する立川雲平らも学んでいる。

西南戦争と天橋義塾

一八七七年（明治一〇）二月、西郷隆盛らが挙兵して西南戦争が勃発すると、天橋義塾の指導者たちにも弾圧が加わった。二月中旬から三月上旬にかけて、小室信介・小笠原長孝・鳥居誨・沢辺正修・横川規らは、鹿児島県士族有馬純雄・同県士族喜入嘉之介・同県平民立山吉左衛門、滋賀県士族大海原尚義、熊本県士族佐治博暉らとともに、突然、「国事犯」の嫌疑で逮捕され、五月には佐治が病死した。

この事件について信介は、次のように口供している。「自分儀、明治九年六月より東京表《おもて》において英学修行中」であったが、私学校党の挙兵を知って、「立憲政体の規模実践せらるゝは、実にこの時」と考え、政府に建白しようと親友の有吉三七・松本誠直に相談した。

だが、「天橋義塾の社員に計り公論に随」うよう言われたので、七七年二月一四日、信介は一人で東京を出発、横浜より汽船に乗って一六日神戸に着き、汽車で京都入りしている。ここで信介は、室町通四条下る旅籠《はたご》渡世《とせい》の中嶋国方宅へ立ち寄り、鳥居誨に会ったことだけを語っているが、同旅籠には本荘宗武・小笠原長孝・横川規も止宿しており、大久保利通・川路利良らによる西郷隆盛暗殺計画の実否について話し合われた、と他の人びとは口供している。

一七日に宮津に入り、一九日午後二時より社員を集め（「四十名計集合」河原政庸口供）、「建白に用うべき公論を承り度申聞候得共《たくもうしきかせそうらえども》、郷里においては」、「いたって事情疎き土地柄に付」、「公論を為す者もこれ無き候間《そうろうあいだ》、建言の儀は追っての模様に致すべき」となった。そこで兄の小笠原長孝と協議して、平田敬信・河原政庸の二人を但馬・鳥取へ調査に行かせた、と語っている。因州《いんしゅう》に行かせたのは、「島根県下鳥取表の儀は、かねて不平徒もこれ有る趣《おもむき》」で、平田・河原は、二二日に但馬へ出、二六日より鳥取の河端三丁目米屋善四郎方に止宿するが、「異状これ無く」、三月一二日、該地を出発して帰郷の途についた。

信介は、三月一日に京都府から召喚され、即日宮津を発って四日に京都に着いたが、政府の嫌疑によって直ちに拘留された。「三月十五六日の頃、臨時警察署へ御引出」、また四月四日も引き出しのうえ会田警部より仮口供書を読み聞かされる。ここで信介は、「民権論を確立し、圧制政府の顚覆する為め自分瞬息帰郷し、天橋義塾社員を鼓舞し、政府に迫らんと評議したる等の趣に認《したた》めこれあり、実に意外の至り、かつて覚なき儀に候とも」と反論している。自分が供述していない政府転覆計画が、警察によってデッチあげられた、というのである。しかし、柳田泉は、信介らが「自由民権を名とした一大反政府運動を起こそう」としていたことを検証している。

信介は、七七年一〇月二日、義兄佐喜造預かりとなるが、翌七八年四月一八日、「鹿児島賊変の際、道路の風雪を信じ、妄《みだり》に政体を非毀《ひき》する者」として「禁固三十日」の刑を言い渡された。「然しこれも数日の実刑で後は責付（執行猶予）となり、寛大な処置で事が済んだのは、陰に養父信夫の手が動いていた」と柳田は推理する（柳田泉『政治小説研究』春秋社、一九三九年）。

それでも身体の弱かった信介には、この京都「六角の牢獄」での禁獄体験はそうとうこたえたらしく、同年五月三十一日と六月一日の『大阪日報』に「獄窓の夢」という手記を発表している。結局、五月四日には保釈されており、八日間の体験であったが、さすがに信介は、「ああ、もう拘留や禁獄はこりごり」と語っている。この裁判では、信介の兄小笠原長孝は禁固二〇日、鳥居誨・河原政庸・平田敬信・有吉三七・本荘宗武は無罪、沢辺正修・横井規らは不起訴となった。

自由民権運動への途

士族子弟の学習結社であった天橋義塾が、民権結社に変貌していったのは、一八七五年（明治八）の暮れから七六年の初め頃であった。その契機は三つあり、ひとつは、七五年末頃から阿波（現徳島県）の自助社の分社である淡路洲本の自助社々員白川敏儒が書簡を寄せ、天橋義塾は塾則・教科書を送り、自助社は社則・教科書を郵送していた。

また、先述したように七五年末頃、与謝郡弓木村の機業家木崎清三が、若井茂吉を通して「千人講」を義塾の幹部に提案し、粟飯原鼎や横川規らはこれに賛成している。この「千人講」の周旋人集会の時に配られる予定であった、天橋義塾の扇子が残っている。表には、橋立の絵と漢詩二篇が書かれ、裏には趣意書に相当する文章が、扇面一面に書かれている。その末尾には、「紀元二千五百三十六年五月　豊岡県丹後国宮津天橋義塾　小笠原長道」という信介の署名がある。

その内容は、「天ツ下に一といふ名をも得ばや」との心意気で、天橋義塾を創設したこと、「民権といふ、おおやけにたいらなる理を知らしめん」として、同社の兄弟たちが奮闘していることを強調し、「共にそこはくの力をそえたまいなば、いかばかりか皇国の幸ならん」と述べている。「勤王＝民権」論という当時の信介の思想がよくわかる。

そして、丹後における地租改正は、一度決定した地租を引き直すばかりか、第一三大区々長の鳥居誨を免職した。また七小区戸長兼地券総代人の石川三郎助を捕縛し、入獄させるという強権的なものであった。この地租改正での重圧が、士族インテリや農民たちに、大きな影響を与えている（今西一『近代日本成立期の民衆運動』柏書房、一九九一年）。

一八七六年正月、沢辺正修が宮津に一時帰省し、信介と語って、「自由主義を執り、民撰議員の設立」を誓い、山城綴喜《つづき》郡に帰ってからも、大いに「民権自由の説」を広めたという。豊岡県は、四月、社長鳥居誨を区長に任じて但馬出石郡に行かせ、その後も幹事粟飯原鼎を学区取締人に任じて熊野郡へ、副社長の岩城親雄を副区長に任じて加佐郡に行かせた。

信介は東京遊学中のため、義塾は幹事小笠原長孝、事務掛高橋亀八、教師粟飯原曦光を残すのみとなった。「天橋義塾略史」の著者は、鳥居らの「栄転」を、「県令義塾の盛隆を喜ばず、ためにその錚々《そうそう》なる者を除いて、その勢を殺ぐ者なり」との陰謀を推測しており、ここで「義塾略史の第一期」は終わっている。

そこには西南戦争の時の検挙という体験もあったが、この危機のなかで、天橋義塾は一連の改革を実施する。七七年の暮れから七八年の夏にかけて、天橋義塾では会議法・委員章程・資本講規則・社則の制定、教則・醵金法などの改正を行なった。特に注目すべきは、地域ごとに組をもうけ（七組のち一九組）、各組に委員をおき、全員参加の大会議で運動方針、規約・規則などの改正、決算・予算の審議、役員の選出などを行なった。

この改革を指導したのが、二二歳の青年沢辺正修である。沢辺は、宮津藩の儒者の家に生まれ、一八七一年（明治四）の春、藩費生として京都に遊学して、信介と同じ山口正養に師事した。ほどなく廃藩になるが自費で修学し、七三年からは綴喜郡田辺校の小学教員に赴任し、約三年の間、子供たちの教育に従事した。西南戦争の「国事犯」として拘留された時も、獄中でモンテスキューの『万法精理』(『法の精神』)を読んでいたという逸話がある。七七年一二月の天橋義塾の資本講規則に、沢辺は初めて幹事として署名し、翌七八年には社長に選出されている(原田久美子「沢辺正修評伝」『資料館紀要』第三号)。沢辺の社長就任は、天橋義塾の世代交代でもあった。

国会開設運動

一八八〇年一月には、丹後の府会議員らが、峰山で臨時会を開き、与謝郡の石川三郎助・田井五郎右衛門らが、綴喜郡の議員西川義延・伊東熊夫・田宮勇らとともに、地方官会議に傍聴に出かけた。そして二月二二日、国会開設運動のために、東京中村楼で各府県議員らの合同共議がもたれ、京都府からは与謝郡の田井五郎右衛門、中郡の川口藤右衛門、愛宕《おたぎ》郡の松野新九郎らが参加した。この時期、京都府下の民権運動の中心が、府県会議員のクラスになり、京都の運動が全国的な国会開設運動と組織的に結びついた。

この頃、立志社々員の桐島祥陽が天橋義塾を訪れて、国会開設請願での立志社との共闘を訴えた(「社則改正議案」)。そして三月一〇日、宮津の智源寺で「国会懇願の集会」がもたれるが、この集会の前日、九日付けの『大阪日報』に、沢辺正修の「丹後有志人民に告げる書」という文章が載っている。同文では、丹後人民に国会開設を呼びかけ、「我々丹後人民は、明治維新の時のごとく、時勢を知らず、方向に迷い逡巡《しゅんじゅん》し、他の軽蔑を来すべけん」と、宮津藩が第二次長州征伐に参加して、「朝敵」の汚名を着た、「軽蔑」の歴史を回顧する。そこで、「天皇陛下は国会を開き、広く会議を興し、万機《ばんき》公論に決し、政体を立てんとの、叡旨《えいし》（天皇の考え）たる明白」と、彼の尊皇論的な国会開設論を展開する。しかし、「国会さえ開けば妄《みだり》に過分の租税を課し、不便なる法律を立てらるゝことなく、我々人民の生命財産自由は安全なるべし」として、参政の権利が得られないのなら、納税を断るといった「軽挙暴動」には反対している。しかし、皮肉にも丹後では、この直後に槇村正直知事の地方税追徴金に反対して、小室静三らが追徴金の不納闘争を展開する。

この三月一〇日の「国会懇願の集会」の前に、宮津では大阪の愛国社の第四回大会への代表を選ぶ動きがあった。委任状までつくり代表が選ばれていたが、これを知った槇村知事は、三月一六日、沢辺や小笠原長孝らを呼んで、大会への参加中止を命じたので、このために沢辺らは参加を断念した。また五月六日、与謝郡では長田重遠郡長自《みずか》らが村をまわって伍長らに、自由民権運動は、天子様・政府に反する罪だから参加しないように、と説いてまわった。

八〇年六月、沢辺らは再度の国会開設請願を願って、町村会の立案委員になったり、「士族のための興産社なる」ものを組織した。そして沢辺らは、七月二六日、毎月一五日に天橋義塾において教育の問題を議論する教育談会を組織し、近郡を遊説して「国会開設を熱望する者」を増やした。また九月には、熊野郡久美浜で、信介の呼びかけによって、豪農稲葉市郎右衛門らが熊野同仁会を結成した。

沢辺の上京は、信介の助力で実現する。信介の発起で、一〇月二八日、「金一円」の会費で、京都室町の音羽屋で、丹後・丹波・山城の客員二二名が集まり懇親会がもたれた。翌二九日には、御幸町《ごこうまち》御池下《おいけさが》る安右衛門の宿で、上京費用の相談が行なわれた。三〇日には、沢辺は京都府庁に「東上御届」

を出し、一一月一日には「自由亭」で送別の宴を張った。この時も、丹後の人びとは沢辺に、「部理代人」としての委任状を渡している。

上京した沢辺は、一一月一〇日、京都府三国二区九郡有志二七五〇人の総代として、国会期成同盟第二回大会に出席して幹事になり、一二日には国会期成有志公会の立案委員に選出された。そして一二月七日、沢辺は「国約憲法制定懇願書」を太政官に提出した。この「懇願書」には、九四名の丹後の人びとが名を連ねている。

憲法草案の作成

この一八八〇年の沢辺の上京の前に、天橋義塾が中心になって憲法草案が作成されている。竹野郡の永島家が所蔵していた「大日本国憲法」という草案を見ると、表紙に「閲了」と書かれて「さわべ」という印が押されている。これは、誰かが草案を書き、沢辺が検閲したという意味だと考えられる。この草案は、複数の人の討議のなかで生まれた可能性が強い。

草案の第一篇第一条は、「大日本ハ立憲君主政体ニシテ天照大御神《あまてらすおおみかみ》ノ皇統ノ知シ召ス国ナリ、皇統ニアラザレバ天《あま》ツ日嗣《ひつぎ》ヲ継カセ給フ可カラズ」と、天皇家の皇統を規定している。そして第二条では、「天皇ノ身体ハ神聖ニマシマセハ侵ス可カラズ」が、「天皇ハ神種ナレバ侵ス可カラズ」と修正されている。第三条では、立法権は天皇と国会、行政権は「天皇ノミ」、司法権は「天皇ノ名位ヲ以テ之ヲ行フ」とするもので、強烈な天皇大権が規定されている。沢辺らの「勤王民権」の主張が強く出されたものである。

第二篇では、「天皇」の大権と、皇位継承が規定されている。第一一条で男子直系主義を謳《うた》っているが、男子が欠けた時には、「女帝」を立てることを認めている。また「第十七条　帝室ノ経費ハ天皇即位ノ始メ国会ニ於テ之ヲ定ム」ともしている。皇室財産の設定とは、異なった考え方である。「第三篇　国民ノ権利及義務」のところでは、第二十四条で「法律ニ定メタル式ニ由《よ》ラザズシテ拘引捕縛禁獄セラレ、又ハ裁判ニ召換《喚》セラル、コトナシ、且ツ住居ヲ侵シ書類ヲ開封セラル、コトナカルベシ」と書かれているが、「禁獄」という文字や「且ツ住居ヲ侵シ書類ヲ開封セラル、コトナカルベシ」という文句が全文削除されている。また第二十六条でも、「国民ハ皆同シク自己ノ教派ヲ奉スルノ自由権ヲ有シ」と後の「且《かつ》教会ハ皆同一ノ保護ヲ受ク可シ」が削除され、「然レトモ葬祭等ハ国家ノ監督ヲ受クベシ」という文章に変えられている。

同篇の第三十五条の皇太子や皇太子の長子が満二五歳になって、元老院に列席する時、「其坐《ざ》次ハ議長ノ下ニ列スベシ」という文章も削除されている。そして、第五篇「行政」の「参議院」のなかで、第八十九条の「参議ハ法律及ビ国益ニ悖《もと》リテ奏聞《そうもん》スル所ノ意見、若クハ詭詐《きさ》明ナル意見ノ為ニハ其責ニ任ス」という一文が削除されている。権力の弾圧を恐れたこともあっただろうが、沢辺の検閲によって、明らかに主張が後退している。

現在発見されている民権家の「私擬憲法」は、二院制をとっているものがほとんどで、選挙も「複選法」をとっている。この草案も、元老院と民選議院の二院制がとられ、「府県ニ於テハ郡区ヲ一小選区トシ、人口一万以上ニ付一名ノ比例ヲ以テ、選挙人ヲ其郡区内ヨリ撰ビ、其撰挙人議員ヲ撰フベシ」といった、「複選法」がとられている。これは民権派の憲法草案に共通するものであるが、そのなかでもこの草案は、天皇大権の大きさなど全体的にかなり保守性の強いものと言える。

自由懇親会と三丹遊説

一八八一年（明治一四）二月一五日、天橋義塾は大会議を開き社則を改正した。そこでは、「改進主義」による人材の教育とともに、丹後人民の知識の開発、産業の興隆、福利の増殖などを目標として掲げている。そして同社を北丹連合の中核として、平安公会に先立って丹後一国の結合をめざす、との方針が決められた。平安公会とは、一八八〇年代の暮れに京都で結成された自由主義団体で、国会期成同盟の下部組織的な役割をめざしていた。

そして丹後では沢辺の帰郷後、表2-10のように各地で自由懇親会が開かれていた。そこで信介は、沢辺と計って、元元老院議官の中島信行《のぶゆき》を押し立てた三丹遊説をこころみた。中島は、土佐出身の民選の元老院議官であり、人びとの希望を集めていたが、元老院起草の憲法草案が政府に反対されて、議官を辞職した。これが全国の民権家の賛同を集め、板垣退助とならんで民権運動の副総裁として運動のシンボルに祭りあげられていた人物である。

宮津では府中農事相談会など各地の結社で準備会がもたれていた。八一年四月一七日、中島らを迎えて宮津の自由懇親会が開かれた。『朝日新聞』は、「その会場、すなわち同所智源寺には、門前に自由懇親会の五文字を書したる紙標をはりし、門内に切符請取所を設け（切符は、前日より国内に頒布しおきたるものにて、その数一千五百枚を製し、八十九分は払出せしという）、来会人より切符を請け取り、しかして後に入場を許せり」としている。当日は雨天にもかかわらず、「来会者すべて一千

表2-10　丹後における自由懇親会（略年表）

年　月　日		出　典
明治13年11月30日	与謝郡府中親睦会、会名を農事相談会とし、世話掛として宮崎佐平治・小松純爾を選出。会員47名。	宮崎日誌
12月28日	沢辺正修、宮津の鑽燧社と会合。会する者70～80名。	大日1.13
明治14年1月2日	宮津の共愛会、沢辺正修を山嘉楼に招いて、東上の労を謝す。	大日1.13
1月3日	午後1時より宮津で自由懇親会を開催。会する者100余名、沢辺正修も出席。	大日1.13
1月4日	宮津の鑽燧社、開業式を行い沢辺正修出席。午後1時より与謝郡府中農事相談会、出席27名。沢辺正修が出席して、「国会開設請願手続キ」について演説。	大日1.13・宮崎日誌
1月5日	与謝郡岩滝村の糸井徳之助・小室静三・千賀正平ら、沢辺正修を招いて宴を張る。	大日1.13・宮崎日誌
2月2日	与謝郡第4・5組(雲原村より四辻・岩屋村まで13か村)、加悦町実相寺にて自由懇親会を開催。石川三郎助・鳥居誨・沢辺正修が演説する。	大日2.1 大日2.8
2月9日	与謝郡長江村で懇親会。沢辺正修が演説をする。	宮崎日誌
2月11日	丹後与謝会、宮津の尽道校で初会合を開く。主唱者は宮津万町の藤田三右衛門・今林仲蔵・三井長右衛門の3氏で、有志100余名が集まる。	大日2.24 大日3.4
2月12日	与謝郡第6組の糸井徳之助・糸井純三・前沢昌盛ら岩滝の松琴楼にて自由懇親会を開催。沢辺正修も演説。	大日3.1
3月5日	宮津で北丹連合懇親会を開催。	大日3.2
4月1日	与謝郡弓木村の玉田寺において弘道懇親の第2回大会を開催。会する者100余名。前沢盛昌・木崎精造・沢辺正修の演説あり。	大日4.9
4月17日	宮津の智源寺で自由懇親会を開催。午前11時で来会者1360余名、中島信行、天橋義塾社員・生徒の演説あり。主催は百井久七・小松九郎右衛門・小室守造・小西安兵衛・天橋義塾・与謝会など。	大日4.22
4月18日	中島信行を歓迎して、宮津文珠前にて天橋義塾社員・与謝会々員が舟遊び。中島、岩滝村松琴楼に投宿したが、同夜も同地の人々と談話。	大日4.24
10月6日	宮津の劇場において、沢辺正修・小室信介・松本誠直ら政談演説会を開催。臨時会議において、同劇場は人民の共有物なれば、今後は無銭にて貸渡しすることに議決。	大日11.2
10月21日	沢辺正修、国約憲法制定懇願代理委任を受け、東上のため宮津を出立。	宮崎日誌
11月11日	小室信介・新井亳、福知山から宮津に入り、山嘉楼に投宿。同地有志と徹夜で政党組織のことを相談。	大日11.19
11月12日	小室・新井、岩滝村に行き有志と政党のことを相談。	大日11.19
11月13日	宮津分宮神社にて懇親会を開催。会する者150余名。小室・新井、天橋義塾生徒4～5名が報告。	大日11.23
11月15日	宮津の劇場にて政談演説会。会する者1200余名。鳥山虎弥太演説中、臨監の上野警部が中止・解散を命じる。	大日11.23
11月16日	同地で学術演説会。会する者1800余名。弁士は小室・新井・植島・大村、天橋義塾生徒。	大日11.23
11月17日	午後5時より同地仏性寺において懇親会。会する者1300余名。天橋義塾生徒、新井・小室の演説。寺僧が中止・解散を命じる。	大日11.25
11月19日	与謝郡岩滝村西光寺において政談演説会を開催。会する者500余名。小室・新井・河村・河辺ら演説。	大日11.30
12月10日	宮津智源寺において懇親会を開催。岩城親雄・内藤潔・田口清六郎・林鹿右衛門・平田敬信らが中心で、自由進取と士族授産を図る。会する者数十人、前商務局長河瀬秀治も臨席。	大日12.25

注：大日は『大阪日報』の略記である。

三百六十余名」という盛会で、「隣国丹波・但馬より来会せし者あり」といわれている。

懇親会は、午前一一時頃、中島信行が信介とともに入場すると、「歓呼の声ほとんど会場を動々」となり、沢辺の趣旨説明で始まり、中島が演説して、「天橋義塾の社員および生徒等、かわるがわる起って、該会の盛んなるを愛し、かつ中島君とともに自由主義をとるべきの趣旨を演説し、あるいは祝辞を読」んだ。続いて信介が起って、「中島君の履歴の大略をのべ、同君の尊きは人爵にあらずして天爵にあり、議官たりしにあらずして自由主義の人たる」と演説し、最後に中島が謝辞を述べて、午後四時に閉会した。

さらに翌日には、「天橋の白砂」のうえで、天橋義塾の生徒たちが自由党と圧制党とに分かれて旗取り競技をした。これには与謝会員も加わり、自由党が苦戦のすえ、勝利を得るという演出がなされていた。その後、中島らは熊野郡を経て但馬に遊説し、自由民権の思想を宣伝した。

この自由懇親会を主催した百井護一や接待委員の糸井徳之助らは、同年秋、大阪で結成された立憲政党の有力な党員であった。同党は関西最大の民権政党で、届け出党員は七五八名を数えるが、そのうち丹後が一四七名と全体の二〇％近くを占めており、宮津出身の小室信介や沢辺正修らが幹部となっていた。一八八一年以降、信介は群馬の民権家新井毫《ふで》らと、山陰地方の遊説に出た。この時、兵庫県の豊岡で古島一雄は、信介らの演説を聞いている。やはり古島も、豊岡の宝林義塾で、ルソーやスペンサーを盛んに読んだと語っている（古島一雄『一老政治家の回想』中央公論社、一九五一年）。

在地の民衆結社

図2-3のように、一八八〇年を画期として丹後の民衆結社は急速に増大している。なかでも宮津が最も多く、天橋義塾から愛友社まで九社もある。しかも民権結社（下線の結社）が圧倒的に多いというのも、丹後の特色である。地域としては、純農村というよりは、地方都市（宮津・舞鶴・岩滝）や「小工業村落」（大野）、「半農半漁」村（江尻《えじり》・間人《たいざ》）といった所に民衆結社は発達していった。また民衆結社のなかにも、綢繆《ちゅうびゅう》社や興産社のような、宮津士族の生活防衛のための産業結社から、府中農事相談会・拓《たく》善《ぜん》会などのような政治結社、天橋義塾・教育談会などの学習結社などさまざまな形態がある。

八〇年の国会開設運動の高揚のなかで、江尻村の第七組用掛兼江尻村総代の宮崎六左衛門は、一一月三〇日、小松村の府会議員小松九郎右衛

図2-3　丹後地域の民衆結社

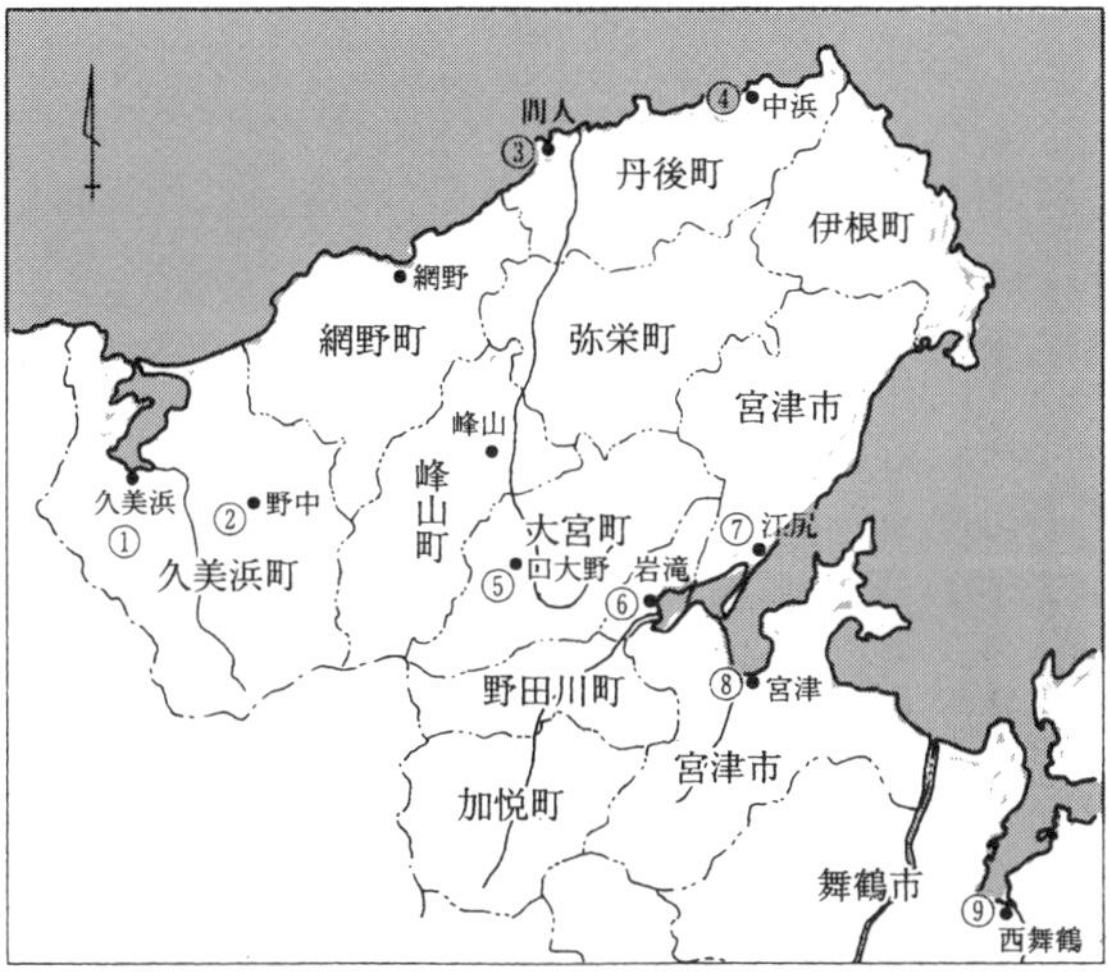

1	熊野郡同仁会(明治13.9)	8	天橋義塾(明治8.7.1)
2	協　和　会(明治12.春)		天橋商社(明治12.3)
3	新聞縦覧所(明治14.7)		綢　繆　会(明治13.2)
	報　国　会(明治15)		教育談会(明治13.7.26)
	城島義塾(明治16.5)		鑽　燧　社(明治13.9)
4	善　進　会(明治14.5.22)		共　愛　会(明治13　未詳)
5	択　善　会(明治13　未詳)		丹後与謝会(明治14.2.11)
6	朋　友　会(明治13.3)		愛　友　社(明治14　未詳)
	推　誠　会(明治14.3)		興　産　社(未詳)
	弘道懇親会(明治14.4.1)	9	煉　真　社(明治13.1.30)
7	府中農事相談会(明治13.11.30)		有　慶　社(明治14.6.15)

注：下線は民権結社。

門の提唱する「親睦会」に参加するが、同会は会名を「農事相談会」としている。しかし、その内容は、翌八一年一月四日の集まりでも、沢辺正修を招いて国会開設運動の話しを聞くなど、もっぱら自由民権運動を推進するものであった。この時期の丹後では、表2-10のように、おびただしい数の懇親会がもたれている。この懇親会運動と民衆結社の結成が、先述した中島信行を迎えての四月一七日の自由懇親会を実現したのである。

宮崎は、八一年一〇月六日の宮津万町定小屋の沢辺らの演説会の案内を、宮崎佐平治らの家の前に貼っている。また、小集会に参加して、沢辺の再東上を援助している。この頃、「北丹自由党」を作る動きもあったが、日本立憲政党の結成に統一されていった。そして、読書好きの宮崎は、宮津の書林南波庄兵衛で『民権之ハナシ』を買ったり、東京の自由出版会社や修正社から自由民権関係の書籍を購入し、周囲の人びとにも貸していた。このような地域のなかでも〈新しい政治文化〉を学ぶ風潮が生まれてきている。

沢辺・小室の死と天橋義塾の衰退

天橋義塾社長の沢辺正修は、一八八一年（明治一四）の秋頃から大阪で活動するようになり、「社長他出不在中」のなかで、天橋義塾の運営は、木村栄吉・平田敬信らを中心とするようになった。先述の林清志の手記によると、八三年七月末か八月の初め、大阪で林は沢辺に呼び出され、次のような命令を受けている。沢辺から、子、日頃口癖のような御国の為め身命を擲《なげう》たんなど語られつるが、よも虚言にてはあるまじと語らるゝに、こは思ひも掛けぬ仰せごとかな、不肖ながら御国の為めならば、何程の事辞み申すまじ、今更のようなる御尋ね心得かぬるこそと応へしに、先生頷《うなず》き玉《たま》ひて、さて子が命貰ひ受くる時こそ来りつれ、如何にと返えさるゝに、不肖智浅く才短くして、男児が死出の花の門、何れに輝き候や、知り得ぬこそ愚なれ、憐れ教え玉はれと、額づきしにさらばとて申さるゝ様。今の廷臣にても才智の聞え高き伊藤参議こそ国賊なれ、御国の卵累ねし危うさを他処に見做して、憲法取調など口実を設け、遠く外国に責を避けんとする心憎さよ、咄《ああ》奸臣神戸に着きなんこと、今日明日の中にこそ御国の為ぞ、疾《はや》く罷《まか》り下りて彼が首を討ち来れと。

と、憲法調査から帰国する伊藤博文を暗殺せよという命令を受けたのである。林は、病状が悪化している沢辺の暗殺命令を必死になって止めている。しかも、一八八九年（明治二二）の北垣国道らを迎えての宴会で、この暗殺計画のあったことが、政府の高官から林に指摘されている。立憲政党のなかにも、政府のスパイ網が張りめぐらされていた可能性がある。こののち沢辺は、八六年六月一九日、療養先の熱海で客死した。行年三〇歳の若さであった。

　沢辺の盟友小室信介も、八五年六月に外務卿の井上馨に随行して朝鮮から帰国すると、滞京城中に悪化させた盲腸炎のために、八月二五日に逝去した。これも行年三四歳の若さであった。

　天橋義塾は、一八八三年頃から弱体化しており、年一回の資本講会の連絡さえ滞るようになり、宮崎六左衛門は「拙者不服」と「日誌」に記している。また同年一二月二八日の改正徴兵令の公布によって、官立学校の本科生徒と教員には徴兵が猶予されるが、私立学校の生徒は対象外とされた。これによって私立学校では退学者が激増していった。

京都府は、天橋義塾を解散させるために、八〇年に丹後・丹波に府立中学校をつくるという案を出している。そのねらいは「浮薄民権主張之私塾ヲ抑制」するためだとはっきり語られている(「徳重文書」)。槇村知事時代に生まれたこの構想は、北垣知事によって引き継がれ、山城をふくむ郡部三中学校の設置案が浮上した。中学校の設置には、天橋・南山・盈科《えいか》の三義塾を継承することが前提とされた。

この中学校設立には、田中源太郎の周旋と根回しがあった。府会議長で盈科義塾の幹部でもあった田中は、まず南山義塾の伊東熊夫に働きかけ、両義塾の土地・建物を府に寄付させた。そして八三年、天橋義塾幹事の木村栄吉に対して、資金難の天橋義塾を存続させるよりは、府立中学校を義塾の跡地に建ててはどうかと勧誘した。後年、木村は、田中の勧誘を受ける方が地域の子弟の利益になると信じて、社員総会にはかって賛同を得たと回想している。

天橋義塾の解散と宮津中学校

一八八四年(明治一七)二月二七日の天橋義塾常議員会は、宮津に中学校を設立する時は、普通科教育部を中学校に譲り、本塾を法律専門学校にすること。そのかたわら訴訟・鑑定・代言人の仕事をし、私立書籍館を開設すること。本塾の家屋を中学校に譲り、本塾は別に家屋を設置し、維持講金は期限まで続け、またこの件について京阪に委員を派遣することなどが決議された。

そして、三月四日の臨時会議の議事録では、義塾の家屋を寄付するかどうかが話し合われた。当時すでに学務課から寄付についての指示が郡役所に届いており、川村政直（与謝郡長）や黒川透（郡書記）らは寄付説に賛成であったが、大勢は反対であった。特に強く反対したのは幹事の平田敬信である。彼は「予の意見にては、該家屋を寄付することを願わす。何んとなれは仮令《たとい》普通学科を中学に譲るも、本塾内か又は一小家屋を於て法律学科、或は其他二三科を設置し、我義塾開設の精神を以て此団結を維持せさるべからす」と主張している。また平田は、「我義塾たるや自由改進の主義を以て結合し、活発英偉なる英材を薫陶教育するの私学舎にして、其名声の流布することは東京の慶応義塾、阿波《ママ》の立志社、次に我天橋義塾をもって三大義塾とも称せらる丶に至る程なり、加之《しかのみ》ならす資本も十分と称するに至らさるも、此儘にて推すときは千六百円の金額あり」と語っている。

しかし、九月の社員総会では、同年九月一日より五カ年間教育を中止すること、しかし社員の結合は解かないこと、社員維持講金は明治一七年前半限りで中止すること、そして明治一七年九月限りで本塾役員を廃止して、委員七名をおいて休業中の事務を委託すること、などが決められた。「時宜に依り中止中と雖も開業することあるへし」とは注記されているが、結局、新委員の業務は残務整理となった。

すでに七月下旬に、宮津中学校問題を協議するため、与謝郡内の各村代表五〇名の会議がもたれており、数日の討議のすえ、全郡の協議費二三八二円で宮津小学校の校舎敷地を買い上げ、それを京都府に寄付することが決められていた。そのなかには、天橋義塾買上げ費一六〇円も計上されていた。こうして、一八八四年九月、天橋義塾の敷地三一〇坪、建て家五九坪は、府立宮津中学校に引き継がれた。

そして四年制の府立宮津中学校は、一八八五年（明治一八）一月末に開校した。生徒は定員一〇〇名、教職員八名のなかには、監事兼教諭の木村栄吉、教諭粟飯原曦光、助教諭岡鏻《りん》太郎、同高橋栄治など天橋義塾のメンバーが多かった。しかし、八六年四月一〇日公布の中学校令は、府県立の尋常中学校を一府県一校と限定した。このため府立第三中学校は、同年七月京都府中学校に併合され、宮津中学校はわずか一年半で廃校となった。一八八七年（明治二〇）一〇月、天橋義塾は株主への割戻しを完了したうえで資本講を解散した。これで天橋義塾の歴史は完全に終焉した。

第3章　播但一揆と福崎

1　廃藩置県後の福崎

姫路県と飾磨県

姫路県は、明治四年（一八七一）七月一四日から同年一一月八日までのわずか四カ月しか存在しなかった県である。姫路県では、九月に戸籍掛《がかり》がおかれ戸籍改に着手した。同時に大庄屋《おおじょうや》組を区として戸長をおき、庄屋を里正《りせい》とした。姫路藩の大庄屋組は、表3-1のようになっていた。神東郡《じんとう》辻川・屋形《やかた》両組では、一〇月一三日の人別改《にんべつあらため》が播但一揆《ばんたんいっき》によって挫折したが、山崎組福田村（現福崎町）の一一月付の「第三十四区戸籍」によって、改めて人別改が行なわれたことが知れる。いずれも人別改帳形式で、戸主肩書には何番屋敷または同居・借地とあり、旦那寺《だんなでら》・氏神《うじがみ》も記載されている。

表３－１　近世末期頃の姫路藩の大庄屋組と石高表

大庄屋組	町村数	石　高	大庄屋組	町村数	石　高
神東郡川辺（ママ）組	17	（石余）6955	加古郡高砂組	13	（石余）7390
大貫組	20	7053	古宮組	19	6900
八反田組	22	6694	西条組	20	6700
神西郡犬飼組	17	6816	中村組	17	6456
山崎組	18	6318	寺家町組	19	7155
飾東郡中嶋組	17	7608	印南郡中筋組	11	5659
小河組	17	7057	福居組	20	5796
妻鹿組	14	7220	神吉村	16	5989
御着組	13	7209	加古川組	16	5953
飾西郡飯田組	13	7723	的形組	10	5904
蒲田組	14	7758	都染組	24	5383
安河組	12	7913	加東郡粟生組	13	3985
前之庄組	22	7598	瀧野組	8	4191
北条組	12	6893	合　計（平均）	434	178,276(410)

出所：安永７年（1778）「姫路御領分高寄　全」（加西市　古家實三旧蔵文書）より作成。

飾磨《しかま》県は、明治四年（一八七一）一一月八日から一八七六年（明治九）八月二一日までの行政区画である。同県では、明治五年（一八七二）一月、県域の旧県庁一〇カ所の出張所を廃し、明石・佐保・龍野《たつの》・山崎の四カ所に統一した。そして、同年六月に大区・小区制を実施して、管下を一六大区・一二二小区に分割した。また同年九月一五日、県参事に森岡昌純《まさずみ》が着任した。同県は、七六年八月二一日に県域を兵庫県に統合された。

大区は、明石郡が一大区、美嚢《みのう》郡が二大区、加東郡が三大区、多可《たか》郡が四大区、加西《かさい》郡が五大区、加古郡が六大区、印南《いんなみ》郡が七大区、飾東《しきとう》郡が八大区、神東《じんとう》郡が九大区、神西《じんざい》郡が一〇大区、飾西郡が一一大区、揖《いっ》東《とう》郡が一二大区、揖西《いっさい》郡が一三大区、赤穂郡が一四大区、佐用郡が一五大区、宍粟《しそう》郡が一六大区であった。

飾磨県では、大区は行政のための区画ではあったが、大区役所・役人は置かず、行政単位としての機能はほとんどなかった。

組織面を見ると、小区に戸長、その補助として区内各村から選ばれた副戸長・副戸長試補がおかれていた。小区戸長は官選であったが、実際には旧来の大庄屋がこれを担っていた。さらに村には村限りの事務を担当する保長をおき、その下に伍長がおかれていた。

布達第一一四号

一八七三年（明治六）四月、飾磨県は布達第一一四号で、「正副戸長並《ならびに》保長伍長職」を改定し、新たな政策を打ち出した。それは「一小区を一村と見做し、集会所を村務扱所と心得」るというものであった。

そして、従来村ごとにおかれていた副戸長試補は廃止され、副戸長は小区の戸数に応じて定められることになった。六〇〇戸以上四名、八〇〇戸以上五名、一〇〇〇戸以上六名、一四〇〇戸以上七名、一八〇〇戸以上八名の定員であり、一五〇〇戸で一名程度の副戸長が置かれた。また保長も五〇戸に一人が置かれることになった。布達の趣旨は旧来の村を区に融合させようとするものであった。

この政策では、村の連合体である小区の機能を実質のあるものにして、小区が村に変えようとするものであった。そうすることによって「小区→村」の二段階による間接的な統治を廃止して、小区を県が直接掌握することで、国政委任事務を円滑に遂行しようとするものであった。しかし、県は人員配置のことしか考えていず、旧来の村の機能や制度に明確な成案をもっていなかった。

そのため、小区戸長は従来と同様に各村に配置され、村財政の運用も以前と変化はなく、布達一一四号は空洞化された。ただ、この時に小区戸長の給与は増額されており、小区戸長が行政の専門職として位置づけられていく傾向は強まった。

一八七四年の改革

一八七三年（明治六）の布達一一四号による改革に失敗した県は、地租改正・小学校の設置・徴兵などの国政委任事務を遂行するために、翌年一〇月に小区以下の役員の改正を行なった。小区には新たな区長と副区長をおき、村には戸長（大村の場合複数）をおき、保長は廃止した。役員の名称上からも区と村は明確に区分され、戸長が村を代表するようになった。神東・神西郡ではほとんど旧戸長・副戸長がそれぞれ区長・副区長に任命され、旧副戸長試補・保長のなかから村の戸長が出た。これによって小区―村が県の行政機構として位置づけられるようになった。

ところで、この頃の区・村の実際の運営はどのようなものであったのか。県の布達によれば、小区区長や村の戸長が自ら掛屋《かけや》（銀行業務）を行ない、自分の資金を村に貸し付ける。それを村費として一年間の支出を賄い、その後に貸付金額に年間の利子を足した額を村から回収して、新たに自己資金とする方法が取られた。ここには私費と公費の明確な区分がなく、小区区長・村戸長自身の会計の一部として区費・村費が処理されていた。

このような財政運営のもとでは、小区区長・村戸長の租税・村費のごまかしが生まれやすかった。そこで県は、一八七三年（明治六）一二月、村に対して「区々戸長共の間には職務を忘れて、私益に甘んじる者がいる。それを察した各村が貢租納入方法を小区戸長と相談せず、村独自で奸商《かんしょう》と結んで納入したり、売り払った米の代金を貸し付けたり、貢租をごまかしている」として、その改正を求めた。翌年には区長宛て文書も出されている。

兵庫県は、村戸長の村財政の「私」的性格を払拭するために、一八七四年（明治七）一一月に「民費受払規則」を制定して、次のような政策を打ち出した。まず第一に、県は受払規則によって、民費繰上制度という新制度を導入する。この制度は、次年度分の村費を先に集め、それを掛屋に預けておき、順次使っていくものである。これによって区長・戸長などが自己資金を村に貸し付けることを禁止し、掛屋に預金することによって利子収入を村財政に繰り入れていこうとした。

第二に、民費受払規則では、小区・町村会計の明確化がすすめられた。区町村会計簿の雛形《ひながた》がつくられるとともに、堤防・橋梁・土木費の記載の方法、小区区長・村戸長などの給料、県庁への旅費などの基準の設定、民費項目の統一などを定めた。

第三に、納税方法でも村戸長の徴税事務私物化を防ぐ方法が講じられた。伍長三〜四人を一組にし、伍長が徴税責任を請負い、その当番にあたる伍長を年番伍長と呼んだ。年番伍長は、各村から選出され、「民費支払方を検査する総代人」と位置づけられており、村費・区費は人民↓伍長↓年番伍長の順で集められた。年番伍長のもとで村費と区費に分けられ、村と小区にそれぞれ納められた。そして村費と区費は県の承認を経てひとまず掛屋に預けられた。そこで現金と帳簿との細かい検査がなされた。

一八七五年の区画改正

一八七五年（明治八）七月、飾磨県全体で行政区画が改正され、小区が統合されて規模が拡大した。神東郡（第九大区）第一・二・三小区が第一小区に、第四・五小区が第二小区になった。また、神西郡（第一〇大区）では、第一・二小区が第一小区、第三・四小区が第二小区となった。

なぜこの区画改正が必要であったのだろうか。飾磨県は、区画改正の直前の一八七五年七月、民費節減の告諭を出している。「各府県の元石高と民費金額とを比較するに、本県の如きハ其費用の多き二、三等を下らず……本県の民費斯くの如く巨額に登るハ、実に慨嘆にたえざる所なり」と、民費節減の指導をしている。

飾磨県は、この方針を徹底するため、一八七五年一〇月、番外布達を出した。その内容は区画改正以降、各町村の戸長の間で種々の疑念が生じ、事務が停滞している状況を述べ、地租改正・教育の推進や警察業務の充実のため、新聞や噂に惑わされず、村戸長が事務に精勤するように説いたものであった。この布達にある通り同年一〇月に地租改正に関する「人民心得書」が出され、改正事業がはじまった。区画改正は、これらの事業を円滑に推進していくために施行されたのである。

しかし飾磨県では、一八七五年の水害に続いて、七六年には大旱魃《かんばつ》が起こった。これに加えて、飾磨県庁の新築費が民費として県民に賦課され、そのなかで地租改正や小学校建設などの事業が推進されたので、負担に耐えかねた村が、事務停滞という消極的な抵抗を引き起こした。これに対して飾磨県は、小区の中間行政機関化を徹底するとともに、国―県の行政委任の遂行を計るために、村を国家の行政機構の末端に組み込む方向を強化していった。

村の共同業務の解体

村の反対を抑え、村費で国政委任事務を遂行するためにとられたのが、戸長の官吏化と戸長職権の強化である。一八七五年（明治八）の飾磨県布達乙第一〇号では、人民からの諸願や伺を県令宛てでなく戸長宛てに差し出すよう取り決められた。こうして戸長を県の行政処理機構の末端に位置づけたのである。さらに翌七六年三月二七日には布達乙第一一号で、民費を賦課したのち納付せず身代限りになった者が出た場合、租税徴収の成規に準じ所持品が分散する以前に民費の強制先取権が認められた。これは、小区区長・村戸長の権限の強化にもなった。

また一八七六年（明治九）一月一三日、飾磨県は布達で神官給料の民費支出を禁じた。その理由は、各神社神官の給料は人民の信仰上より給与すべきもので、行政費として徴収したものから支出すべきではないとするものであった。さらに、飾磨県と兵庫県の合併の翌七七年の三月一一日、兵庫県は民費の全般的な節約を求めるなかで、「私費に属する祈雨・祈晴及び神例祭之節の舞踏などの費用は努めて節省候」として、村の共同体慣行である祭礼費そのものを「私」費とし、その節約を求めた。

そして兵庫県は、一八七七年（明治一〇）年三月二一日、「公衆公同の利益を計らん為」各町村ごとに町村会開設を布達した。さらに同年三月三一日、民費による土木工事の起工については、七六年太政官布告一三〇号に基づいて「区町村内議員、議員未定の地ハ不動産所有者六分以上連署の上願い出るべし」と規制した。町村会開設は、村の寄合いの機能を制限し、一村限りの土木事業に対する村内有力者の発言権を強化していった。

福崎周辺の村々

飾磨県下の福崎周辺の村々の変遷を図３-１にで見てみよう。近世では姫路藩に属していた三二カ

図３－１　福崎町周辺の村の変遷

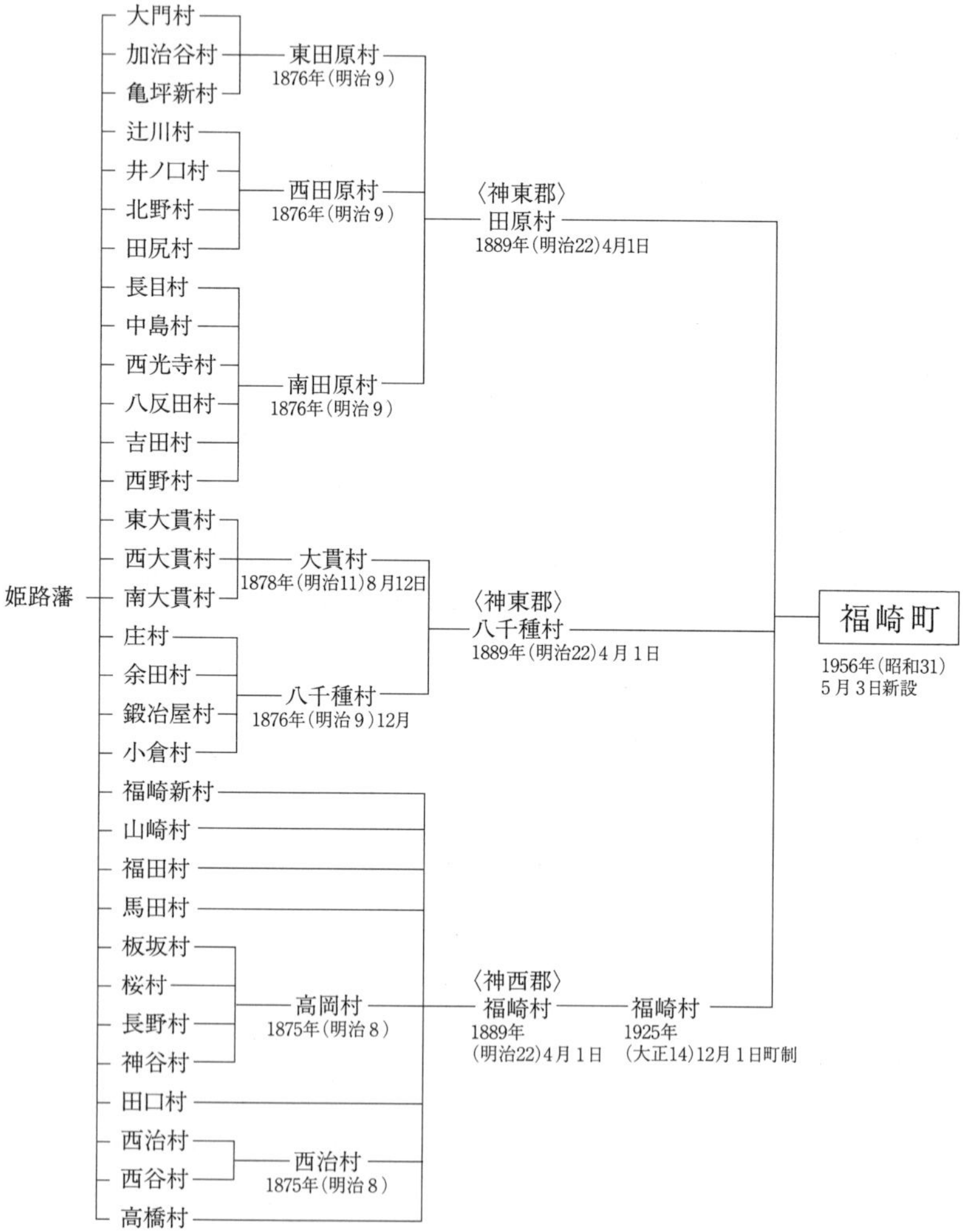

出所：神戸新聞出版センター『兵庫県大百科事典』上巻、1983年、より作成。

村が、地租改正前後に、東西南の田原村、大貫・八千種・高岡・西治各村の合併村と、福崎新・山崎・福田・馬田・田口・高橋各村の独立村に分かれ、一八八九年（明治二二）の町村制施行によって、田原・八千種・福崎の三村に合併される。その後、福崎村は一九二五年（大正一四）に福崎町となり、戦後、一九五六年（昭和三一）に田原・八千種・福崎の三カ村が合併して、今日の福崎町になった。

2　播但一揆

播但一揆の発端

賤民「解放令」が、生野県管下神崎郡屋形組の村々へ伝わったのは、一八七一年九月一七日である。兵庫県管下有馬郡三田村では、九月一五六日頃、「穢多非人素人《しろうと》同様」という御沙汰が廻り、元えたの人びとは、蓬來餅《ほうらい》をついて内祝をしたという。姫路県管下神東郡辻川組では、九月二〇日、大庄屋《おおじょう》御宿《やおやど》へ一六カ村の庄屋が集められて、各人帰村の上、「解放令」を村民一同に布告するよう通達されている。

播但一揆の発端は、姫路県管下神西郡山崎組の宮川国五郎の「調書」によると、九月晦日《みそか》、山崎村庄屋兼戸長の小国鉄十郎方へ、元えたの同郡戸板村の年寄森井源四郎と仲次郎悴《せがれ》条三郎が戸籍のことでやってきた。そして両人は上がり口に腰掛け、「素人同様」のふるまいをするので、「他家に於ても同様の振合をすると騒動になるぞ」と注意すると、「何分天朝様より仰出されたことなので、これ迄と同じことをしていては、御布告に背きますので、両人だけでは即答できませんから、村方へ帰って評議の上、なんらかのお答えをいたします」と言って帰村した。

同日、鉄十郎は戸板・馬田など元えた村の庄屋、近村福田村の庄屋を庄屋所へ呼び寄せ、右の件について相談していると、山崎村の五人組頭《くみがしら》宮川国五郎も他用で来合わせて加わり、なにとぞ元えた一統へ申し聞かせてほしいと要望した。そこで馬田村の重立《おもだち》植井政五郎を呼んで国五郎より説得したが、さきの戸板村両人と全く同じ返事であった。

山崎組の大庄屋三木武八郎の『日誌』にも、次のように書かれている。

九月二九日、今日仙吉が山崎村に行ったのは、小国鉄十郎の宅に戸板村の者が上りこんだというので、仙吉が呼び出されたそうである。

九月晦日、仙吉が山崎村から帰り、昨日の話を聞くと、戸板村仲次郎の悴と組頭源四郎が小国宅に行って、戸籍帳願書を持参し、小国家の敷台に腰掛たので、そのことを注意した。しかも願書に戸長副の認印があるので、戸長副は誰が任命したかとお尋になったが、大声で怒鳴ったので、組頭と仲二(次)郎悴は帰った。しかし、このまま捨てておいては、村の人びとがどう騒ぐか分からないので、隣村の庄屋を呼び寄せ相談の上、戸板村庄屋を呼び寄せてはどうかということになり、幸十郎を呼び出したところ、夜中になってやってきた。今日の始末を説明したが、不承知の返事をして、そのまま帰ったという話しであった。

「調書」と武八郎『日誌』は、若干の食違いがあり、戸板村の源四郎らが小国のもとへやってきたのは、『日誌』では「九月廿九日」ということになっている。また紛糾した原因は、「敷台へ腰掛」たことと戸籍帳願書に「戸長副」認印があったので、「戸長副は誰が任命したか」と質したことが、大きな問題になっている。

「暴動始末記」に見る発端

しかし、「神西神東両郡　飾磨県管下暴動始末記　草稿」（国立公文書館所蔵）という記録によると、かなり様相が違ってくる。少しさかのぼって、「解放令」の公布過程から見ると、

> 九月二〇日、神東郡辻川村の元（大）里正《りせい》（大庄屋）の郷宿《ごうやど》へ、辻川組の一六カ村の里正が残らず集まり、「解放令」を村民一同に通達した所、えたが平民同様になるというのは、実に遺憾に堪へないと、各村は紛糾している。またこれに加えて、「石高百石毎に牛一頭と子孫を外国へ渡す」などという噂をする者がいる。これで、ますます騒ぎが大きくなっている。

となっている。「解放令」の公布の段階で、すでに「石高百石毎に牛一頭と子孫を外国へ渡す」などという噂が広まっている。そして九月二九日、戸板村の願書の件で、神西郡郡山崎村小国鉄十郎が、書簡で神東郡辻川村仙吉なる者を呼び出して語ったところでは、

今朝、戸板村から伍組頭の両人が、今度同村で別家《べっけ》する者があるので、人別願書を差出し奥印して欲しいという用事でやって来た。ところが、その願書の戸板村幸十郎の肩書が、「戸長副」と記されており、さらに戸板村の「取次《とりつぎ》」村の甘地村里正の名前がないので、鉄十郎は両人に、いまだ取次里正を御廃止になっていないし、誰も「戸長副」を申し付けていないのだから、従来の通り文書を作ってくるべきだと告げたが、両人は聞入れなかった。しかし、二度迄書類を差出して来たので、まず願書を差戻しておいた。その時、両人の者が敷台に腰掛けたので、当家においては差し支えないが、外の村々においては、遠慮するように申し聞かせたが、承知せずに両人は引取った。

ということである。この部分は、従来の「調書」などにも近いが、小国は仙吉と相談して、翌三〇日、元山崎組の神西郡甘地・神谷《こだに》・福崎新・福田・近平《ちから》・西治《さいじ》・坂戸村の里正・村代役・大庄屋書役などと相談して、戸板村の里正幸十郎を呼んで、「心得違いのないように」と申し諭すことになった。その時、

戸板村里正幸十郎と、同伍組頭浅四郎が同伴でやってきたので、筵《むしろ》を庭に敷き、鉄十郎は両人を筵の上に座るべきよう申し聞せたが、両人は納得しなかった。そして両人は、これ迄と違い平民同様の御布告があるのだから、そいう行為は御布告に背くので、ここでいいと言って、庭に立ったまま承りたいと主張した。鉄十郎は、囚人の身分なので、筵の上に座るように言ったが、両

人は囚人とは心得ていないと言って、彼是争論になった。

という紛争が起きている。小国らが筵をひき、幸十郎らを囚人のように対応したことは、どの記録からも消されている。傍らにいた仙吉が、「召出した者は、即ち召人《（囚人）》ではない」と取り成して、やっとことなきをえた。幸十郎らは、庭に立ったまま小国の質問を受けた。

鉄十郎は、先の人別願書には取次《（里正）》の印もなく、「戸長副」と書いているので、書直しを命じているのに、そのまま二度まで差出してくるのはなぜか、と尋ねた。すると二人は、

先《せん》だって区番号を張りに、村々へ役人が御出張になるので、前触の者がやって来た時、坂戸村・近平村・甘地村・戸板村の「戸長副中」と書き入れてあったので、その通りにした。ただし取次里正の奥印なく差し出したのは、長野村の里正に承った所、御維新は取次には及ばず、諸願いは直接に差出すようになったということなので、自分の名前肩書に「戸長副」と記して差し出した。

という返事であった。鉄十郎は、「それなら戸籍御調役所に伺いをするので、先ず引取ってくれ」と申し聞かせた。このように事件の発端は、戸籍調の段階で、「本村」の庄屋が年貢・諸役や諸願いを取次ぐ「取次」支配が解体された、と考えた戸板村の元えたの人びとの行動からはじまる。彼らは、実に「解放令」を主体的に受けとめている。

しかしこの時、周辺の村々では家ごとに竹槍が作られ、「人気はなはだ騒擾たり」という状態であ

った。村民は、戸板村幸十郎らの行動を見て、「わが隣村馬田村も又元とえた村なので、これもまた戸板村と同様の振舞が横行しては、遺憾である」として、馬田村の重役を呼出し、説諭してもらいたいと小国の所にやって来た。小国は承知して、一〇月五日、馬田村の者を呼出した。そして、

馬田村の政次郎・徳次郎の両人がやってきたので、国五郎を始め当村の伍組頭全員と年行事の者などが集合の上、右両人の者を筵の上に座るよう申し聞かせた。すると両人は、これまでと違い今度の「解放令」の御布告の趣旨から言っても、筵の上には座り難い、という返事であった。これに対して国五郎・儀助等が言うのには、天朝の御布告には違いがないが、今にわかに素人同様の振舞をしては、彼是と申す者も出来てくるので、身の為にもよろしくない。これまで斃牛馬《へいぎゅうば》があった時は、馬田村で取片付け掃除してきたので、以後も同様の取扱いをしてくれるか。

と質した。これに対して政次郎らは、「御布告に背くことになるので、両人では即答し難い。帰村のうえ返答する」と答えた。そこで国五郎は、「もし従来通りするのが不承知なら、返事には及ばない」と言ったので、結局、馬田村からの返事はなかった。

賤民「解放令」反対運動

この時、「福崎新村は馬田村に対して、家毎に申し合せて何に一品も売買せず、遂に伝って外の村においても又これにならう」といった、馬田村に対する不売運動が展開している。そして各村では、

村民が里正に「えたが一般民と同様になるのは、遺憾である」という趣旨を頻繁に申し出ている。一〇月六日、辻川村の元里正（大庄屋）宅で、組内の里正が集まって、「人気鎮静」のために次の歎願書を出すことが決められ、各村の総代を呼ぶことになった。「歎願書」の文面は、次の通りである。

今度《このたび》、穢多非人等の称廃され、平民同様之旨、朝廷より仰付《おおせつけ》られ、村々役人一統承知奉《たてまつ》り、小前《こまえ》末々迄相達し罷《まか》り在り候《そうろう》処《ところ》、人気不穏候に付、段々御布告の趣《おもむき》教諭仕り候処、往古《おうこ》より黒白の隔《へだたり》厳重にこれ有り候儀に御座候、斯様相成候儀《かようあいなりそうろうぎ》は如何《いかが》の儀と一同相歎き罷り在り候、なお此の上強諭致し候ては自然人気動揺致し候程もはかり難く、役人一同深心配仕り罷り在り候、何卒《なにとぞ》此段御聞《きこし》召され候上、平民交りの儀は先つ遠慮致し、是迄通りに相心得、身分心中より身持・家宅・諸業に至る迄、清浄に持習《じしゅう》いたし、自然と平民に相交り候様相成り候はは（わば）、小前末々迄得篤仕り候哉と恐ながら存じ奉り候、何分一時に同様申付られ候ては、実に役人共上にて心痛差し罷り在り候、恐ながら此の上は御上様御賢慮を以て、双方得意に相成り候様申付られ候はは、一同有難く存じ奉り候、已上《いじょう》明治四辛未年十月

山崎組村（ママ）
五人組中
組頭
庄屋

郡市掛御中

穢多身分を「是迄通りに」戻せ、という歎願であった。辻川村から福田村へ使いが来たので、福田村の伍組頭弥十郎は、副里正作平を辻川村に使いに遣った。そこで辻川村の里正が作平に語るところでは、「今度えた非人が平民同様になるのは、遺憾に堪えない旨」、各村々から歎願が出ているので、「歎願書」をまとめて、今日各村総代に読み聞かせて連印を頼む、ということであった。作平は、早速帰村して弥十郎に趣旨を話し、再び印形を持って辻川に向かったが、総代集会では「歎願書」が読まれ、全員が承知して印を押して解散した。ところが作平が、帰路に福田村の某家に立ち寄ってみると、たまたまそこで村民集会が開かれており、作平が事情を語ると、「右願書面「自然」の二字があるのは、自然にえたになるということだと騒ぎだす」といった、険悪な雰囲気になった。

小国鉄十郎が辻川村から山崎村に帰ると、その夜同村の某がやって来て、今日福田村の副里正作平が、元里正の替りに「自然穢多に相成り候」という書付に印形を押したことを、帰村の際に語ったので、益々「人気擾々」となっている、と語った。また、山崎村でも集会を開けば紛糾するのか、と聞いてきたので、小国は、そんなことはない、と答えた。そして、村民を呼んで「歎願書」を読み聞かせた所、一同納得して帰った。

翌七日、小国は福田村の村民集会の話を聞いて、同村の伍組頭国五郎を呼びつけ尋ねたら、願書の「自然」の文字を、村民は「自然に穢多に相成り」と誤解して、不穏な状態になっている、ということであった。それならと小国は、願書を書き換えようと言って、相談に元里正（山崎組大庄屋宅か）の所を訪れた。そこに諸村の里正が集まっていたので、他村の様子も尋ねると、願書はかえって「人気不穏」だということであり、二三の村からも「書替」て欲しいという意見が出たので、次のように書換え、惣代を呼んで読み聞かせた。

今度、穢多非人等の称廃され、平民同様の旨、朝廷より仰せ出され、早速小前末々迄相達し罷り在り候処、人気不穏候に付、段々御布告の趣教諭仕り候処、小前一同より申候には、往古より黒白の隔り厳重にこれ有り候儀に御座候処、斯《かく》様相成り候儀は如何の儀と一同相歎き罷り在り候、此上押て相諭《さと》し候ては、自然人気動乱致し候程も計り難く、役人一同深く心配仕り罷り在り候、何卒御賢察あそばされ候上、従来の通申付なされ度歎願奉り候、此の儀御取上げ成し下されず候ては、人気取り押え兼ね候に付、恐ながらよんどころなく役人一同退役御願申し上候ては、実に致方もこれなき次第に相運ひ、それにては対御上様恐入奉り候間、やむおえず事歎奉り上げ候、右歎願の通御聞済み成し下され置候はは有り難く存じ奉り候、已上

この歎願書は、翌八日、組内里正から郡市掛に届けられた。今度は、「人気動乱」と書かれており、「役人一同退役」を示唆するなど、かなり厳しい内容になっている。

馬田村の逆襲と大歳社の傘連判

一方、馬田村では不売運動のために困窮に陥り、同村里正九郎平宅で集会がもたれた。そこでは、

今度の諸村の諸物貨の売止めは、もと福崎新村より始ったことなので、これまで当村にて死去の者は、火葬の灰を福崎新村の三昧地《ざんまい》（墓地）へ捨ててきた。ところが御一新から以後は、当村地内の大川端へ捨てるように言ってきた。その場所には福崎新村の井堰があるので、死体の灰が同村内に流れ、同村の呑み水になってしまうので難渋する。そこで彼の村も困却するであろうから、以前の通り売買致すだろう

と、福崎新村の井堰に死体の灰を流すことが決定された。追いつめられた馬田村では、「呑水」を人質に取って、不売運動をやめさせようとしたのである。皆がこの策に同意すると、代表として新三郎ほか一名を福崎新村里正三木孫三郎宅に遣わした。だが三木は不在だったので、老父に面会して集会の決定を伝えると、「当年は早く酒が売切れてしまったが、新酒が仕上り次第売りましょう。なお里正が留守なので、帰宅したら申し聞かせましょう」という返事であった。ところが福崎新村からは何の音信もなく、馬田村の行動は周囲の村々を激昂させるだけであった。

事件を少しさかのぼらせるが、一〇月二日、元山崎組のうち甘地・近平・坂戸・奥村ら四カ村で、氏神大歳社で伍頭らと村民の一統集会が開かれ、「今度えたが平民と同様になる、という御布告が出たが歎願して反対しよう。また戸籍人別・牛馬員数等を書き上げて、人牛共に外国へ渡すという風聞がある。もしえたが押し掛け来た時には、四カ村が互に助けあおう。そのうえ今後えたとは交わらないようにしよう」の約書を交わした。

また同月四日には、再び大歳社に集まり、

為取替一札ノ事

一　壱腹兄弟同心の契約仕《つかまつり》候《そうろう》、毛頭相違御座無く候、後日の為善事相守可く候、依《よっ》て件《くだん》の如し

明治四辛未年十月　甘地村

郷内三ケ村宛

という誓約を取り交わし、傘連判を行なった。また福崎新村においても集会し、この誓約に連印した。

同月九日、元山崎組のうちの一六カ村が（山崎・甘地・神谷・高橋・相坂・福崎新・西谷・田口・溝口・長野・西治・奥・桜・福田・板坂・近平の各村）、福田村大堂に集会した。「えたが平民と同様になるのは遺憾なので、互に交りを致さない旨」を謀って同意のうえ、四日の集まりにならって傘連判を取り交わした（図3-2参照）。

一一日、山崎村村野において傘連判を取り交わす時、元山崎組の一〇カ村（山崎・甘地・近平・神谷・西谷・福崎新・奥・田口・坂戸・西治の各村）の副里正に調印を迫ったが、副里正たちが断ると、村民は「今度えたに成らない為の連判なので、もし調印之しなければ、今後はえたとして扱う」と言うので、やむなく一〇カ村副里正たちは調印したという。

また山崎村において小国鉄十郎が、村民を福田村の集会に参加することを差し止めたので、他村の村民が憤った。身の危険を感じた小国は、一一日、儀助・善次郎両人を仲介にして連判に調印した。

図3－2　山崎組坂戸村の傘連判状

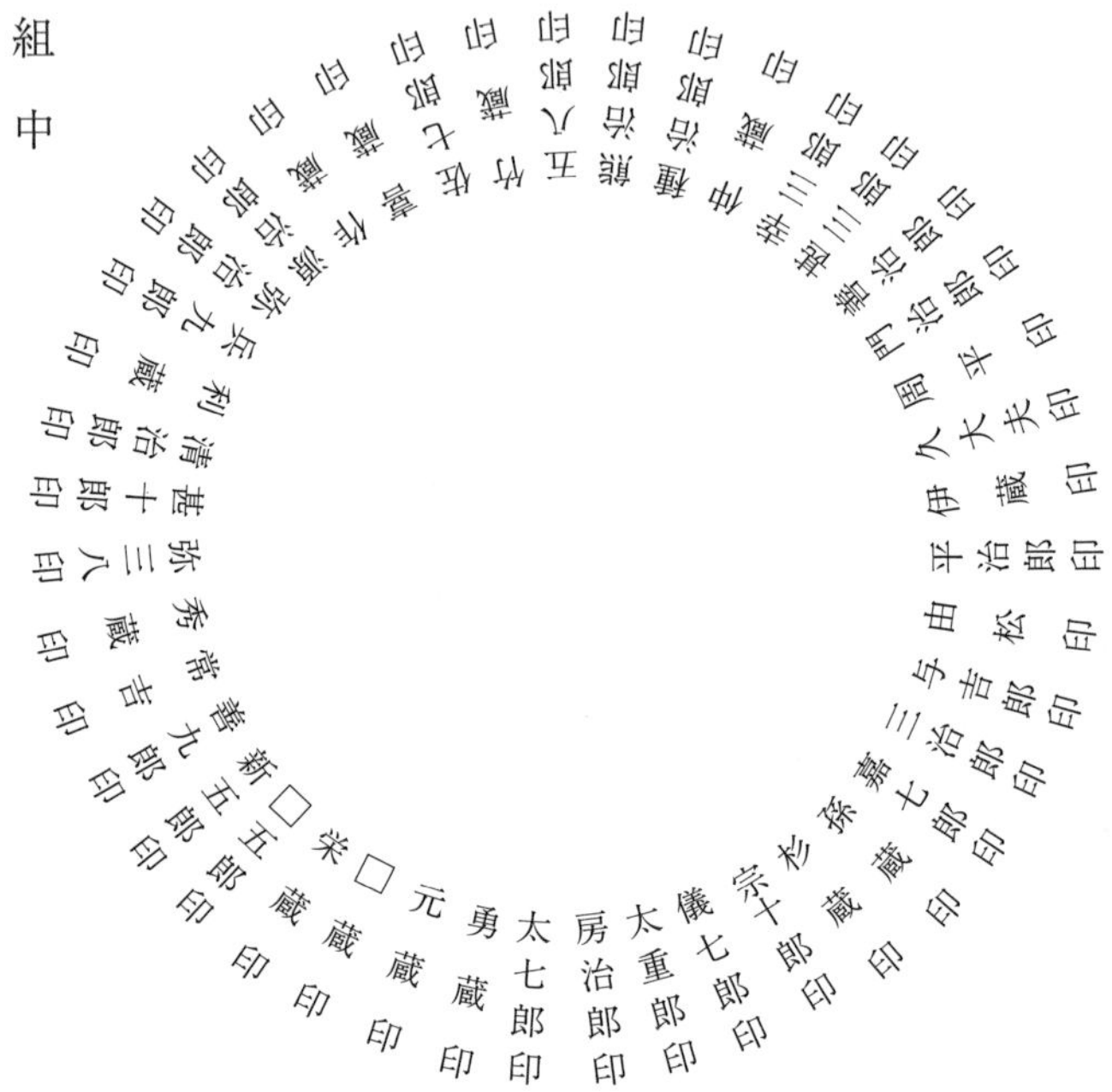

出所：『兵庫県同和教育関係史料集』第2巻、1187～1188頁。
注：「為取替一札之事／一、壱腹兄弟同心ノ誓約仕候毛頭無相違御座候、為後日善事可相守依テ如件。／明治四辛年／山崎組坂戸村」と記す。

ここに連印する者「総テ一千三百有余人」となった。

ここまでが、「飾磨県管下暴動始末記」による、播但一揆前夜の様子である。ここまででも、元えたと一般民との対立の様相など、従来から隠されていた事実が、かなり明らかになっている。

3　三木武八郎『日誌』から見た播但一揆

歎願行動の開始

次に三木武八郎の『日誌』から、播但一揆の経過を見てみよう。三木武八郎は、一八七七年の「戸籍」（兵庫県神崎郡福崎町　三木家所蔵）によると、一八三二（天保三）年一一月一七日、摂津国武庫郡西之宮の中川甚兵衛の次男として生まれ、幼名を又之助といった。安政三年（一八五六）二月、縁あって播磨国神東郡辻川村の三木厚吉家に養子に来た。ちなみに、養父の厚吉は、三木本家の五代目厚八郎（通庸）の子で、弘化四年（一八四七）七月に分家した。分家した地所が、三木本家の東方に位置したことから「大東《おおひがし》」と呼ばれていた。ここで使う『日誌』は、又之助が二代目武八郎を襲名してからの文久二年（一八六二）から明治五年（一八七二）に至る時期のものである（『福崎町史』第四巻参照）。

まず一八七一年七月二九日の「日誌」に、「戸板村が、皮多銀を廃止したいと願い出ている」という記事がある。既に七月の時点で、戸板村では皮多役銀の「廃止」を願いでている。臼井寿光氏は、「死牛馬処理の権益が権力によって廃棄された以上、その『特権』と不可分離な役負担も廃止されるのは論理上しごく自然なことだった」としている（臼井寿光『兵庫の部落史』神戸新聞総合出版センター、一九九一年）。

そして一〇月一日、「郡市掛御役所がえた村の庄屋を御召出になり、明二日に来るように」という御用状が到来したが、武八郎は翌二日、一般村の西谷村庄屋を代役に遣わしている。役所から帰った西谷村庄屋は、三日に「昨日、えた庄屋の本役を申し付けられ、取次は御廃止になった」と、武八郎に報告している。山崎組では、一〇月二日に元えた村への「取次」支配が廃止されている。四日には、「えたが平民と同様になって、取次が廃止になり、人気の程を考えていたが、穏やかでないので心配した。村でも寄合等をする動きがあるので、組内の庄屋にもよく説得するようにと言っておいた」と、すでに村々で寄合が持たれている。武八郎は自分の大庄屋解任の件で多忙であるが、五日、「山崎村にて寄合等をする意向である」と、山崎村の寄合が行なわれている。

辻川村では六日、「組内の庄屋がお出でになり、小前の者が諸々において寄合等を致し、今度のえた非人等が平民同様になる件につき、彼是と騒ぎが起るのでこれまでの通りしてもらいたいと嘆かれ、この上説得しても騒動が起こるかもかもしれないので、歎願してはどうか」と、組内庄屋の寄合で姫路の郡市掛役所への歎願を相談している所に、「五人組の者」もやって来て「歎願してくれ」と言うので、役所へ歎願が決められる。この間にも、「福田村の大堂と言う場所で寄合」が開かれ、福田村庄屋は慌てて「差し留め」に行っている。

翌七日、武八郎は早朝より出勤しようとしている所に、昨日の村寄合があった福田村の村役人がやって来て、「昨日歎願の文言に、自然と交りという言葉があるが、それでは小前の者たちが聞き入れてくれないので、何卒これ迄の通りにきっとしてもらいたい」と頼みに来た。これに対して武八郎は、

　天朝よりの御布告であり、えたとても矢張り日本に生れた者で、文明開化が進んでも未だ開化していない者である。従って平民と同様の者であり、例え平民同様になったとしても、縁組などする者は誰もいない。養子に貰いたいとえたから申して来ても、誰もやる人はいない。このような事は愚痴にしか過ぎないと、小前の者にもよく説得しておいて貰いたい。

と、逆に説教している。武八郎は、かなり露骨に差別意識を語っている。福田村の「五人組の者」は納得して引き返すが、そこに山崎村庄屋小国鉄十郎の書簡が届く。内容は、「昨日歎願の内に自然と言うところは、小前の者も納得しない。福田村からも言ってきたので、組内庄屋へ飛脚で御廻文なさってはどうか。私も後から行く」というものである。そして小国、五人組頭国五郎、武一兵衛、小前の才助らがやって来た。国五郎らは、「歎願書を直してもらいたい」と小国にも言い、小国は「飛脚ニて庄屋を召出す」ことを提案した。

　その日の暮七ツ（午後四時）に郷宿で庄屋中が相談していると、五人組等もやって来る。福崎《（新）》村・神谷村の庄屋らは、夜になると福田村の大堂で寄合が持たれていると言うので、武八郎も寄合に行こうとするが、西谷村・神谷村の庄屋らは、「寄合の最中に出かけていっても、聞いてはもらえない」と止める。また、その夜の相談で、「歎願の義」を変更しないのは、「五人組始め小前の者」たちから「庄屋役を辞めたくないからだ」という疑惑が出ている、という意見があったので、武八郎は「えたをこれまでの通りにし、村役人一同が退役すると言えば承知するだろう」と説いている。結局、五人組の人びとは、武八郎の「大庄屋奥印」まで見届けて帰っていった。

姫路への歎願

翌八日早朝、武八郎は姫路へ出勤した。辻川組も支役を召し連れてやって来た。武八郎は昼前に町宿に着くと、昼食も早々にして甘地村・福崎新村・西治村庄屋らと役所に行き、「一昨日の模様から歎願の次第」を役頭《やくがしら》に話すが、「暫く待っているように」と言われて待機していると、辻川組も歎願にやって来た。そこで役頭直々に、支役＝庄屋とともに武八郎を呼び出し、辻川組も一緒に「歎願の次第を、権大参事・少参事に相談して、歎願書を受け取」り、布告は「遠からず達するであろうし、悪いようには取りはからない。よく村々の小前の者を説得してもらいたい」ということであった。そして町宿に帰って庄屋中に歎願の次第を話したが、そこには五、六人ぐらいしかいなかった。

夜になると、五人組頭が「追々やってきた」に聞いたので、「何村の五人組なのか」と武八郎が尋ねると、「坂戸村・甘地村・山崎村」とのことであった。夜「九ツ半時頃」（午前一時）、小国・三木（承太郎）が訪ねて来て、「今日五人組の者がやって来て、大堂で寄合をすると言っていた。明日は村々から両三人ずつ代表が来ると聞いている。どうしたらいいのか」という相談であった。それでは武八郎自身が村に帰ろうかと言ったが、支役の者を三人帰すことになり、西治村・近平村・神谷村の庄屋三人が「夜七ツ時」（九日午前四時）に村へ引き返した。

また次の九日の早朝に、再度小国が武八郎を訪ねた。小国は、役所の「人別御改でえたの処置はどうなったのだろうか。えた庄屋と一般庄屋が同席ということになっては治らない。騒動になるだろう」と語り、八重畑組《やえばた》（飾東郡）ではえたの同席もあったと聞いているが、これはあくまで噂である。「大島氏の御改の先觸《さきぶれ》によると、一二日御立御泊り、一三日夕方が御改の日になっている。この件につい て両人がやって来たので、いまだ騒動は起こっていないが、えたが平民と同席になっては責任がもてない。何卒今少しの御延引になるよう」に歎願してほしいというのである。また小国は、「村では竹槍もこしらえているので、動乱になってはと心痛している」とも語った。そこで武八郎は小国と二人、役頭に訴えに行くが、「人別御改は延行してもよいが、何分えたと平民が同様だということについては、双方に説得してもらいたい。それは急いでやってもらいたい」という返事であった。しかし、この一三日の人別改強行が、一揆の火をつけることになるのである。

村々の寄合

翌一〇日、武八郎が帰宅すると、長野村の庄屋が、「明日、山崎村の村野で組内の小前の者惣代《そう》が寄合するという噂を聞いた」と言って来たので、早速飛脚で、明日の「寄合等はいたさないように」という厳重な諭書を廻した。しかし、一一日には、山崎村で寄合が開かれ、約束がなされたと、武八郎は聞いている。そこへ西谷村・西治村の庄屋がやってきて、小前の者たちは「町村組にて牛一匹、百石高に人二人を差出すよう聞いた」というが、「そんなことは無いと言っている所に、牛馬を付出すようにという御達書があったので、小前の者が騒ぎだした。どうしようか」という質問がやってきた。武八郎は、一応役所へ「御伺を申上るので、それまで見合わしてもらいたい。しかし、牛はこれまでも書き出して明細帳に載せていたのだから、心配にはおよばない」と答えている。また彼は、「小前の者はなかなか言うことを聞かないが、押て聞かせれば、役人たちも又聞いてくれるだろう」と、いささか甘い見通しを述べている。この日は、辻川村でも寄合が持たれている。

そうしている間に、一二日、「郡市懸（掛）御役人様」が出張となり、御立《みたち》村（神東郡）の大庄屋所まで、当地の大庄屋と支役が来るようにという状が、武八郎のところにもやって来る。そこで長野・福崎新村の庄屋に連絡し、辻川村・田尻村の庄屋らと一緒に、「七ツ時頃」（午後四時）に御立大庄屋所へ行った。武八郎らが「御用の内容はいかが」と尋ねると、「今度えたを説得した後で、平民の者にも、印判はえたと別々にしたいと申された」と、初めて印判は別々にと、役人は庄屋らに譲歩を示した。しかし、「えた庄屋の件は、どう取り扱われたか」と質問すると、「太尾《ふとお》村（神東郡）では敷台まで上がった。これは御役頭の思《おぼ》し召しである。田尻村はなかなか縁側も高いので、少し下に座らしてはどうか」と頼んだが、聞いてはもらえず、先に村へ帰って説諭しておくようにと言われて、夜「四ツ時頃」（午後一〇時）に引き返した。長野村の庄屋は、小国に来てもらって、組内庄屋や小前に大庄屋での様子を話して欲しいと頼んだ。

必死の説得工作

一〇月一三日の早朝、山崎村の小国の使いとして五人組頭の国五郎がやって来て、

今日の御改めは、元えたも同様に御改めになる所、昨日の御内意で別に改められることになった。ところが多人数で行くので、もしえた宅に行って、中に入っては、どんな騒動が起こるかわからない。これまで非人番の者を一人付けていたが、もしえた小前のなかにも乱暴な者がいてもいけ

ないので、非人番を二人付けてはどうか。
と、相談した。武八郎は小国の言うように、二人でも良いと考えて、溝口村・板坂村へ使いを出した。彼は小国に、「何分えたとの間に心得違いがあっては、騒動になるかもしれないので、その件はよろしく取り計ってほしい人」としている。その時、小国から小前たちが「取替約定書」というものを拵えており、「何遍廻り書という、⊛印のものを拵えていた」と聞いている。小国が帰った後、神東郡西田中村（現市川町）の庄屋木太郎がやって来て、辻川村落合で辻川組と山崎組の「両組が寄合して相談の上、改めて場所へ出でてくると言うが」、「両組が一緒になるのは難しい」と語った。そこで武八郎は、「一応神西郡へ行こう」と返答しておいた。

　そして武八郎は、同村（辻川村）の本家三木承太郎宅に行ったが、役人たちはすでに来ていた。小国や木太郎との取り決めの趣旨を話し、武八郎は神西郡の方に出て、福崎新村に行ったが、「いなハ《（稲葉か）》屋彌兵衛」に出会い、「今日落合で両組が寄合、追々神西の者も参加すると聞いている。どうなのか」と聞くと、「そんな相談は聞いていない。今山崎から帰って来たのだ」と言うので、早速山崎村へ行くと、小前の者たちが続々と山崎村に集結しており、庄屋たちは小国の所に来ていた。そこで武八郎は小国宅で今までの経緯を話し、「組頭を落合に遣わして欲しい。組内の者が行っておれば、連れ帰ってもらいたい」と言うと、組頭の者が出て行き、しばらくして戻って来ると、「参加していた者は、皆連れ帰ったので、御安心していただきたい」と報告した。武八郎は、小国や各庄屋に「小前の者が川向に来ないよう、急度《きっと》御差止めいただきたい」と頼み、引き返した。武八郎は、井ノ口村への帰り途、「舟人」にまで「山崎の者でも御用の外に、小前の者が多人数で渡る様子があれば、断ってもらいたい」と言っている。

辻川村の三木承太郎宅に帰ると、武八郎は役人に今までの経過を報告した。昼過ぎになって、辻川組の者はそれぞれ理解した。ところがそこへ小国がやってきて、「小前たちが川を渡って来るようで、必死に説得したが、聞き入れてもらえなかった」と語った。その趣旨を役人に申し出るために小国と一緒に行こうとすると、山崎村の五人組頭や戸板村の者もやって来たので、これまでの理解を話すが、聞き入れてもらえなかった。そこで彼らも一緒に役人の所へ行き、辻川組の小前の者ですでに理解している者まで招いて話し合い、「八ツ時過頃」(午後二時)、山崎村・甘地村・福田村その他三四カ村も来たので、御召出になって話し合い、「七ツ半頃」(午後五時)、「両組の一統が引取り、御改正之は延行」で双方の理解が得られた。

一揆の勃発

そこへ「町村組の者が、神西よりやってきた」という連絡が入る。武八郎は慌てて村の端まで出たが、多人数が押し寄せて来るので、引き返してその様子を役人に報告した。その場に福崎新村・長野村らの庄屋もいたが、武八郎は「最早致し方もない。追々多人数がやって来るので、姫路に連絡して、兵隊を派遣してもらうしかないだろう」と言ったが、役人は「一応川端迄見届に行って、そのうえで」と答えた。ところが、薄暮になり、三木承太郎宅の門前に、町村組の者、須加院組の者が集まった。竹鎗・鉄砲を持って大勢の者が集まったので、武八郎は御役人は理解があるので、願いの義があれば何なりとも申し出るように言ったが、誰も聞き入れなかった。群衆は鉄砲を打ち、竹槍で瓦を落とすので、御役頭西松大属様（謹吾）（生野県官）が御直筆で、何なりとも願いの筋があれば申し出るように言ったが、やはり誰も聞き入れなかった。そこに田尻村八十島《やそしま》栄造という者が端に居て、御役人様より申されたことなので、願いの筋があれば申し出るよう言っていると、竹槍で栄造の頬が突かれ出血した。最早、御役人も手のほどこしようが無いとして、裏門から山にお逃げになった。

武八郎も山へ向かったが、群衆は「役人を追えと叫んで鉄砲を打ち、大庄屋を追えと叫んで鉄砲を打ってきた」。武八郎は加治谷村に逃げ込んだが、しばらくして人の声も薄くなってきたので、辻川村の近辺まで行くと、三木承太郎宅の米蔵が燃えており、居間の方へも燃え移りはしないかと心痛し、また自分の家はどうなったのかも心配になって、辻川村の端まで加治谷村の人に見に行ってもらった。加治谷村の者は帰ってきて、武八郎の家は無事で、一揆勢は神西郡の方へ行ったと報告した。そこで上瀬加村の源右衛門に出会い、「御役人様はいかがなったか」と尋ねると、薬師山に逃げたとのことである。武八郎は、「実に不快の事にて驚いた」と感想を語っている。

翌一四日、加治谷村に隠れていた武八郎は、北野村の皐家《おか》（医者）に家族が避難しているのを知って、怪我などしていないかと皐家に行ってみると、本家の三木承太郎家も来ており、皆が無事であることを知った。安心して茶を一杯飲んでいると、書役の仙吉が、田尻村の八十島榮造が大庄屋を呼び出して来いと言っているが、行くと悪いことが起こるので、いずれかにお逃げ下さい、と忠告して来た。そこで承太郎と一緒に中ノ谷（北野村北方の山中）へ逃げ、そこから加治谷村へ出ると、太尾村・御立村の大庄屋宅が焼失する煙が見えた。加治谷村から灰石《はいいし》の役所（石灰原石採掘場）に逃げ込んで、役人の井上に頼んでやっと朝食を食べたが、薬園（西光寺村の人参園）も焼失していた。一揆勢は武八郎宅を襲撃する噂もあったが、救援の人数も増え、大砲の音がして一揆勢も散々になり、我家も無事かと安心した。武八郎は、「八ツ時過」（午後二時）まで世話になって、昼食を食べて北野村まで帰った。「須加院《すかいん》、御立、太尾町村、蒲田、手野の大庄屋やその他の小庄屋も焼失したという噂」を聞いて、その晩は承太郎と妙徳山（神積寺）に泊まった。一五日早朝、妙徳山から帰った武八郎は、「英賀《あが》庄屋も焼失した。生野銀山へ乱入したという噂もある。屋形村にて武士が竹槍で突き殺されたという噂もある」と語っているが、これらの噂は正確である。

4　『暴動始末記』に見る一揆の経過

一揆の勃発

再び『暴動始末記』から一揆の経過を見よう。一〇月一二日、神東郡御立村元大庄屋宅に、例年の通り人別改めとして郡市掛が出張してきて、山崎組元大庄屋《（三木武八郎）》・長野村里正・福崎新村里正らが呼出され、辻川・山崎元両組の村々の「人気騒擾」の様子を聞かれた。そこで、「元えた村役人は別席の所、今度の人別改めには、他の村々役人と同席にて御改めの風聞があり、そのため人々は激昂しているので、どうかこれまでの通りにしてもらいたい」と、一同言上した。すると郡市掛の役人は、「元えた村役人の者には厳しく理解してもらい、後に判改めをする」と申し聞かせる、という返事だったので一同退出した。

翌一三日、郡市掛の一行は神東郡辻川村へ出張になり、元大庄屋（三木承太郎）宅にて朝は元辻川組を改められ、午後は小国宅で山崎組を改められる予定であった。だが、村々では村役人はじめ村民が残らず早朝から寄り集まり、元えたの件について、騒動が起こりそうな状況であった。

同日の午後から元山崎組の村民が、竹槍を持って辻川に行こうとしているので、小国や里正は早速、井ノ口村西川端へ出かけて行って、「歎願のために大勢で辻川へ行くのは恐れ多いので、我々から何度でも取次ぎをする」と申し聞かせ、同所にいた村々の惣代を二、三人ずつ引き連れ、辻川村に行って出張役人へ「歎願」の趣旨を話した。そこで里正・惣代を呼出しになって、暫時「御説諭」になったので、小国・里正・惣代らは、井ノ口川端へ引き戻し、竹槍を携えた村民に、「とりあえず御説諭の趣旨を理解してもらいたい」と説得したが、村民は色々主張して聞き入れなかった。

小国らは再び辻川村に行ったが、もはやいずれの組内ともわからない竹槍を持った群衆が元大庄屋三木承太郎宅に詰め掛け、何かと言っているので、郡市大属に再願いを頼むと、願いの趣旨を書面で差し出せということであった。そこで引き返すが、表門は大勢詰め掛けているので、裏門から出て井ノ口村川端へ行くが、なにぶん多数のことで説得できなかった。そして、日は既に薄暮に迫り、遂に門前の群衆は、発砲と放火などを始めており、騒ぎだして動乱となった。あるいは門と塀を破壊する者あり、あるいは室内へ踏込んで建具を破壊する者あり、あるいは刀を取って石の上にたたき、これを折る者もあった

という状況となった。その時、鉄砲を携えて一揆勢に加わり、辻川村に迫る者が二〇人ほどいた。また辻川村から神東・神西・飾西・飾東諸郡へ押寄せ、神西郡板坂村の孫七・飾西郡前野庄村の直蔵・同山ノ内村の善四郎と重五郎らの四人が所々で発砲した。そして一揆勢は二分し、一つは市川筋を渡って神西郡に行き、姫路の東側今宿《いまじゅく》口へ入った一群と、いま一つは神東郡から姫路野里口へ迫った一群があった。

有馬郡福島村の副里正作平は、組内は午後の改めなので、「御改に付き、辻川の御改の席で、元えた役人は同座したか」との問い合わせに大勢の村民が来たので、村民と一緒に辻川村まで行くと、各村里正をはじめ大勢の人々が、郡市掛より暫時話合われていて時間を取った。そしてやっと、「当日の御改めが延期になり」、夕方に作平が帰宅した時、辻川村で騒動が勃発していた。

神西郡田中村の太蔵なる者は、辻川村の一揆勢が押し寄せて来るので、仁豊《にぶ》村（神東郡）の者と松ノ下（之本）に出かけた。すると、辻川村辺で放火した一揆勢が神西郡を越えて南下し、太蔵と仁豊村の者が須加院通路の土橋へ行くと、一揆勢は須加院に向ったので、太蔵らもこれに加わったが、須加院元大庄屋の家を放火して西の町村に向かった。そして、御立村へ進む途中、酒を出して大勢に呑ませていたので、太蔵らも大酒となった。平野村から蒲田《かまた》村に行くと、蒲田村元庄屋も放火となり、積み藁に

火をつけ、竹槍の先に刺して、これを同村の某宅の軒下につるし、火が遂に居宅へ移っても、そのままにして放っておいた。すぐに一揆勢は英賀村に入り、薄暮になって帰路今宿村に戻ろうとしている時、官兵出張の砲声に驚いて、田寺村に敗走した。

一揆勢は、山之内・河内・菅生澗《すごうだに》・戸谷・寺村などの飾西郡各村々を従えた。また「今度、神東郡村々で大勢にて願いの筋があるので、もし出てこない者は、家を焼きあるいは突き殺すべし」と叫んだ。これに村々は恐怖して、動員されたという。戸谷村（飾西郡）では、一三日の夜、円妙寺の鐘がつかれて動員がかかり、「竹槍なき者は、各《おのおの》これを所持すべし」と言われ、ある者は他人に竹を借り、ある者は竹を拾って、銘々途中から竹槍を作り、幾百人かで姫路に向かった。この時、飾西郡河内村の小十郎は、同郡西今宿村に至って所々の放火を憂い、旧知の家を防ごうとして東今宿村に行き、息子と共に帰路車崎《くるまざき》茶屋の周囲を徘徊しているところを、官兵の銃弾に当たって傷を負った。また、兵庫県下寺村の五郎平は、諸村で乱暴に放火し、官兵の砲声が激しくなるのに萎縮して、車崎茶屋の裏口から逃げ出そうとしているのを、弾丸に当たって倒れた。

同県下菅生澗村の油押與右衛門は、諸村の放火を傍観し、ひたすら一揆勢に従っていたが、東今宿村で銃弾を受け倒れた。同寺村の鯰尾小三郎は、下手野村に至って各村の放火に徘徊しているところを、官兵の砲声に恐れて逃げ去る際、銃弾を受けて左肩から右肩を貫かれた。ほかにも広畑村の清平、戸谷村の七郎平らが、疵を受けて捕縛されている。

八十島栄造のこと

神崎郡田尻村の栄蔵は、元水戸藩召抱えの相撲取りで、「八十島」を名のっていたが、鳥羽伏見の合戦から箱館戦争にまで参加し、降伏して生国神東郡大門村に帰り、その後田尻村に養子に行った。ところが、

去る十月十三日、同村の円乗寺において郡市掛大属が人別改の時、旧えたとともに同席するのは嘆かわしいと、村方の一同が前日の寄合で相談した結果を、田尻村の庄屋へその趣旨を申上げた。庄屋より郡市掛りへ右の趣旨を取次で願い出た所、当日、村々の重立った者を連れて辻川組の大庄屋所へ来るように申された。栄蔵も庄屋と一緒に大庄屋所へ行ったが、えたを平民と同籍にすることが御布告の趣旨だと、郡市掛官員から詳しく説明された。栄造らは村方へ帰り、小前の者たちに申し聞せ、一同は承知の上で（田尻村）円乗寺の掃除等をして、えた庄屋は別段に床机を据へ、敷物を敷いてその上に座らすことに、衆議は一決した。ところが人別改めは始まらず、薄暮になってから、御改めも延引になったという達があった。

ということになった。

しかし、辻川村の元大庄屋三木家の前には竹槍を持った一揆勢が集まっているというので、栄蔵は急いで同所に駆けつけた。そこで、出張役人は、栄蔵に取り鎮めの周旋を依頼した。栄蔵は、直ちに

門前に出て鎮撫しようとするが、誰かに竹槍で右頬を突き刺され、あまりの驚きと痛みに堪えかねて、自宅に引き戻って療養していた。

この時、山崎村の国五郎は、すでに辻川村の元大庄屋宅での歎願を終えて帰村していたが、「神東郡にて八十島が頭取しているので、迅速に参加すべし」という使いがやって来た。国五郎もまた「大勢で歎願すれば、事は必ず成就する」と考えて、奥村の幸平や板坂村の定吉らを使って、飾西郡の町《まち》村谷《むらだに》や前ノ庄・中島・三枝草《さえぐさ》等の村々に、「今般当年の人別改は例年と違い、外国人等もやって来ているとのことだ。そのうえ御改めがすんだ後に、人と牛を外国人へ御渡しになるそうだ。この件に付き神東郡田尻村の八十島を頭取にして、大勢が集まっているそうだ。各人が竹槍・鉄砲等を携えて、山崎村の村野へ集まれ」といった動員をかけている。

翌一四日明け方、奥の村々から多人数が押寄せ、「出て来ない者は家屋を焼き、或は突き殺すべし」というので、各村不出者なしという状態であった。そして多人数で須加院村へ押しかけたが、すでに元大庄屋宅は焼かれていた。そこで一揆勢は、町村谷を越えて山留村へ出、梅ケ谷を経て飾東郡野里町慶雲寺に押し寄せた。たまたま一揆勢の一人が捕縛されたので、板坂村の文三郎・新庄村の亀蔵・奥村の幸平らの声に合せて発砲すると、捕亡吏らは恐れをなして退散した。

そして一群は神東郡へ渡って、太尾村元大庄屋・御立村元大庄屋や西光寺野の人参御会所を襲撃した。この時一揆勢は、再び辻川村の元大庄屋宅と山崎組の元大庄屋宅を焼払い、田尻村に押し寄せるという噂が立った。そこで栄蔵は一四日の明け方、再び辻川村の元大庄屋宅へ行って、当主とともに西光寺野へ出て取り鎮めようとしたが出来なかった。

しかたなく栄蔵は独り西光寺野へ行ったが、この時には「八十島」は、すでに「巨魁」の名が立っており、近村の人々が彼の周りに集まって来たので、襲撃を止めるように説得していると、人参会所と御立村元大庄屋宅の方から黒煙が立ちこめた。なお一揆勢は、辻川村や田尻村へ押しかけようとするので、遮って一揆勢の動きを止め、手拭いで竹槍を結んで一揆勢に示し、栄蔵は「えたの件に付いて歎願の筋があれば、何度でも穏便に願い出るべき所を、ほうぼうに放火し乱暴を働いている。これから上方へ上るには及ばない。兵庫県出張所のある社村へ参り訴訟するので、決して乱暴をしないように」と語った。一揆勢は納得して、すでに社村へ向かう者もあった。ところが姫路に向かった一揆勢は、空腹にたえかね、飾東郡下砥堀村で休息している時、中島村（飾東郡）に放火する者もいた。

一方、飾西郡山ノ内村の坂根利八郎のように、官兵の砲声が迫るのに恐怖して帰路の途中、銃弾に当たる者がいた。また神西郡犬飼村の宗八のように、農事から帰ると大勢が押しかけて来て、「およそ戸主たる者は、各自竹槍を持参し、須加院村元里正宅へ集会いたす可し、もし不出の者は居宅焼くべし」と言われ、驚いて竹槍を持って従い、須加院村に行くとすでに里正の家は焼失しており、飾西郡の町村に行けば、ここでも里正宅は焼かれていた。飾東郡の野里村の大日河原の堤で官兵の教諭を聞いていると、中島村の里正の家が焼かれ、官兵が射撃してきて、群衆が散乱して逃げまどっていると、東西から迫られ銃弾を受けた。

その他に、死者としては、生野県下揖東郡打越《うちこし》村の八余門《ママ》、兵庫県下飾西郡寺門ノ内の大坪作次郎、同郡菅生澗村の作右衛門、生野県下揖東郡打越村の恒右衛門などがいた。また負傷者として、兵庫県飾西郡下実法寺村の熊吉、同郡青山村の太十郎らがいる。

5　一揆の波紋

生野県への進撃

一揆は生野県にも波及し、一〇月一四日から蜂起が起こっている。同日、屋形《やかた》村（神東郡）で捕亡吏山本源吉とともに殺害された生野県少属白洲文吾（三一歳）の報告書によると、

猪篠《いざき》（当時多可郡）を少々越えて所で、野村の元えたが御役所へ歎願に来ているというので尋ねると、姫路県管下の騒動の人々が当県にも押し寄せ、元えたを成敗するということである。近村の者がぼつぼつ竹槍などを携えてやってくる様子である。成敗などされてはたまらないから、なんとかして欲しいと、涙ながらに訴え出た。

という様子であった。そして白洲らが神東郡福本村に至ると、「軒別に竹槍を立て掛け、大いに騒がしく、あるいは小銃の響きもしていた」。鳥取県の福本出張の民政掛森岡勉蔵に面会すると、「まず当県にては一人も一揆勢に加わる者はいないが、姫路県下はますます盛んになり、生野県に歎願に来る様子である。一揆勢を簡単に通してはすまないので、すでに兵隊も精鋭を八〇人用意した。もし押し通ろうとしたら、陣屋の者は一人も残らず出て、百姓の三〇〇や四〇〇人を打ち取るのは、子細《しさい》もな

いことだ。もし手に余れば、ことごとく打ち殺しと覚悟を決めた」という返事であった。
夜、屋形村に着くと、騒ぎは却って福本より穏やかであった。村役人を呼んで聞いてみると、「少々は騒ぎは下火になりかけている」が、一揆への参加者を出さなければ「焼き打ち」にするというので、「よんどころ無く人々は村境迄出かけているが、いかがいたしましょうか」という話であった。白洲が、一揆への参加者を「早速引き取るように」と命令すると、「屋形村は引き払っても、神西郡の村々は村役人より説得しても、何分承知しなかった」。その理由を聞くと、鴨居村の役人より、

今井村の元えた助左衛門と言う人は、余程の金持ちで「解放令」の出る前から、少々気位が高かった。今度の「解放令」で益々増長し、今井村はもちろん他の村でも大変に評判が悪い。右の者に厳重な注意を与えて下されば退散する。

ということであった。白洲は「承知した。きっと注意するので、みんな引き払ってもらいたい」と申しつけると、神西村の村役人は、「大勢で、そのうえ銘々が酒を飲んでいて、口々に勝手なことを言っている」、白洲に直接屯集所へ出向いて説得してほしいと願った。そこで川岸へ行くと川向いの鶴居村から発砲して来て近寄れずに困っていると、屋形村の清蔵という人物が周旋に入り、一揆の要求を聞いてきた。それによると、

一、高免の廃止。

一、今井村の元えた助左衛門を注意してもらいたい。
一、検地を止めてもらいたい。
一、百姓の所替えを止めてもらいたい。
一、百石に付き牛二匹・人一人差し出しを止めてもらいたい。

の五カ条であった。白洲は「高免の事は、係が違うので即答できないが、えたへの注意は右助左衛門を呼出して注意する。検地他三カ条の件は、根も葉もないことだ」と回答すると、一揆勢は拒絶されたと受け取って、白洲文吾・山本源吾らの県官を殺害した。

生野町での一揆勢

その後、一揆勢は一五日に屋形村を出発して生野に向かった。途中で猪笹（篠）・森垣両組などからも参加者があり、同日夕刻、約二〇〇〇人で生野銀山町に入り、鉱山寮生野出張所を襲撃し、器械所や倉庫を焼いた。養父《やぶ》郡宿南《しゅくなみ》村の藤本義方の一〇月一四日付『日誌』によると、

一、播州辻川村の辺りで「穢多非人解放」の件で農民が蜂起した。追々大きくなって、大庄屋と言われている者を残らず打ち壊すという風聞を聞いた。
一、町年寄は一向心配も致さず、困り果てた年寄り共だ。

と嘆いている。そして、姫路から英賀屋利三郎が帰って来たので、騒動の様子を聞いてみると、「なかなか大変」だということであった。姫路県からも兵隊が出され、「追々人の勢も移って、当所にも押し掛けてくるだろう」ということだった。義方はあわてて利三郎と一緒に、町年寄の木村松三郎を訪ねて「探索者を出すよう」頼み、木村は番人勇七を探索に遣わした。

翌一五日、義方が屋形村辺の様子を心配していると、「六ツ時」（午前六時）過ぎに勇七が帰って来て、義方にも「屋形駅の様子を遂一」報告した。出役の白洲が竹槍で突殺され、山本某は行方知れずということだった。一揆勢は「追々相増して、当所にも押し寄せて来るだろう」ということなので、すぐさま町年寄の所に行き町方の手配をして、生野県庁へも兵粮米《ひょうろう》を願い出た。結局、二〇石だけ遣わされたので、兵粮焚出しの手配をした。また、雑物を土蔵に集め、決心して品物を外に運び出さず一揆勢を待ったという。そして、

一、夕六ツ時頃から一揆が追々入り込み、手に手に竹槍を携えていた。最も大きな勢力には酒や飯を出してなだめ、人々は徒党を組むという様子もなかった。申し聞かせれば町方へは少しも乱暴せず、生野県内にも押し入るつもしはないが、鉱山所の器械所は徹底的に破壊するつもりだと、中心と思われる者一〇人程が言うので、町方の者は少し安心した。しかし、何分の多人数なので、どんな事件が起るかわからないので心配だった。

一、初夜の頃、人数の過半数は猪野々町に行き、器械所に火をかけた。火勢は盛んになり、老弱の者は本当に恐怖した。しかし、町家には少しも乱暴しないという触れ込んで来たので、ひと

まず安心した。しかし御陣屋の高札を倒し、陣屋へも打ち入りそうな勢なので、大参事柴田春次郎を始め一人も残らず逃げ去り、行くえ知れずになった。なんとも見苦しいことこのうえもない。笑止千万である。

となった。また「器械に放火したので、猪のの町《(ママ)》の人家が危うくなったが、農民たちがよく防御してくれて、そのお陰で町家に火が移らずにすんだ」とも記している。これに対して、「大禄を頂戴《ちょうだい》していながら、陣屋を守ることもしないで逃げ去り、山林に隠れているとは言語同断の次第、誠に禄盗人とはこのような者を言うのだろう」と、義方は県庁役人を批判している。

県庁の役人が行方知れずになったので、町方の主だった者が一同申し合せて次のような書下しを渡して、引き取ってもらっている。

一、穢多非人之儀は是迄と同様の取扱を致すべき儀、天朝へ伺いあるべき、最も伺い中は是迄の通り取扱い申すべき事。
一、当未《ひつじ》根《(限)》の御年貢は二歩引の事。
一、播州・尾州人民入替の儀はこれ無き事。
一、神社ならびに寺々の大木小木たりといえども切取らざる事。
一、鉱山の儀に付き下方難渋致さず様、鉱山役所へ掛合遣わすべき事。

の、五カ条であった。右の書下げを村々に渡すと、一揆勢は一六日朝に引き上げた。

一方官側では、一六日午後、出石県の常備兵一小隊が生野に到着し、一九日には龍野県兵・姫路県捕亡各一小隊が屋形村に到着した。そのほかに、明石県兵・神戸港警備和歌山県兵や兵庫県邏卒《らそつ》一組が出動している。

「餝万津」一揆と山崎県騒動

このほか一揆の波及としては、一〇月一四日、「餝万津《(磨)》」港に乱入した一揆勢がある。「姫路県から御出張になり、発砲又は鎗等で大方打払になった。しかし死人怪我人が多数でた」といった騒動が起きている。このグループは「餝万津の人数は引き揚げたが、姫路西北へ廻り、それより姫路へ押し寄せ、同所が大騒動になった」と、姫路に進行している。

このほかに冒頭で述べた山崎県（宍粟郡）の騒動が起きている。山崎県高下組の大庄屋「庄又十郎」の『日誌』を引用しておこう。

一　二〇日、当番に付き出勤した。七ツ時（午後四時）頃、岸田・矢原両村が強訴しそうな様子なので、みんなで宮山でかがり火を焚いて集った。鳩屋から内々の注進が来て、急いで拙者に取り押えに行くように言われた。三木氏宅（今宿組大庄屋）へ立ち寄り、三木氏も同道で矢原村へ行った。色々と説得して人々を帰らせ、急いで引き取り御届をしていると、今度は三谷口でかがり火を焚いているとの通報が入った。今一度行くようにという御沙汰なので出かけていくと、誰もいなかった。誠に人騒がせなことである。謀り事は、結局夜中に三度までも起り、一同は驚ている。

二一日、三組村々の小前一同より左の通り嘆願書がだされた。それぞれ御返答の御沙汰も記しておく。

恐れながら歎願仕り奉り候事

一　御殿様御帰管（還）の事

一　御答、御隠居様御演舌の通り

一　御年貢三割引

一　御答、御隠居様御演舌の通り精々《せいぜい》申し立つべき事

一　両御蔵米、豆納方に付直しめなし、手直につかまつり度

一　御答、聞き届け候事

一　糠藁《ぬかわら》御止め成し下され度

一　御答、御隠居様御演舌の通り精々申し立つべき事

一　留林栗林御見分なしに勝手に伐り取り申し度く

聞き届け候事

一　店方諸代品物、米直段下げ仰付られ度く

聞き届け候事

明治四年未年　　物代岸田村
十月廿一日　　久保忠平
（略）

御役所

右の通りの御沙汰にであった。それなのに、御返事を待ちかねて、岸田村は山崎御役所へ押し寄せようと手配しているので、同村の寺院一同へ理解がおよぶように仰せ付けられた。説得すると、寺方の者はやっと理解して引き上げてくれた。

一　二二日、やっと納まって、諸役所へ御礼に廻って戻った所に、急に飛脚がやってきて、高所・中村から強訴するという申し合せを聞いた。御管内の一同は色々手をつくしたが、一向聞き分けないので、ついにトンビ組の捕亡手や兵隊合計八〇余人を高張提灯《たかはりちょうちん》で召し捕りに派遣した。高所・中村では二一人をお召捕になったが、御会所で刑法方が御吟味なされ、頭取の者を六人ばかり入牢を仰せ付けられたが、その他の者は夜七ツ頃に御放免になった。

以上が、事件の経過である。しかし、一〇月二五日の『日誌』には、「穢多の件も、百姓一同は迷惑している。二〇日申し上げた所、穢多は従来の通りでよい、というお達しになった」と書かれている。役所は、えたは「従来の通り」となったというデマを流して、強訴の矛先をそらしている。ところが、翌七二年一〇月二一日には、「穢多の件については、昨年の冬から色々歎願もあるので、今は矢張り、御布告の通りに心得て、両者とも和順するように」と、前年の発言を撤回している。山崎騒動でも、「穢多据置き」が、重要な要求になっていたことがわかる。

6　一揆以後

処罰の状況

一揆以後の動きを、再び三木武八郎の『日誌』から見よう。

一〇月一六日になると一揆は「鎮静」しており、武八郎は御立《みたて》大庄屋所よりの御用状で、権大参事・郡市懸《がかり》役人の廻村を知った。彼は御用状の到着次第、八反田《はったんだ》村まで来るようにと言われて、早速、八反田村の正木宅へ行くと新井・片山の両役人が来ており、八反田村の者を召し出して、年貢「御収納早々可レ致旨《いたすべきむね》、巨魁之外ハ罪射(謝)候者御免ニ相成候故、早々御収納遂候様」との説諭があった。それから役人は辻川村の武八郎宅へ来て、辻川村をはじめ近村の者を呼び出した。武八郎には福崎新村へ先に行って、「動揺」のないように申し付けられけたので、長野村庄屋と福崎新村へ行った。そこで隣村の五人組を呼び出し、小国にも使いを出したところ、役人がやって来て、召し出されていた者を説諭した。そのなかで、今まで福崎新村に捨られていた死人の灰を馬田村に捨てると、灰が福崎新村の飲み水に混じるという問題で、馬田村（元えた村）の庄屋と小前の者一人が呼び出され、これは誰の指図か調べられて、馬田村庄屋の指図ということになり、役人は庄屋を「召捕」って、「七ツ時頃」（午後四時）に役人は引き上げた。

翌一七日、武八郎は権大参事よりの御達を、甘地村庄屋に伝達し、その他召し出しになっていない村々にも伝えた。この日、「生野銀山鉱山夷人屋敷弥《いよいよ》焼失致候、屋形村ニ而武人こロサレ候よし」という話を聞いている。一八日に、郡市懸役所は戸板村庄屋（元えた村）幸十郎と小国鉄十郎を召し出しになって、「牛焼候義如何之義」と聞き、「伝染病之よし」と幸十郎が答えると、「今日者引取、明日罷出候」と申し渡された。そこで一九日、武八郎は早朝より役所に行くと、戸板村の庄屋は昼前に来て断獄方《だんごくがた》へ廻った。また馬田村よりの歎願を役所に差し出すと、断獄方へ行くように言われ、行って差し出すと預りになった。馬田村の歎願は、一一月七日、一二日と続いている。

二〇日には、生野県知事が帰るので、兵隊が甘地村で警備していた。龍野県からも兵隊が生野県まで来ている。そして二一日、田尻村の八十島榮造が「召捕」になり、「夫々《それぞれ》ニ召捕ニ御越ニ相成候」と、一斉検挙が始まっている。また「御年貢之義早々御収納可ﾚ致旨夫々相達」になり、「夫米《ぶまい》(廃)發止之義」が太政官から達せられる。二二日には、生野銀山の秋山が武八郎を見舞って、「榮造之義」が話題になっている。

二三日には、飾萬津屋《しかまつや》孫四郎がやって来て、「夫々召捕ニ御越被ﾚ成候」という噂を聞いて、「皆々驚」いている。その噂は事実で、二五日には「甘地村徳太郎」が召し捕られ、二六日には「山崎村国五郎、才助、義助」らが召し捕られている。二六日には、小国鉄十郎が武八郎を訪ねて来て、「国五郎、義助御召捕ニ相成、町宿預（仮釈放）歎願差出度候間、奥印貰度段」を言ってきたが、「奥印之義断、其尽御伺被成候」と返事している。ところが二八日には、先に召し捕られた八十島栄造だけが帰されている。その後の武八郎の『日誌』は、「干鰯《ほしか》損銀」問題が記述の中心となっている。

一一月二四日、觸元《ふれもと》から「姫路縣改飾磨縣与相成候」という御状が到着する。そして年も改まった一八七二年の正月一五日、仙吉が姫路表に呼び出され、帰ってくると「動乱之筋之形合」であった。断獄方は、ほかに一三カ村の副里正を呼び出し、「形合書之義相違候処、元大庄屋ヨリ急度明後十七日迄、無遅延差上候旨」の達が出された。また二月二九日には、觸元大庄屋よりの「威鉄炮《おどしてっぽう》所持致候ハヽ、飾磨縣江可二伺出《うかがいいでべき》一旨、郡市ヨリ被二申付一候」という二八日付の御達が到着している。

武八郎『日誌』は、二月二八日の「大庄屋役廃(廃)止」の記事によって中断し、突然七月に再会するが、晦日の「早朝戸長様ヨリ御達、晩六ツ時牢屋敷へ罷出候旨被二仰渡《おおせわたされ》一候、早速罷出候処、小国鉄十郎殿御召出ニ而御裁科有レ之、漸(斬)罪被二仰付一候事、拙子元組内里正中副里正、皆々敲《たたき》被二仰付一候」という記事が播但一揆の結末を伝えている。小国が召し捕られるまでの経過は不明である。

生野県でも、一八七一年一一月二日、生野県が廃止されて豊岡県が置かれ、知事に小松彰がなると、鎮圧が開始された。同月二〇日、生野で「首魁」として森垣村の吉兵衛・弥兵衛・元吉ら一八名が逮捕され、豊岡に送られている(21)。

結局、逮捕・処刑者は、生野県側では斬罪七名、絞罪六名、徒罪二名、飾磨県移管者九二名と言われている。また姫路県では、斬罪・梟首刑一名（小国鉄十郎）、遠島二名を含めて五一名が処罰された。なお豊岡県が一八七二年二月に、附和随行の村々として三八カ村に「贖罪金」を割り当てている。江戸時代の百姓一揆では、考えられない規模の処罰者の数である。

おわりに

播但一揆の本質を年貢減免闘争として、「解放令」反対の問題を従属的な問題として理解しようとする小野寺逸也〔「明治四年播但一揆について」一九六九年〔鈴木良編『歴史科学大系二一　部落問題の史的研究』校倉書房、一九七六年〕や前嶋雅光〔『兵庫県の百年』山川出版社、一九八九年〕らの見解があるが、この議論は、近年発見された諸史料から見ても成り立たないことは、明らかである。

まず一揆の直接的な契機となる「新民傲慢」の問題である。元えたの人びとから見れば、本村庄屋の「取次」支配は、解体したと考えられるのに、一般村では罪人同様「筵に座って」面会が許される、という屈辱的な対応を迫られる。しかし、それを聞かなかっただけで、「傘連判状」を作って、竹槍を用意するというのである。この一般村民の恐怖心は、何によるものであろうか。三木武八郎が、福田村の村役人に語った次の言葉が参考になる。

天廷よりの御布告にこれ有り、穢多とても矢張日本に生れ候者と心得え、未開化せられぬ事にて斯《かく》開化に相成、且は平民にても同様の事故、斯相成候ても縁組等屹度《きっと》いたし様与の事にてもこれ無く、養子に貰度旨元穢多より申候ても遣し候者も無レ之と存じ奉り候間、左様の事は甚愚知にこれ有り、小前の者も篤《とく》と利解御申成され。

役人たちは、えたというのは、「未開化」な人間であり、平民同様とは本来同様のものであると言うが、彼らと養子・縁組する者はいない、というのである。「穢多と同様になる」というのは、彼らと婚姻することだと小前層は受け取り、恐怖していたのである。ここには、「解放令」以後、新たに意味づけされた「差別」がある。「四民平等」を強調するほど、差異化＝差別は強まっている。

また、元えたの人びとの「皮多銀」の撤廃闘争や、死牛馬処理の拒否に対して、一般村は「不売運動」や「竹槍仕事」の傘連判状で対応している。播但一揆は、従来「社会外の社会」とされてきたえたなどを、社会のなかに編入したことに対する、一般村民側からの「旧慣」＝共同体維持の闘争でもあった。

一揆の主体は、伍組頭と小前層であろう。豪農は県側についたとして、焼打の対象になっている。しかし播但一揆の場合、その豪農たちが延期を要請した「人別改め」を強行して起こっている。そしてその責任を隠蔽するため、一揆の指導者でなかった小国鉄十郎を処刑して、追及を逃れている。

一揆の組織形態としては、一〇月四日の村寄合の開始から、五日山崎村、六日福田村大堂、七日同、八日同、一一日山崎村・辻川村での寄合、そして一三日の襲撃と、頻繁な村寄合から蜂起という形が取られている。むしろ近世の惣百姓一揆の形態と類似している。また西田中村の庄屋木太郎の「両組一緒ニ相成候而《て》者《は》六ケ敷《むつかしく》」という予想に反して、市川を挟んでの対抗意識の強い辻川組（神東郡）・山崎組（神西郡）とが結合している。

一揆の経路を、図3-3の「地図」によって見ると、一揆勢は辻川から生野・須加院・西光寺と三方に別れている。この三方に分岐した流れと、地図下の「開拓使寮帳面ヲヤクト云ヨシ」という「シ

図3－3　播但一揆の経路略図

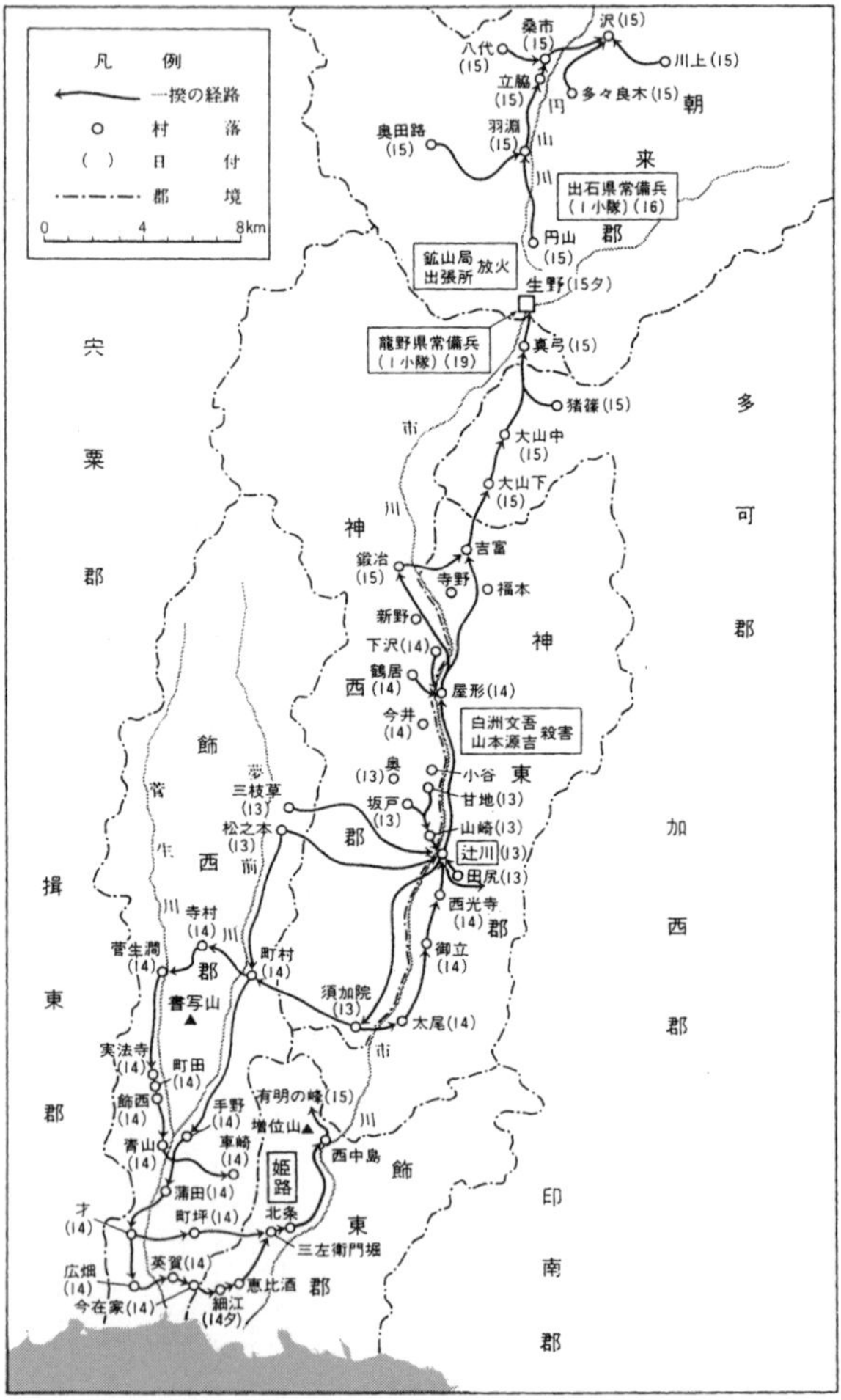

出所：上杉聰『部落を襲った一揆』（解放出版社・1993年）、県民のための人権の歴史編集委員会『兵庫の人権の歴史』（兵庫県教育委員会・兵庫県立教育研究所、1975年）、他より作成。

カマツ」から姫路に入ったグループは、別の流れであろう（宮津藩士の報告）。

最後に、一揆の発火点となった辻川村周辺の土地所有構成を表3－1に見る。村内の階層分化が最も進んでいる辻川村の場合、上位の高持ちである三木承太郎が六五石と、村内石高の半分以上を所持している。ちなみに三木承太郎の一八七五年の村内所有地は、田畑屋敷地を併せて五町三反である。

表3－1　幕末・明治初年の階層構成

村　名	田　原				八千種	福　崎			
地区名	加治谷	辻　川	井之口	田　尻	東大貫	被差別部　落	桜	長　野	西　谷
年　次	1853	1873	1858	1846	1861	1872	1865	1860	1839
石	戸								
50　～		1							
40　～　50					1				
30　～　40	1(1)			1(1)	1				
20　～　30					4				3
15　～　20					2				2
10　～　15		1		3(1)	2	4(2)	1	3(1)	4
5　～　10	8	1	1(1)	14(4)	12		11(1)	8	19(2)
3　～　5	6(6)	7(1)	4	9(3)	7	6(2)	5(1)	10(2)	17(1)
1　～　3	18(12)	6(2)	3(1)	26(6)	13(1)	17(2)	16(6)	21(9)	16(7)
0　～　1	16(12)	13(1)	35(6)	16(4)	23(1)	26(12)	35(17)	36(12)	22(12)
合　計	49(27)	29(4)	43(8)	69(19)	65(2)	53(18)	68(25)	78(24)	93(22)
総戸数		81				69			
無高率（%）		64.2				23.2			
5～15石層比率	38.6	14.5	24.2	40.3	27.0	44.9	58.1	47.2	40.3
15石以上層比率	21.8	53.1	0.0	24.3	58.0	0.0	0.0	0.0	24.3
入　作　率	47.4	5.9	38.0	7.6	0.4	35.2	18.6	21.3	7.64
村外入作率	29.4	0.0	0.0	7.3	0.0	32.6	13.7	10.7	7.31

出所：①「嘉永六丑午正月改　本田畑名寄帳　辻川組加治谷村」（区有文書）、「明治六癸酉年十一月　田畑名寄帳　神東郡第三小区辻川村」（三木家文書）、「安政五戊午年三月改　田畑名寄帳　神東郡井之口村」（区有文書）、「弘化三丙午年三月　田畑名寄帳　田尻村」（同）、「文久元酉年八月　上代田畑名寄帳東大貫村」（同）、明治五壬申歳八月　田畑名寄帳　馬田邑」（郡役所文書）、「慶応元年　田畑名寄帳　桜村」（同）、「慶応元甲丑年　本田新田反別名寄帳　長野」（同）、「天保十亥年正月改　西谷村上台名寄帳」（区有文書）。②総戸数の辻川村は、「明治八年　辻川村戸籍（仮題）」による。同被差別部落は、『福崎町史』による1874年の数字。

注：①（　）内は、1876年以前の村外の所有者。②「村外入作率」は、1889年の合併以後の「村外」。③無高率＝(合計－村外所有者)÷総戸数×100。

おける養子・婚姻圏

被差別部落									
他府県		他郡		同郡内		福崎村内		地区内	
人	%	人	%	人	%			人	%
		3	60.0					2	40.0
				2	50.0			2	50.0
1	14.3	1	14.3	2	28.6			3	42.8
1	16.7	2	33.3	1	16.7			2	33.3
		2	33.3	2	33.3			2	33.3
		4	50.0					4	50.0
1	12.5	2	25.0	4	50.0			1	12.5

表3－2　被差別部落の土地所有構成（1882年）

反	戸
40 ～ 50	1
30 ～ 40	
20 ～ 30	
15 ～ 20	2
10 ～ 15	1
5 ～ 10	8
3 ～ 5	4
1 ～ 3	16
0 ～ 1	26
合　計	58

出所：「明治拾五年　□□村地籍」（郡役所文書）。

また三木承太郎は、井之口村でも入作《いりさく》で六石五斗弱、村内の二四%の石高を所持している。加治谷村も、三木承太郎の分家である三木武八郎が入作で三六石弱、村内の二二%弱の石高を所持しており、田原周辺での三木一族の地主的土地所有の強さが偲ばれる。

地主的土地所有の発達が不十分な桜・長野村などの場合は、石高も一三〇石弱から一五三石弱であり、反別も一〇町から一二町弱と比較的に少ない山沿いの小村である。辻川村の場合でも一二二石余・一一町弱と小村であるが、同村は飾磨街道と生野街道との交差する宿場町であり、従って無高率も六四%余と被差別部落のA村より高い。被差別部落のA村は、一二五石弱・九町余と小さい村であるが、ここでも辻川村の金兵衛が一三石弱・八反余、西野々村の生田喜三郎が一

表3-3 福崎村に

年 次	一 般 村									
	他府県		他 郡		同郡内		福崎村内		地区内	
	人	%	人	%	人	%	人	%	人	%
1883	2	2.2	27	30.4	12	13.5	9	10.1	39	43.8
87	2	5.0	22	55.0	9	22.5			7	17.5
88	1	2.2	22	47.8	13	28.3	1	2.2	9	19.5
89			25	43.1	11	19.0	10	17.2	12	20.7
90	2	3.0	27	40.3	23	34.3	1	1.5	14	20.9
91			19	61.3	6	19.4	1	3.2	5	16.1
92	1	1.7	33	57.9	13	22.8	1	1.8	9	15.8

出所：「明治十六年　戸籍増減取調帳」、明治廿一～五年「加籍目録」（福崎町役場文書）。

○石余・八反弱の入作を行なっている。しかしA村の場合、表3-2に見られるように、一八八二年には一層の階層分化が進み、三反以下層が全戸数の七二%余となり、西野々村の生田喜三郎が四町余と全耕地の四四%以上を所有して、他村地主の支配が確立した。

また表3-3見ると、一般村で地区内（近世村）の養子・婚姻率が、一八八三年には四四%弱もあり、福崎村内を含めると五○%を越えていたのが、八七年以降では二○%前後に激減する。これに対して、被差別部落のA村は、一八九○年前後でも地区内の養子・婚姻は、三○～五○%前後であり、何より隣接する福崎村内の婚姻がゼロである。この福崎村内の他地区との婚姻が一切拒絶されているところにも、差別の具体的な様相が現れている。他府県や他郡・同郡内の婚姻と言っても、ほとんどは被差別部落との婚姻である。

第Ⅲ部　世紀転換期の地域社会

第4章　日清・日露戦争から一九二〇年代へ

1　初期議会下の福崎

大同団結運動

一八八三年（明治一六）の高田・群馬事件、翌八四年の加波山《かばさん》・秩父・飯田事件など、相次いで起こる激化事件のなかで自由党は解党し、改進党の自然消滅によって、政党活動は急速に影をうすめていった。その間に政府は、憲法制定事業をはじめ支配体制の確立を急いだ。

しかし、井上馨《かおる》外務大臣の条約改正交渉の失敗によって、ふたたび反政府運動がもりあがってきた。板垣退助が長文の意見書を天皇に奏上し、伊藤博文内閣の失政一〇カ条をあげて政府を弾劾したのである。板垣のこの宣言がひとたび流布されると、各地で反政府運動がもりあがり、代表者たちの上京運動が多くなって、八七年九月二日には、一七県の有志代表が天皇に意見書を提出しようとして宮内省におしかけた。また伊藤首相に面会を求めたりして、請願・建白運動は、八〇年頃を再現するかの様相を呈した。

八七年一〇月頃から「言論の自由・地租軽減・劣勢外交の挽回」を要求する「三大事件建白」運動が展開された。三府三五県の各代表が相次いで上京し元老院へ建白したが、このなかには兵庫県代表の安部誠五郎・島田邦二郎・高津雅雄・中西邦治・法貴発《ほうきはつ》など五名の名前があった。

三大事件建白運動が統一され、ひとつの組織体として運動が発展しようとした矢先に、伊藤内閣は保安条例を発布して、民権家は「一二月二七日を期し、東京から三里（一二キロ）以遠へ退去せよ」としたのである。請願・建白のために上京していた各県代表約六〇〇名が東京から追放された。

一八八八年（明治二一）一〇月、かねてから反政府民権派の大同結集を考えていた後藤象二郎《しょうじろう》は、大同団結を呼びかける東北遊説の後、全国有志大阪大会を開いて全国的な結集を計った。この大会には全国から三八五名の有志が参加したが、この時の西播代表として、赤穂の柴原政太郎が初めて顔をみせる。

しかし、後藤らが計画した民権派の大同団結も、それぞれの思惑があって一本にまとまらず、最終的には大同倶楽部《くらぶ》（後藤象二郎・河野広中・大江卓《たく》など）、大同協和会（大井憲太郎・新井章吾・内藤魯一《ろいち》など）に分かれてしまった。この両者を結合させる目的でつくった愛国公党（板垣退助・植木枝盛など）も、結局第三の分派になってしまった。

西播の大同団結運動

西播地域でも旧自由党・改進党の勢力は強く残っており、党勢の拡大のためもあって、大同団結運動の演説会が度々もたれた。まず一八八九年（明治二二）一月三〇日、姫路市坂元町万松座で開催された姫路青年会有志の政談演説会では、魚谷歓次が会主となり、一二〇〇から一三〇〇人の聴衆を集めている。集会では、善積順蔵が「大同団結とは何ぞや」という趣旨説明をし、次に栗原亮一が「地方の団結」という演説をして、善積が再び立って「政費節減論」を論じている。「演説中妙所〳〵に至れば喝采の声湧くが如し、孰《いず》れも感動の様子に見受けられた」という様子であった（『神戸又新日報』、以下同）。

また九月一五日、姫路市坂元町万松座で開かれた改進党系の政談演説会では、八〇〇人の聴衆を集め、大阪の砂川雄峻が「建設的の議論をせよ」と論じ、同前川槙造が「保守党を論ず」、同古屋宗作が「条約改正の困難」、兵庫県の丸岡寛三郎が「彼我の区別」という演説を行なった。ここで東京から来た弁士が登壇する予定であったが、汽車不通のため中止となり散会している。しかし、兵庫県出身の肥塚龍だけは、午後七時に到着して、西二階町養気楼での懇親会に参加している。

一一月一二日には、同じく万松座で大同団結派の演説会が開催されている。聴衆は五〇〇余名であるが、最初に山陽大同義会の松本源蔵が趣旨説明を行ない、大阪倶楽部の竹中鶴次郎が「地方人士に告ぐ」、東雲《しののめ》新聞社の江口三省が「新内閣に望む」、神戸又新日報社の村上定が「地方自治」、関西日報社の末広重恭が「我々の目的」、大阪月曜会の横田虎彦が「改進党の主領《（ママ）》」という題で演説した。「殊に村上、末広両氏の演説は、聴衆に感動を与へたる事非常なりしやに見受け」られた。演説会の終了後、姫路同志会・飾東郡同志会・山陽大同義会の共催で、弁士たちとの懇親会が開催されている。「出席会員は五十一名にて県会議員、市会議員、町村会議員及地方名望家有志等」が出席している。

翌一八九〇年（明治二三）一月一三日、姫路の井上楼で愛国懇親会が開催された。同懇親会では、当面憂慮することとして、議員選挙のこと、理論過剰の弊害に陥っていること、保守の気風が増長していること、貴族院に権力を占められること、主義を重んじるようにすること、責任内閣の制が行なわれ難いこと、などが論じられた。兵庫県同志会は石田貫之助を座長にして、愛国公党賛成に決したといわれる。この懇親会には、板垣・植木らも参加しており、来るべき第一回総選挙に向けての党基盤の確立に向けていたことがわかる（三宅雪嶺『同時代史』二、岩波書店、一九四九年）。続いて総選挙直前の六月、板垣・植木らは赤穂町での有志懇親会に参加している。

総選挙と第七選挙区

第一回総選挙での第七選挙区は、姫路市と飾東・飾西・神東・神西郡を中心とする選挙区で定員一名であった。ここでは姫路を地盤とする自由党系大同倶楽部の近藤薫と、改進党の内藤利八との一騎討ちであった。

近藤は、旧姫路藩の士族で、維新の時に藩士河合惣兵衛らと京に上り、尊皇攘夷運動とかかわり、長州の桂小五郎らとも交わったことがあるが、のちに幕吏に補縛されて入牢した元勤皇の志士である。維新後は、姫路県の民生奉行や兵制研究所の責任者などの要職を歴任し、県会議員・県会議長なども務めた。

近藤派の参謀は、姫路実業界の頭領神戸嘉平治の息子で、少壮気鋭の神戸松之輔を中心とするグループであった。神戸松之輔は、「明治二十年頃にはじめて自由党に身を投じ、その後山陽義会を組織して大いに政界に呼号せんとしたが、治安妨害を以て其筋より解散を命ぜられ、その年丁度帝国議会の開設となり、兵庫第七区に於ては候補者として改進党の内藤利八、自由党の近藤薫が陣頭に立って鎬《しのぎ》を削るや、氏は即ち自由党のために激烈なる運動を為し、壮心熱発して遂に三六名の拘引者を見るに至った時の一人である」（田住豊四郎『現代兵庫県人物史』）。また「近藤は姫路出身の士族で侍派といわれていた。だからかれの選挙運動員はすべて「紋つき羽織、はかま」で選挙運動をした。腰に刀をおびているものさえあった」（兵庫県教育委員会『郷土百人の先覚者』）という。

一方、内藤利八は、神東郡川辺村（現神崎郡市川町）出身の実業家で、一八八一年（明治一四）県会議員に当選すると、翌八二年三月に結成された大隈重信らの立憲改進党に、淡路出身の鹿島秀磨らと参加する。

「内藤の本家は大きい酒屋で、自分の家の小作米だけで三千石もあり、それをもとに酒やしょうゆをつくったといわれ、姫路地方随一の酒造家であった。しかし、利八の家は田畑一町五反余の百姓であり、けっしてじゅうぶんな選挙資金があるわけではなかった。だから選挙のための資金は親類や知人が集まってつくった掛金百円の「利八さん頼母子《たのもし》」（当時の人はこう呼んでいた）にたよらなければならなかった」のである。

実は「はじめ、候補者としては早くから自由民権運動に加わり、利八の寺子屋（長昌寺）の師匠でもあった岩崎兵三郎《へいざぶろう》が予定されていた。岩崎は当時自由民権の中心舞台であった大阪にもたびたび出かけ、新しい思想にも接した有能な人物であった。ところが明治十九年に三十歳の若さで突然病死したため、衆望にこたえられなかった。そこで地元ではかれの教えをうけ、その影響で政治家として育っていた利八こそ岩崎に代わって地元の期待にそうべき人物と考えた。明治十四年、県会議員に当選し、副議長までつとめた利八は、すでに政治家の風格をそなえていたのである。「利八さん頼母子」はみんなでかれを国会へ送ろう、そのためにはその選挙費用は自分たちで分担しようという地元の熱意と期待のあらわれであった」(『郷土百人の先覚者』)。

竹槍・流血の選挙戦

選挙戦は、「侍派」の近藤と、「農民の代表」内藤との一騎討ちとなったため激烈をきわめた。

その頃の選挙区は姫路、北条、福崎、前之庄(夢前《ゆめさき》)、山崎などであったが、田原村(いま福崎町)の「お関《せき》」で利八はよく選挙演説をした。利八の地盤は北条、福崎、前之庄などの山間農村地帯にあったので、みずから「農民の代表」というスローガンでたたかった。選挙戦も中盤以降になるとしだいに激しくなり、相手候補の選挙妨害は言語を絶するほどひどいものであった。

……

利八が「お関」で福崎地方の有権者を集めて演説をしているとき、大同派の壮士が大きな声をはりあげ、抜刀して襲いかかってきた。すでにこのことを予期していた利八派の運動員は竹やりで応戦した。静かな山村はまるで幕末維新期の騒乱を思わせるものがあった。この両派の衝突で利八は危険を避けるため、かれを支持する農家にかくれ、便所で一時間以上も難を避けねばならなかった。……

姫路を地盤にした侍派の近藤はその支持層の厚みにおいて不利であったこともあり、終盤は村民をそのかかし、むしろ旗を立てて利八の家へ押しかけることもあった。利八は二階にかくれ、いちじの難を避けたが、ついには内藤本家の主人が刀をつきつけられておどかされるという事件がおきた。……

いつどこから利八の身に危険が迫るかわからなかったので、一族のものは神崎郡の奥地、寺前の知人井上邸（いま大河内町助役井上鉄郎氏宅）にいちじ難を避けさせた。それでもあぶないとみた利八は、さらに多可郡松井庄村（いま加美《かみ》町）に姿をくらます一幕もあった。前之庄では選挙戦中いちばん大きな衝突があり、相当数のけが人がでたといわれる。（『郷土百人の先覚者』）

まさに命がけの選挙であったが、なかでも後世に最も大きな影響をあたえたのが、次の「辻川事件」である。

「辻川事件」

「辻川事件」について、当時の『神戸又新日報』は次のように報じている。

〔一八九〇年〕五月二十八日午後、神東郡田原村にて改進党員が演説会を催せしが、弁士青田節氏が租税十五円以下を納むる選挙権なきものは国家の油虫なりと罵るや否、村民は申合せし如く一度にドヤ〳〵立ち去りしが、午后七時頃に至りて村民幾百名ともなく竹槍その他手ん手（ママ）に獲物を携へて弁士の宿所なる枡屋に押寄せ、青田を殺せ青田を出せと口々に呼はりたる、その勢当り得べくもあらざるを以て、……警察署より急報に接して二十名ばかりの巡査が出張したれども容易に静まるべう（ママ）もなく、遂に弁士某々を引き出し思ひの侭に乱撃して立ち去りし後は、今尚ほ談判中なるが何にしても凄まじき騒ぎなりしと。

続報によると、改進党の弁士は、「小川安積・内藤謙次郎・岡本松太郎・藤本当太郎・青田節・佐野春五」の六名であり、最初、「七、八十名の村民が」、「青田を出せ小川を出せ」と枡屋に押しかけた時、愛国公党系の「姫路山陽義会員が七、八名人力車にて駆け附け一同を鎮め、自から代って談判を」したが、青田は不在で、小川は来客中として出てこなかったため、仲裁に失敗したという。

その後、「午后十一時頃村民七、八百名が竹槍その他獲ものを携え哄《とき》を作って寄せ来り、警官の鎮撫も聞かばこそ犇々と攻め掛けて一歩も退く気色なし」といった、一揆の様相を呈してきた。結局、弁士たちは逃げ出し、後に残ったのは会主の牛尾彦十郎と佐野だけになった。「寄手は牛尾を出せ牛尾を殺せ」と叫ぶが、ここでも義会員が間に入り、「(第一)青田氏を二日以内に宿所に伴ひ来る事、(第二)以後政党上の事に関係し運動せざる事、(第三)県会議員を辞する事」を要求し、牛尾にこの要求をのませている。山陽義会員は、牛尾に「謝罪状」を書かすだけではなく、青田節の父幸七からも「誓書」を取っている。

この事件では、山陽義会員の執拗な追及と、牛尾を議員辞職にまで追込む必要があったのか、という点が気にかかる。

「辻川事件」の経過

この「辻川事件」は、はるかに深い根をもっており、事件の「裁判言渡書」が、その一端をうかがわせている。事件の首謀者は、加古郡高砂町出身の浦上格という二四歳の青年である。浦上は、姫路市西二階町の愛国公党系政治結社山陽義会の客員であったが、「辻川事件」の当日二八日昼にも、反対派の新聞『神戸新聞』の発行人、神西郡中寺村溝口の大野惣吉が、姫路市西呉服町の播陽倶楽部から田原村の政談演説会に行こうとしているのを仲間五人と襲撃し、関係ない人間にまで傷を負わせている。

その後、田原村西田原の黒住教会で、牛尾彦十郎が会主となっている改進党の演説会に乗り込んでいる。「言渡書」では、弁士は「磯部安積、佐野春五、岡本松太郎、名倉次、青田節等」となっている。史料の性格から見ても、こちらの方が正しいと考えられる。しかも、事件の発端は次のように書かれている。

該演説場には聴衆凡百五、六十名、場外には二、三百名も群衆せしか、場外に在る多衆の者は其演説を妨害せんと頻りに喧噪せし折から、午後四時頃に至り青田の演説中、演説を妨害する者は大根に於ける油虫の如し云云と演へ来るや、此時忽ち場外は一層の喧噪を増加し、誰なるや其人は詳かならさるも大声にて、青田は我々を油虫なり又は油虫と謂ひたるぞと叫はりつゝ、演説場内へ砂礫を投げ込みて、其喧噪者は自由万歳と大書したる紙幟を立て、相連れて県道の方へ趣きたるとき、浦上格等と同主義なる被告人畑若次郎の同国神東郡御立村より来れるに行き逢ひ、衆皆自由万歳と称したり

青田が演説で言ったのは、「租税十五円以下を納むる選挙権なきものは国家の油虫なりと罵」ったのではなく、演説の妨害者に「演説を妨害する者は大根に於ける油虫の如し」と言ったことになっている。また、明らかに喧噪者＝妨害者が組織されており、青田追及と同時に「自由万歳と大書したる紙幟」が立ったというのである。計画的な演説妨害であったことは間違いない。

また浦上たちが、改進党の弁士たちが宿泊する「西田原村旅人宿枡屋事松岡友吉方」に向かうと、「前刻喧噪したる多衆の者は忽《たちま》ち群衆し来り、姫路より大同派か来たぞ、自由万歳と連呼し、枡屋の店前に充満せり」という状態になった。浦上らが、「仕込杖《しこみづえ》」を携えて枡屋に入っていくと、枡屋の主人は逃げ出したが、浦上は第一番客室にいた「小川事磯部安積」に詰め寄った。ここで浦上は磯部に、「前日溝口村にて演説中、我板垣伯を失敗伯なり、国賊なりと我党を誹謗せしは何故ぞ」と詰問している。

ここで浦上に同行していた木内英雄らが室内で乱暴するが、出張警察官の説得で、一度は退散する。そこで浦上らは、

枡屋に接近する鈴木宇一方の前、又は黒住教会所の前に酒の四斗樽を開き、多衆喧噪者へ向ひ、

今日青田の為たる演説に不満の者あらは我輩之を引受けん、今夜は此の酒を自由に飲み退散せよと云たる節、誰なるや詳ならす、今の演説は裏を聞けと号はる者あり、暫らくして多衆喧噪者の人数六、七百人にも及び、更らに騒立、牛尾を殺せ、青田を出せと口々に号はりつゝ、瓦石の類を枡屋方へ投込たり。

となる。浦上らの思惑を超えて、演説会での扇動に不審をもった民衆は、蜂起してしまったのである。しかし、この蜂起を利用して、浦上たちは逃げ遅れた牛尾彦十郎をつかまえ、「自今政治党派には一切関係せす、且つ明日限り県会議員を辞任する」という文書と、黒住教会での「弁士演説中、自由党主義者へ対し不敬の言語を発したるは、彦十郎か不注意」という謝罪文を取っている。

これが「言渡書」に書かれている、「辻川事件」の経過である。かなり新聞報道とは、異なった記述が目につく。なお同書によると、南田原の松本三之助（二一歳）・同中村留太郎（二〇歳）・同奥平万平（四九歳）・同上内文次郎（三五歳）・同内藤由太郎（四一歳）、西田原の志水鶴蔵（三七歳）・尾藤茂吉（二五歳）、東田原の赤松力蔵（三四歳）、福崎新村の山本兼吉（二五歳）らが、それぞれ一カ月余の重禁固と三円ほどの罰金に処されている。夜の枡屋襲撃に参加した人々であろう。

「辻川事件」の結末

事件の中心になった浦上格ら一〇名にも、重禁固二、三カ月、罰金一〇円以下の判決が下されるが、それ以上に大きい問題は、山陽義会がこの事件を契機に、解散させられたことである。兵庫県の林董《ただす》知事は、一八九〇年（明治二三）六月六日付で、次のような布達を出している（『神戸又新日報』）。

別第三百八十一号

山陽義会

其会は治安に妨害ありと認め、集会条例第十八条に依り、其結社を禁止する旨、内務大臣より達したるに付、此旨相達ス。

この「辻川事件」が、山陽義会の解散の原因となったのである。山陽義会は、一八八九年「四月、姫路市会議員撰挙に際し、元姫路青年会の大同主義を取る人々が排撃党を助けて維持党と競争をなし、遂に大勝利を占めしより、始めて世に知られもの」である。同年六月、大井憲太郎を招いて政談演説会を開き、姫路青年会の解体後は播磨倶楽部に参加して活動していた。しかし、条約改正運動が激化してくると、一〇月から山陽大同義会と名乗って運動を開始し、翌九〇年一月、先述した板垣退助を迎えた兵庫県同志懇親会に参加して、愛国派に加盟し山陽義会と改称した。

しかし、その暴力的体質は根深く、八九年一一月、政談演説会を開いた時にも、「演説を批評したる蟻川来氏を殴打し、某新聞通信者が為せる通信事項に付き脅迫し決闘を申込み、又た伊藤伊太郎氏をも殴打し」ている。とりわけ「改進党に反対して寧ろ破壊的の手段を執り、初め（九〇年）三月九日国分寺に催ほせる改進党員の懇親会を抜刀にて散ぜしめ、同二十五日増位山に開きたる改進党の談話会を壊はし、一日〳〵と激烈なる運動をなしたる結局が、例の揖（神）東郡西田原村の事件とはなりたるものなり」と言われている。

この報道で、事件に至るまでの経過は、ほぼ正確に報じていると思うが、なぜ逃げ遅れたとはいえ牛尾彦十郎が、あそこまで徹底して追及されたのか、という疑問が残る。それを解いてくれると思われるのは、『飾磨乃友』第六号の次の記事である。

（九〇年）五月四日、神東郡田原村に於て有志者の懇親会あり、当日は非常の降雨にも係はらす来会者百余名、席上牛尾彦十郎・井上藤平氏等の演説あり、時節柄とて第七撰挙区衆議院議員候補者の予撰を為したるに、満場一結内藤利八氏（兵庫県会副議長）を撰挙し、使を馳せて同氏を席場に招す。

二八日の演説会直前の懇親会で予選が行なわれ、改進党の内藤利八が選ばれており、その中心が牛尾彦十郎であった。牛尾が、あそこまで執拗に大同派の若手に狙われたのは、この予選会の問題もあったのではないだろうか。いずれにしても、兵庫県はこの事件を契機に、県下最大の愛国公党系の青年結社山陽義会を解散させることができたのである。

衆議院選挙の結果

一八九〇年（明治二三）年七月、いよいよわが国最初の衆議院総選挙が実施された。この当時の民権派の党派は、自由党系大同倶楽部・大同協和会・愛国公党、それに旧改進党系の四党派に分かれて

表4-1　兵庫県における1890年（明治23）の選挙区と有権者

選挙区	定員	市郡別	有権者（選挙人）				選挙区	定員	市郡別	有権者（選挙人）			
			士族	平民	小計	計				士族	平民	小計	計
第1区	1	神戸市	21	421	442	442	第7区		神戸・西郡	6	873	879	
第2区	1	武庫郡	2	488	490	3,292			姫路市	11	118	129	
		莵腹郡		338	338		第8区	2	揖東郡	10	1,227	1,237	3,113
		川辺郡	7	1,398	1,405				揖西郡	6	628	634	
		有馬郡	3	1,056	1,059				赤穂郡	8	572	580	
第3区	1	多紀郡	21	911	932	1,807			左用郡	14	296	310	
		氷上郡	4	871	875				宍粟郡	12	340	352	
第4区	1	八部郡		333	333	2,635	第9区	2	城崎郡	4	235	239	1,605
		明石郡	51	1,293	1,344				美含郡		73	73	
		美嚢郡	1	957	958				出石郡	4	238	242	
第5区	1	加古郡	5	991	996	1,828			気多郡		255	255	
		印南郡	2	830	832				七美・二方郡	5	237	242	
第6区	1	加東郡	11	1,329	1,340	2,783			養父・朝来郡	3	551	554	
		多可郡	3	538	541		第10区	1	津名郡	100	1,225	1,325	2,176
		加西郡		902	902				三原郡	27	824	851	
第7区	1	飾東郡	55	730	785	2,618	計	12		404	21,895		22,299
		飾西郡	8	817	825								

出所：草山巌『兵庫警察の誕生』（1984年）より。

いた。大同協和会は選挙前に立憲自由党になっていたが、後藤象二郎の入閣によって、いずれにせよ大同団結のならないままの選挙戦であった。

当時の選挙権は直接国税である地租・所得税を一五円以上納めている二五歳以上の男子であった（被選挙権は三〇歳以上の男子）。全国を二五七の選挙区に分け、一区から一人ないし二人を選ぶ、ほぼ小選挙区制であった。

兵庫権の場合は、表4-1に見られるように、一〇選挙区で議員定員は一二人であった。このうち第八区の西播と第九区の但馬とが二人区で、あとはすべて一人区であった。そして、これは兵庫県の人口一五六万人に対して二万二〇〇〇人余で、県民一〇〇〇人に対して一四人（一・四％）の割合であった。

ともあれ文字どおりの激烈な選挙戦の結果、投票率は九四・七％と高率であった。兵庫県下では、自由党系が石田貫之助（四〇歳・明美）、法貴発（四六歳・丹波）、高瀬藤次郎（五二歳・北播）、改野耕三（三三歳・西播）、柴原政太郎（三八歳・西播）、佐野助作（四六歳・淡路）の六人であった。改進党系が鹿島秀麿（三七歳・神戸）、魚住逸治（三三歳・東播）、内藤利八（三四歳・姫路）、佐藤文兵衛（四五歳・但馬）、青木匡（三三歳・但馬）の五人であった。そのほかに一人、無所属の堀善証（三六歳・阪神）がいた。

内藤利八は、票数の多い郡部で「農民の代表」として票を集め、「侍派」の近藤薫を破った。三四歳の若さで当選した内藤は、以後、一九〇八年（明治四一）まで前後五回当選した。この間、播但鉄道の施設、飾磨銀行・播磨紡績・姫路水力電気の創設と事業開始に経営者として努力し、播州重工業地帯の基盤づくりに貢献した。姫路・神崎などの水力発電開発にも努力を払い、一九二一年（大正一〇）、六六歳で逝去した。

一八八九年（明治二二）二月一一日、「大日本帝国憲法」が発布されたが、一八九〇年初頭、国会開設を目前にひかえた民権各派の運動としては、西播の場合、姫路市を中心とした愛国公党の青年が結成した山陽義会と、同じく愛国公党系で姫路市白銀町にできた播磨倶楽部、改進党系の同市西呉服町の播陽倶楽部などがある。

2　日清・日露戦争

日清戦争への道

初期議会での政府の軍備拡張路線に対して、「民党」は政費節減・民力休養で対抗したが、一八九四年（明治二七）八月一日の清国に対する宣戦布告によって、「民党」最後の抵抗も挫折した。

政府は、議会内での「民党」の抵抗を無視して、着々と戦争への準備を進めていた。一八八二年（明治一五）には軍人勅諭を下し、八四年からは三カ年計画で軍備拡張を計った。それまでの六鎮台、歩兵一四箇連隊を二四箇連隊とし、さらに軍隊制度をフランス式からドイツ式に変えた。八八年には国内防衛的な鎮台《ちんだい》制度を、海外出兵可能な師団制度に編成替えし、師団は独立して作戦を立てられる戦略単位とされ、歩兵四箇連隊と砲兵一連隊、騎兵・工兵・輜重《しちょう》兵各一大隊から構成された。輜重兵とは、師団の食料などを輸送する兵隊であった。大阪鎮台は第四師団となり、播磨地域は岡山県の一部とともに、第四師団の第一〇歩兵連隊の兵事行政区（徴集区）となった。

一八八九年（明治二二）一月二二日に、徴兵令が改正されて、徴兵猶予の制度が廃止され、真の国民皆兵制が実施されることになった。徴兵検査は、身体・学力・技能などで、甲・乙・丙種（以上、合格）、丁種（不合格）、戊《ぼ》種（翌年再検査）の五段階に区別された。丙種は国民兵役に、甲・乙は抽選で各兵役に採用された。兵役の種類は、常備兵・後備兵・補充兵・国民兵の四役に分けられた。常備兵は、兵役三カ年に服し、その後は在郷軍人として予備役四年四カ月を務めなければならなかった。後備兵は、兵役終了後五カ年間、戦時の後備部隊要員とされ、補充兵役は欠員補充や戦時補充の要員で七年四カ月の服役義務をもった。そして、これらの兵役を終えた後も、満四〇歳まで国民兵役を持ったのである。

日清戦争の開始

一八九四年（明治二七）五月初め、朝鮮で「東学党《とうがくとう》の乱」（「甲午農民戦争《こうごのうみんせんそう》」とも言われている）という農民蜂起が勃発した。六月二日、在朝日本公使館より、朝鮮政府が農民鎮圧のため清国軍隊の出兵を求めたという電報が届いた。これを機に日本政府は朝鮮への出兵を決定し、九日、大鳥圭介公使とともに第一陣が仁川《インチョン》に到着したが、この時すでに内乱は鎮静していた。その結果、日本軍は出兵の理由を欠いたまま漢城《ハンソン》（現在のソウル）周辺で、清軍と対峙《たいじ》した。

大鳥は清国代表と撤兵交渉を進めるとともに、日本政府にこれ以上の派兵不可を進言した。しかし、日本政府は、一五日、派遣軍の留兵を大鳥に命じるとともに、留兵のまま日清両国が共同で朝鮮の内政改革にあたるという、清国にとっては受入れ難い方針を決定し、これを清国に提議した。そして清国の拒否を受けると、二三日に日本は単独で朝鮮の内政改革にあたるという、第一次絶交書を清国に送り、開戦への道を決定的に歩み出した。

七月二三日、日本軍は朝鮮王宮を制圧し、二五日には豊島沖の海戦で日清両軍の軍事衝突がはじまり、八月一日に宣戦布告が公布されて、日清戦争が勃発した。福崎村の高橋地区では、開戦直前の六月二九日、「陸軍演習ニ付」として、宿舎・人夫料他として、一〇円六〇銭五厘が徴収されている。

九月一五日、大本営は広島に移り、一六日は平壌《ピョンヤン》を攻略し、一七日には黄海海戦に勝利して、連戦連勝の報で国民を興奮させた。軍資金を補う軍事公債が九月一〇日、第一回三〇〇〇万円を目標に募集され、たちまち目標の二倍を超える七七〇〇万円余が集められた。兵庫県内でも二〇〇万円近く集められた。

戦争の結果と第一〇師団

一八九五年(明治二八)三月、下関で講話会議がはじまり、日清講話条約が調印された。五月からは帰還する凱旋兵士を迎えて、各村で祝賀会が幾度ももたれた。しかし、戦争はまだ続いており、講話条約で植民地とされた台湾では、これを認めず台湾民主国を主張する現地住民と、日本軍との戦いが一年もくり返された。

この台湾征服戦争を含めて日清戦争での全国の戦病死者は一万二六〇〇余名だが、そのうち病死者は一万九〇〇余名で約八七%を占めた。台湾戦では、犠牲者二三四五名のうち病死者は二〇九三名(八九%)であった。

戦争はまた戦後増税を招き、人々の生活を苦しめた。政府は次にロシアとの対決を恐れて軍備拡張に乗り出して、国税は一九〇〇年(明治三三)には戦前の二倍を超え、地方税も三倍近くになっていった。軍備拡張は、一八九六年、従来の六師団が一二師団と倍増し、これに近衛師団が加えられた。そして九八年一一月、姫路に第一〇師団司令部が設けられ、歩兵に第二〇(福知山連隊区)・第三九

（神戸連隊区）・第四〇連隊（鳥取連隊区）と、そして当地も含んだ第一〇歩兵連隊（姫路連隊区）の四個連隊が編制された。姫路は「軍都」となり、大演習では福崎が「戦場」とされることもあった。

在郷軍人会と陸軍特別演習

一九〇〇年（明治三三）一月二日、田原村に神崎郡田原村在郷軍人会が組織された。「目的」は、次の通りである。

本会は田原村在郷陸海軍人及一般人民にして、国民兵籍に在る者共同の利益を進め、軍事日新の智識を拡め、同心協力益々精神を強固にし、士気を振興し、国家有事の日に当り、其本分を尽すに於て、毫も遺憾なからしめ、且つ村内有為青年の心身を訓練し、以て後進軍人を誘掖教導するを目的とす。

本部は西田原に置かれ、会長一名・副会長二名・幹事三名・委員一一名であった。委員の一一名は各地区の代表である。通常総会は、毎年一回秋季に行われ、臨時会は会長が随意に召集することになっていた。

一九〇三年（明治三六）一一月、天皇統監のもとで行なわれた陸軍特別大演習は、播州平野でくりひろげられた。この時、福崎村の高橋では、「軍隊宿泊家屋略取調帳」が作られ、各家屋の総室数・総畳数、宿泊に充当すべき室数・畳数が書き上げられている。これは宿泊予定地の全村で行なわれたものと思われる。
すでにこの年の春から満州・朝鮮をめぐるロシアとの対立から対露強硬派の動きが活発になった。八月には対露同志会が結成されて、新聞論調も開戦熱を高めた。非戦論を唱えていた『万朝報《よろずちょうほう》』も、幸徳秋水・堺利彦・内村鑑三らが去って主戦論に転換し、一一月に創刊した『週間平民新聞』だけが非戦論を主張するなかで、世論は開戦の方向に動員されていった。政府内でも山県有朋・桂太郎らの日英同盟派と、伊藤博文・井上馨らの日露協商派との対立があったが、一九〇二年、日英同盟が結ばれて、日露開戦の方向に傾いていった。

日露戦争の勃発

一九〇四年（明治三七）二月八日、日本海軍は旅順港外に停泊していたロシア艦隊に攻撃をしかけ、陸軍は仁川に上陸した。一〇日、宣戦布告が発せられた。

姫路第一〇師団に動員令が下ったのは、四月一六日であった。五月七日、師団長川上景明以下第一〇師団将兵は姫路を出て、九日、韓崎丸ほか十数艘の輸送船に乗船して神戸港を出発した。そして第三艦隊護衛のもと一九日、「南満州」太洋河口の大孤山《タークシャン》に上陸した。当時の第一〇師団の編制は、歩兵四個連隊と騎兵第一〇連隊（姫路）、野戦砲兵第一〇連隊（同）、工兵第一〇大隊（福知山）、輜重兵第一〇大隊（姫路）であった。

大孤山に上陸した姫路第一〇師団は、はじめ独立師団として軍隊編制には所属しなかったが、遼陽攻略を前にして、六月三〇日、岫巌《シュウィェン》で第五師団と合流し、第四軍に編入された。第四軍は第一〇師団と広島第五師団が主力であった。遼陽会戦は、ロシア軍二二万五〇〇〇、日本軍一三万五〇〇〇の激突となったが、この戦闘で日本軍は二万三〇〇〇人の死傷者を出した。もちろん姫路師団の将兵も多数の死傷者を出し、続々と内地留守部隊から送られてくる後備兵・補充兵を投入して、戦死者の穴を埋めた。

次いで一〇月中旬の一週間におよぶ沙河《サカ》の会戦、さらに一二月から翌〇五年の一月にかけての旅順陥落、日本陸軍総力をあげての最後の決戦になった二月下旬から三月上旬にわたる奉天会戦に加わった。

奉天でのロシア軍の総兵力約三二万、日本軍約二五万であった。両軍あわせて五七万、文字通りの一大決戦となった。日本軍は三月一日から総攻撃を開始し、昼夜の別なく死闘をくりひろげること七日間、三月八日にはロシア軍も後退して、一〇日には大山巌満州軍総司令官らが奉天に入城した。この奉天会戦で日本軍は約七万人の死傷者を出した。特に歩兵の損傷はひどく、姫路第一〇師団の歩兵第一〇連隊では、この奉天会戦で、はじめ二八〇〇名いた兵士がわずか八〇〇名しか残らなかった。

表4－2　歩兵10連隊の会戦別戦死傷者

会戦場所	戦死者	戦傷者	計
	人	人	人
岫　　巌	7	33	40
折 木 城	55	143	198
遼　　陽	277	661	938
沙　　河	28	151	179
奉　　天	763	1,197	1,960
合　　計	1,130	2,185	3,315

出所：小野寺実『歩兵第十連隊史』および安藤礼二郎『西播民運動史』（1983年）より作成。

戦争の犠牲

この日露戦争に参戦した陸軍兵士は、野戦師団一四、後備師団二、後備歩兵旅団一〇で、臨時特別部隊をあわせると、海を

表4－3　歩兵10連隊の市郡部別死傷者（1905年12月）

出身別	現存者（帰還）	事故者				事故者計
		戦　死	戦　傷	平病死	行方不明	
姫　路　市	人 47	人 26	人 35	人 31	人 5	人 97
飾　磨　郡	255	124	175	71	13	383
神　崎　郡	199	68	99	35	12	214
揖　保　郡	280	126	182	84	16	408
赤　穂　郡	188	77	102	44	5	228
左　用　郡	102	41	58	27	7	133
宍　粟　郡	153	55	98	45	6	204
印　南　郡	161	64	107	50	8	229
加東・加西	190	63	101	48	11	223
小　　計	1,575	644	957	435	83	2,119
備前・美作	1,129	407	604	315	52	1,378
そ　の　他	576	79	69	40	15	203
合　　計	3,280	1,130	1,630	790	150	3,700

出所：小野寺実『明治37・8年戦没歩兵第十連隊・金蘭簿』および、安藤礼二郎『西播民衆運動史』（1983年）より作成。

渡った者は約一〇〇万人に達した。損害は、死亡および戦場によって服役免除となった「廃兵」をあわせて約一一万八〇〇〇人、その他約二〇〇〇人、計一二万人におよんだ。軍馬の損失三万八〇〇〇頭、陸軍軍事費一二億八〇〇〇万円、海軍を含めて全軍事費は約一五億二〇〇〇万円であった（生田惇『日本陸軍史』）。

『歩兵第十連隊史』によると、日露戦争中の各会戦における同連隊の戦死者・戦傷者の数は表4－2の通りである。やはり奉天会戦が圧倒的であり、それに遼陽会戦が続いている。この二つの地域での激戦が偲ばれる。神崎郡でも出征軍人は一六五〇余人、戦病死者は一四四人、「廃兵」は三四人であった。

また、歩兵一〇連隊に入隊していた兵士の徴兵区域は、表4－3のようになる。その主力は西播地域と、岡山県の備前・美作地域であった。表中「現存者」が、連隊編制時の二八〇〇名より多いのは、戦傷・病者中治癒して原隊に復帰した者がいるからである。戦死者は、はっきり戦死と確認された者、戦傷者はその当時、戦傷を受けて入院中の者および「廃兵」となって日本へ送還された者である。病（死）者は、戦争中病気になり、現在入院中の者、または再起の望みなく送還された者の数を含んでいる。戦争中の病気は、脚気・腸チフス・赤痢・胸膜炎・結核などが多かった。また、「行方不明者」の一五〇名は、捕虜または逃亡・自殺者の数である。

講和条約と民衆

一九〇五年（明治三八）八月二九日、アメリカのポーツマスでウィルソン大統領の仲介のもとに日露講和条約が調印された。しかし、この講和条約の見返りの少なさに、新聞もまた「満州の野に白骨となりし者に何を以って報いんとするか」（『神戸又新日報』）と批判した。

九月三日の大阪を皮切りに、五日東京、六日京都、八日神戸、一一日大阪、一二日横浜、二一日名古屋などで、「講和条約」反対の大衆集会が開かれた。東京では「日比谷焼打事件」という大暴動になり、国民新聞社・交番・電車などの焼打ちに発展して、軍隊が出動して戒厳令が出された。神戸でも、七日、湊川《みなとがわ》神社前の大黒座で「非講和主義大演説会」がもたれ、散会後、群衆の一部が湊川神社拝殿にあった伊藤博文の銅像を引き倒し、銅像の首に縄をかけてひきずり回した。途中、警察の派出所を襲って打ちこわし、翌日もまたさわいだので一七三名の逮捕者を出した。

一方、第一〇師団の地元姫路では、「条約はすこぶる失望と憤慨とをもって迎えられた。全市においては一戸も祝意を表する国旗等を掲出するものもなく」と、失望の様子が書かれている。姫路でも八月九日、矢内正夫・神戸松之輔らの主催で、市内十二カ所の神社境内で市民大会が開かれた。また衆議院議員田寺敬信や県会議員の発起で、薬師山頂で飾磨郡非講和同志大会が開かれ、百数十人が参加したが、いずれも暴動化することはなかった。

そして、日露戦後も相変わらず軍隊からの脱走や徴兵忌避は増加した。「きびしい軍律と働き手を失った家族のことを思って、兵舎を逃亡したり自殺（多くは轢《れき》死と縊《い》死）する者もあった。（明治三九年中陸軍の自殺者八〇名のうち、姫路第一〇師団管下が一二名を数えて最も多かった。徴兵忌避についても年々増加し、四二年暮から翌年一月にかけて、神戸憲兵分隊がその検挙にのりだしたところ、神戸市内で数百名を越え、二月現在告発によって違反者の確定しただけでも七七名であった」（『兵庫百年史』）という散々な状態であった。

3　地域社会の変貌

工業化と地域

福崎周辺における工業化がはじまる頃の地域の変貌については、仁豊野《にぶの》出身の哲学者和辻哲郎が、次のように語っている（『自叙伝の試み』中央公論社、一九六一年）。

わたくしは明治二十八年の春に小学校へ上ったのであるから、この引っ越し、つまりわたくしの村での紺屋の没落は、明治二十七年、或はそれよりも少し前のことであったかも知れぬ。紺屋がなくなったからと言って、すぐに紺屋を必要としたようないろいろな活動が村から消えて行ったというわけではない。紺屋は他の村にもあったであろうし、特に一里向うの姫路の町には遅くまでも存在し続けていた。しかしこの紺屋の没落がやがて来るべき手織木綿の没落、紡績工業の繁栄を予示していたことは疑がない。

わたくしの記憶のうちには、わたくしの母親たちが糸を紡ぎ、その糸を染めさせ、或は自ら染め、染めた糸をいろいろに組み合わせて巻き、それを機《はた》にかけて、紺がすりとかいろいろの縞物とかを織り上げていたことが、はっきり残っている。

和辻は、「養蚕や生糸を取る仕事も、わたくしの記憶では、糸車や機と一緒に影をかくして行ったように思う」、そして、「衣食住のうちの衣に関係する仕事を、大体村の女たちの手で弁じていた、という時代は、大体日清戦争の頃に終ったのであろう」と語っている（同右）。日清戦争を契機として、村の生活が変わっていく様子が描かれている。

播但鉄道の敷設

その日清戦争の終わる年、一八九五年（明治二八）、播但鉄道（姫路－生野間、四九・二キロ）全線が開通した。それより先に、九二年に姫路－寺前間が開通していた。『郷土百人の先覚者』の「内藤利八」の項では、次のような興味深い記述がなされている。

姫路－寺前間をはじめて汽車が通る当日、寺前駅の周辺は朝早くからむしろをしいてはじめてみる汽車を待ちかまえる人でいっぱいになった。それから三年たって、ようやく（内藤）利八の念願であった生野までの難工事をやりとげ全線開通となったのである。生野駅頭で盛大な開通式が行なわれた。来賓は百五十人を数え、姫路からきた音楽隊と芸者がにぎやかに開通を祝い、生野の町はお祭りのような騒ぎであった。利八は建設の立役者でありながらまったく別の感慨をもってこの式典を迎えた。鉄道の敷設は日本の近代化のためにはなくてはならないものであり、最も大事な投資と考えた。播但鉄道が播州、但馬の開発と発展には欠かせないもの、人びとには必ず喜んでもらえるものと考えていた。つづいて山陽、山陰との連絡鉄道にすればどれだけ大きい恩恵があるかわからないとも考えた。当時官有であった生野鉱山の鉱石も鉄道を利用すればどんなに安く早く運ぶことができるか。とすればこの鉱石は最初の大きい顧客になろう。利八は夢に夢を重ねながら播但鉄道を計画した。

農民の反対運動

しかし、現実は利八の夢を打ち砕いている。鉄道の敷設は、地元農民の徹底した反対運動に直面している。

　ところが、いざ用地買収という段になってかれの予想しない事態がおこった。かれの信頼する農民の猛烈な反対運動に出くわしたことである。利八は人家の多い市川の東岸ぞいに鉄道を敷くほうが便利だし、有効だと考えた。しかし農民はまったく別なことを考えていた。鉄道ができればこのさきどんなよいことが生まれてくるか、そんなさきのことを夢みる余裕は当時の農民にはなかった。さきのことより現在の苦しみを抜けだすことで精いっぱいであった。「先祖から受け継いできた田畑は売れない」。百姓にとって田畑を失うことは生命を失うのと同じなのだ。その瞬間に感じた農民の気持にはなんのうそもなかった。汽車が通れば「五平太《ごへいた》（石炭）の煙で稲がでけん」「大きい音がするので赤子《あかご》がおきる」「汽車の火の粉で火事になる」など農民の反対は根強かった。ついには、竹やりまで持って利八の家に押しかけてきた。農民が鉄道に反対した理由はもちろんそれだけではなかった。当時、神崎郡の農民は生野鉱山の鉱石を生野から粟賀《あわが》まで運ぶ――粟賀から舟を利用――人夫として働いていた。人夫に雇われることはひじょうに大きな特権でもあった。なぜなら貧しい農民にとって人夫となり、現金収入が得られることは大きい救いであったからだ。また江戸初期から市川《いちかわ》の河川交通は播州経済の動脈でもあった。米、材木、炭、鉱石の運搬はみな市川の舟運を利用したことは幾つかの史実が示している。この舟運に従事した人夫の大半は市川ぞいの小作農の人たちであった。もし鉄道がつけばそれらの収入はみな失われる。土地のない農民には直接生活の路がふさがれることになる。農民の反対が強かった理由のひとつがここにもあった。利八がこのことをどの程度理解していたかはわからない。とにかくこうした農民の反対で市川の東側を通すという計画は変更しなければならなかった。線路は市川の西岸に押しやられ、部落から駅へいくには川を渡し船で渡らねばならないことになった。

線路は人家の少ない西側を通るようになったが、この鉄道の敷設は、市川の舟運を衰退させ、川に頼って生きてきた人びとの生活を、大きく変えることにもなった。内藤たち地主たちの地域の近代化というのも、そう一筋縄で進んだわけではない。青木栄一は、『鉄道忌避伝説の謎』（吉川弘文館、二〇〇六年）という著書で、「鉄道忌避」は幻であったと結論づけているが、伝統的な運輸業を荷う人びとにとっては、鉄道敷設は生活の破壊であり、市川沿では、竹鎗一揆さえ起ころうとしていた。

地主制の発展

次に明治後半の地主制の発達を、福崎村高橋地区と八千種村鍛冶屋地区の土地所有と経営から考えてみよう。表４－４に見られるように、一八七六年（明治九）の他村からの入作《いりさく》率五五％と、高橋地区では明治初年から他村の地主に浸食されている。高橋地区に土地を持つ地主としては、中仁野《なかにの》村の伊賀保太郎が二町余、土師《はぜ》村の鎌谷十郎が二町弱、溝口村の大塚藤九郎が一町二反と大きい。

しかし高橋地区の零細な所有と経営のなかでも、経営規模の拡大は見られる。表４－５のように、一九一一年（明治四四）には三戸であった一町（一ヘクタール）～一町五反層が二一年（大正一〇）には八戸に増え、一一年には〇戸であった一反以下層が六戸に増えるという両極への分化が見られる。一九〇三年（明治三六）の高橋地区における経営規模別の階層構成を表４－６に見ると、戸数では

表４－５　高橋地区の経営規模

耕作規模	1911年（明治44）	1921年（大正10）
反	戸	戸
10 ～ 15	3	8
7 ～ 10	14	6
5 ～ 7	7	7
3 ～ 5	4	5
1 ～ 3	6	6
0 ～ 1		6
合　　計	34	38

出所：「自大正10年至大正11年　稲作実査簿」（高橋地区有文書）、「明治44年８月１日　各戸作付反別正条植並ニ肥料調達書控」（同）より作成。

注：1911年は共同管理分を、1921年は法就田廻り作り、村持ち庵住分を含んでいる。

表４－４　高橋地区の土地所有構成（1876年）

	村　内	入　作	合　計
反	戸	戸	戸
20 ～ 30	3	1	4
15 ～ 20		1	1
10 ～ 15	1	1	2
5 ～ 10	3	5	8
3 ～ 5	7		7
1 ～ 3	16	3	19
0 ～ 1	5		5
合　　計	35	11	46
5 ～15反率	11.4%	54.5%	21.7%
入　作　率	36.5%		

出所：「明治９年　地価取調帳」（高橋地区有文書）より作成。

表４－６　高橋地区における経営規模別階層構成（1903年）

耕作規模別		戸数		耕作地		自作地		小作地		小作地率		一戸平均小作地
反		戸	%	町 畝	%	町 畝	%	町 畝	%	%		畝
15～20	自小作	1	2.7	1.58	7.6	1.12	12.5	.46	3.9	29.1		46
10～15	自　作	2	5.4	2.40	11.5	2.29	25.5	.11	0.9	4.6	9.2	6
	自小作	1	2.7	1.07	5.1	.86	9.6	.21	17.8	19.6		21
5～10	自　作	2	5.4	1.52	7.3	1.52	16.9	—	—	—	56.5	—
	自小作	4	10.8	3.36	16.2	2.46	27.4	.90	7.6	26.6		23
	小自作	3	8.1	2.13	10.2	.62	6.9	1.51	12.8	70.9		50
	小　作	5	13.5	3.80	18.3	.05	0.6	3.75	31.7	98.7		75
3～ 5	小　作	9	24.4	3.09	14.9	—	—	3.09	26.1	100.0		34
1～ 3	小自作	1	2.7	.29	1.4	.04	0.4	.25	2.1	86.2	96.6	25
	小　作	7	18.9	1.48	7.1	.02	0.2	1.46	12.4	98.6		21
0～ 1	小　作	2	5.4	.08	0.4	—	—	.08	0.7	100.0		4
計		37	100.0	20.80	100.0	8.98	100.0	11.82	100.0	56.8		32

出所：「明治36年12月現在　高橋村自作小作田畑人々略取調帳」（高橋地区有文書）より作成。

表4-7　鍛冶屋地区の土地所有規模（1888年）

	村　内	入　作	合　計
反 50〜	戸 2	戸	戸 2
40〜50	2		2
30〜40	7		7
20〜30	4	1	5
15〜20	5	1	6
10〜15	4	1	5
5〜10	12	0	12
3〜 5	11	3	14
1〜 3	13	7	20
0〜 1	15	1	16
合　　計	75	14	89
5〜15反率	21.3%	7.1%	19.1%
入　作　率	8.9%		

出所：「明治21年　土地所有名寄帳」（鍛冶屋地区有文書）より作成。

三反〜五反層の小作農民が九戸と最も多く、経営面積でも三反〜一町層の自小作・小自作・小作農民に集中している。小作地の借受け率でも、三反〜五反層の小作農民が一〇〇%と最も高く、次いで五反〜一町層の小作農民が九九%と高い。

また一戸平均の小作地で見ると、五反〜一町層の小作農民が七・五反と最も多く、次いで五反〜一町層の小自作農民、一町五反〜二町層の自小作農民の順になる。ここから農民たちの零細な経営規模と、寄生地主の経済的基盤が三反〜一町層の小作・小自作農民に依存していることがわかる。それと同時に、一町五反〜二町層の自小作農民が小作地を借り受けて、経営規模を拡大する自小作農の前進が見られる。

これに対して鍛冶屋地区では、表4-7のように一八八八年（明治二一）でも入作率が九%と低く、同地区内では二町以上の上位の土地所有者が一五戸と、在村地主の成長が見られる。しかし、一九一六年（大正五）の経営規模を表4-8に見ると、ここでも三反以下の自作・小作農民が多い。小作地の借受け率でもまた、三反以下層の小作農民が一〇〇%と最も高く、次いで三反〜五反層の小作農民が九九%弱と高い。

しかし一戸平均の小作地で見ると、一町〜一町五反層の小自作農民で八反余の小作地を借り受けて

表４－８　鍛治屋地区における経営規模別階層構成（1916年）

耕作規模別		戸数		耕作地		自作地		小作地		小作地率		一戸平均小作地
反		戸	%	町畝	%	町畝	%	町畝	%	%		畝
15～20	自作	1	1.5	1.60	4.9	1.41	6.4	.18	1.8	11.3		18
10～15	自作	4	5.9	4.75	14.8	4.75	21.5	—	—	—		—
	自小作	3	4.4	3.34	10.3	2.49	11.2	.85	8.3	25.4	18.0	28
	小自作	1	1.5	1.12	3.5	.31	1.4	.81	7.9	72.3		81
5～10	自作	5	7.4	3.78	11.7	3.74	16.9	.04	0.4	1.1		1
	自小作	5	7.4	4.00	12.5	3.04	13.7	.96	9.4	24.0	36.0	19
	小自作	5	7.4	3.97	12.4	1.09	4.9	2.88	28.3	72.5		58
	小作	1	1.5	.61	1.9	.04	0.2	.57	5.6	93.4		57
3～5	自作	2	2.9	.83	2.6	.83	3.7	—	—	—		—
	自小作	3	4.4	1.09	3.4	.75	3.4	.34	3.3	31.2	58.2	11
	小自作	4	5.9	1.77	5.5	.49	2.2	1.28	12.5	72.3		32
	小作	3	4.4	1.29	4.0	.01	0.0	1.28	12.5	99.2		43
0～3	自作	12	17.5	1.17	3.6	1.17	5.3	—	—	—		—
	小自作	3	4.4	.33	1.0	.20	0.9	.13	1.3	39.4	40.9	4
	小作	9	13.2	.82	2.5	—	—	.82	8.0	100.0		9
計		61	89.7	30.48	94.1	20.32	91.7	10.14	99.3			17
3～5		3	4.4	1.12	3.4	1.12	5.0		—	—		
0～3		4	5.9	.80	2.5	.73	3.3	.07	0.7	8.8		
合計		68	100.0	32.40	100.0	22.17	100.0	10.21	100.0	31.5		

出所：鍛治屋統計調査委員「自大正５年　作付実査簿」（鍛治屋地区有文書）より作成。

いる経営もある。次いで小作地の二八％余を占める五〜一町層の小自作農民、同小作農民の順になる。鍛治屋地区は、経営規模では高橋地区より一ランク下がるが、寄生地主の経営基盤は、五反〜一町層の小自作・小作農民にあり、小自作層で小作地を借り受け、一町〜一町五反層に経営規模を拡大している小自作農の前進が見られる。

全体として零細な小作・小自作農民に寄生地主の経済的基盤があり、そのなかで自小作・小自作前進が存在する。また高橋地区の一九一一年と二一年の経営規模の格差に見

表４－９　三木拙二家の地主的土地所有（1897年）

地区名	小作人数	田面積	入附米高	入附米平均(反当たり)	畑宅地他面積	入附米高	入附米平均(反当たり)
	人	町 畝 歩	石 号 タオ	石 合	町 畝 歩	石 合	石 合
井ノ口	25	5.92.23	31.365.5	1.373	畑 .17.15 宅 .06.11	1.1 .96.	629 1.508
北野	29 （不明２）	6.71.13	89.982	1.340	畑 .25.24 宅 21.29 藪地 .05.24	2.855	.537
田尻	25	5.44.15	67.084.75	1.246	畑 .24.11 宅 .03.06	2.848 .450	1.169 —
辻川	43 （不明２）	7.26.04	95.982.65	1.322	宅 .06.09 畑 .80.26	7.157	.821
大門	19	3.54.26	37.222	1.049	宅 .20.13	1.753	.858
上瀬加	6	1.16.23	15.017.6	1.286	畑 .07	（田に含む）	
西治	2	.81.08	10.250	1.261			
馬田	3	.65.28	9.280	1.407			
吉田・中島・西光寺・西野	16 （不明４）	3.31.23	44.227.5	1.333	宅 .07.04	.848.5	1.189
合計	168	34.85.13	400.411.90	1.290	2.20.01	17.971.5	.958

出所：「明治31年　小作証文」（三木美子文書）より作成。

られるように、農民層の両極分化も進んでいる。

ここで具体的な地主経営のありかたを、田原村辻川地区の三木拙《せつ》二家の土地所有で考えてみよう。同氏は承太郎の子で、一九二〇年（大正九）当時、同家には拙二の妻こまつ・母やゑ《（え）》・長男庸一《よういち》・次女ふきの五人家族と、岡徳治・田崎こすみ・上延みつら三人の雇人《やといにん》がいた。

三木家の所有地は、幕末・明治初年の辻川村内で五町三反余、井ノ口村に七反六畝弱を持っていることがわかる。同家の明治中期の「西田原村地券状控」を集計すると、田二八町三反七畝二九歩、畑八反八畝二四歩、宅地一町九反三畝二六歩、合計三一町一反一九歩となる。これが西田原における同家の所有地の合計である。

そして一八九八年（明治三一）には、表4-9に見られるように、小作人一六三人に田畑宅地合計三七町弱を貸し付け、四六九石余の小作料を受け取っていた。三木家の小作地はほぼ田原村周辺に限られており、なかでも西田原村に集中している。水田の反収を二反と推定しても、同家の平均一・三石の小作料は高額である。また反当たりの小作料では馬田地区の一石四斗が最も高いが、耕作者は馬田地区の人間だけではない。小作人の管理に当たっていたのが、雇人の岡徳治らである。

福崎村の人口変動

次に福崎村の社会生活の一端を人口変動から考えてみよう。一八七四年（明治七）から一九二四年（大正一三）の福崎村の人口変動を図4-1に見ると、一八九九年（明治三二）から一九〇九年（明治四二）の日露戦争をはさんで増加する福田・馬田・福崎新地区と、減少する山崎・田口地区とに区分される。前者は福崎駅に近い「町場」化されていく地区である。

これは、人口の集中は日露戦争前後に分岐し、福崎駅を中心に「町場」化の現象が起こっており、一九一〇年（明治四三）前後から酪農・醸造業などで一定の「工業」化が進展し、莚叺《むしろかます》などの農家副業が広範に展開したことによる。

また福崎村の養子・婚姻圏を見ると、一八八三年（明治一六）には地区（＝近世村）内の養子・婚姻が四四％もあり、福崎村内を含めると五〇％を超していたのが、八七年以降では二〇％前後に減少

図4－1　福崎村の人口変動（1874〜1924年）

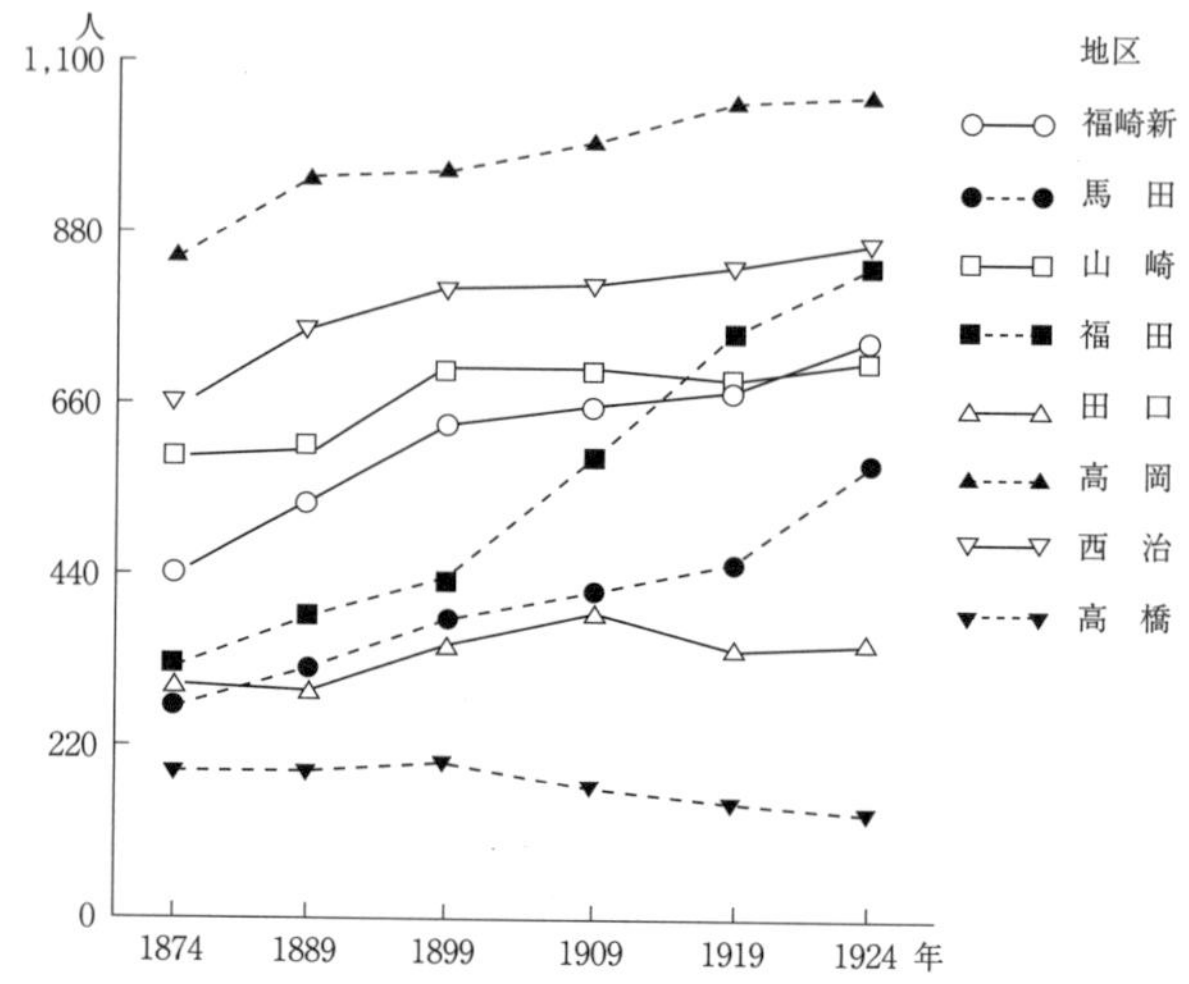

出所：旧『福崎町史』44〜45頁より作成。

している。この八七年を前後して養子・婚姻圏が村内二〇％になるのは、これは福崎村周辺のかなり一般的な傾向であり、松方正義蔵相による「松方デフレ」政策によって、古い「むら」の解体が進んでいることを示している。

神崎郡南田原村の「明治二十年　戸籍下調簿」によって、一八八七年までの養子・婚姻圏を見ても、他府県は〇人、他郡六三人（二九・二％）、他村八〇人（三七・〇％）、村内七三人（三三・八％）である。年次の判明するものだけを見ても、明治一〇年代がほとんどであり、一八八七年までの養子・婚姻圏は村内三〇％前後である。

これに対して、西田原村井之口地区の「明治一四年　戸籍簿」によると、養子・婚姻圏は他府県一五人（一二・七％）、他郡三一人（二六・三％）、他村四五人（三八・一％）、田原村内二七人（二二・九％）である。明治末から大正・昭和初期では一八八九年の以降の行政（合併）村内でさえ二〇％台になっている。

地主・小作慣行

最後に神崎郡の小作慣行と小作料について見ておこう。農林省農務局の「大正十一年　兵庫県神崎郡　小作慣行調査書」によると、まず小作契約はほとんど口約束になっており、「口約束によるもの八分（割）五厘（分）、小作証文によるもの一分五厘」（川辺村）という村もある。小作契約の期間は、期間を決めている村が少なく、川辺村では、水田は「期間定《さだめ》なきもの九分、然らさるもの一分」といわれている。

小作料の種類は米で、越知谷村のみ水田と桑園に代金納が見られる。「込米《こみまい》」、「入レ枡」などの増米慣行は、以前には行なわれていた地域もあるが、もはや続いていない。これに対して減免慣行は、「夏作物の全部が天災の為め収穫皆無となり、又は皆無に等しき」場合は減免となる。「不作の場合は地主及小作人協議の上、被害程度に依り軽減」している（八千種村）。しかし、一部には「最近に於ては不作の程度如何に拘《かか》はらず、小作地全部通じて一率の軽減をなしたることあり」と小作料軽減の枠が拡大していることを示唆し、「軽減せし額は一割乃至《ないし》一割五分位」と言われている（同上）。小作料の滞納の場合は、利息を徴収したりする習慣はないが、「小作料の全部を滞納するが如き場合は、概《おおむ》ね土地を返還」する（同上）。

穀物検査は、各村とも「乾燥調製及俵装に要したる費用」の増額になったと指摘している。越知谷・

表 4 -10　福崎・八千種・田原村の小作慣行（1922年）

	福 崎 村	八千種村	田 原 村
①小作契約の保証人 ②小作料の前納	①小作契約には普通保証人を付けざるも、他村の地主の所有に属する他には保証人を付するものあり。保証人の数は1人。保証金なし ②小作料を前納することなし	①小作契約は口約束に依り締結せるものにして、保証人を付するものなし ②なし	①なし、敷金・保証金なし ②なし
①小作契約の期間		①水田＝期間を定めたるものなし。畑＝年数の定めあるものなし。園＝なし	
①小作料の種類 ②「込米」等の有無 ③小作料の減免（最近普通の軽減の歩合） ④免除する場合の不作の程度 ⑤小作料の軽減歩合 ⑥減免をなすや否やの決定 ⑦減免の歩合の決定		①田＝米、特例なし 畑＝米、小作地の生産物以外の物を小作料とすることあり、畑小作地僅少 ②なし ③天災による不作の場合。特例なし（現物納1割1分） ④夏作物の全部が天災のため収穫皆無となりたる場合 ⑤平均1割〜1割5分 ⑥小作人は各自其の地主に申し出、地主立会実地踏査のうえ決定。最近、被害地小作人総代の申請により決定 ⑦地主・小作人立会、実地踏査のうえ決定。坪刈りは稀	
①小作料の納期		①12月末日限り	
①小作料の滞納		①小作料の全部を滞納するが如き場合は、概ね土地を返還せしむる。金納（代金納）なるものなし	
①穀物検査と小作慣行との関係 ②奨励米・罰米 ③移出検査 ④穀物検査の1俵の容量におよぼしたる影響 ⑤差額米の処理		①小作料1俵当乾燥・調製・俵装費用＝生産検査施行前1円85銭：同施行後2円50銭 ②特等米：奨励米5升、1等米同4升、2等米同3升、3等米同2升5合、4等米同2升、等外米なし（1石当たり） ③小作人又は地主において直接移出検査を受けることなし ④従来5斗なりしを4斗となす	

	福崎村	八千種村	田原村
		⑤1俵につき差額米の余剰は俵装せずして納付す	
①小作地転貸の多少 ②転貸に対する地主の承諾の要否 ③小作権売買の場合、地主の承諾の要否、小作権及び其土地の売買価格	①なし ③小作権の売買は普通なさざるも、一部に行なわれる。小作権を売買する時は買手は一時小作料を高め、一度天災が来れば小作人の不満を高める。小作権の売買には、地主の承諾を得ず内密に行なうものと、小作人の怠納小作料を支払いて小作地を得るの二方法あり。小作権売買価格10〜30円。土地同900〜1700円（1反）	①なし ③なし	①少なし。出稼ぎ及び耕作不便の場合に限り転貸す ②地主の承諾を要し、土地の使用法等はそのまま継承 ③小作権売買は少しあり、地主の承諾を要し、土地使用法等はそのまま継承。 小作権売買価格40円内外、土地同1000円内外（1反）
①永小作の場所 ②原因 ③沿革 ④永小作者の数 ⑤地主の数 ⑥永小作地面積 ⑦永小作の実例 ⑧普通の小作と異なる点			①田原村一円 ②土地を売却するに際し特約を結びたるに基因す ③永小作契約の多くは、維新後小地主において種々負債のため大地主に土地を移転せるもの大部分を占める。其際以前自己所有地なりし関係上、そのまま現今に至るも小作しつつあり ④250人　⑤32人 ⑥田160町、畑5町 ⑦口約束にとどまり登記をなしたる者なし ⑧小作期間が長く、地主の変更あるも小作権を解除せられざること。小作料の多少低きこと

出所：農林省農務局「大正11年　兵庫県神崎郡　小作慣行調査書」（『福崎町史』第4巻、530〜554頁）より作成。
注：表現の字句を一部修正。

図4-2　神崎郡における稲作反収と小作料との相関関係(1921～23年)

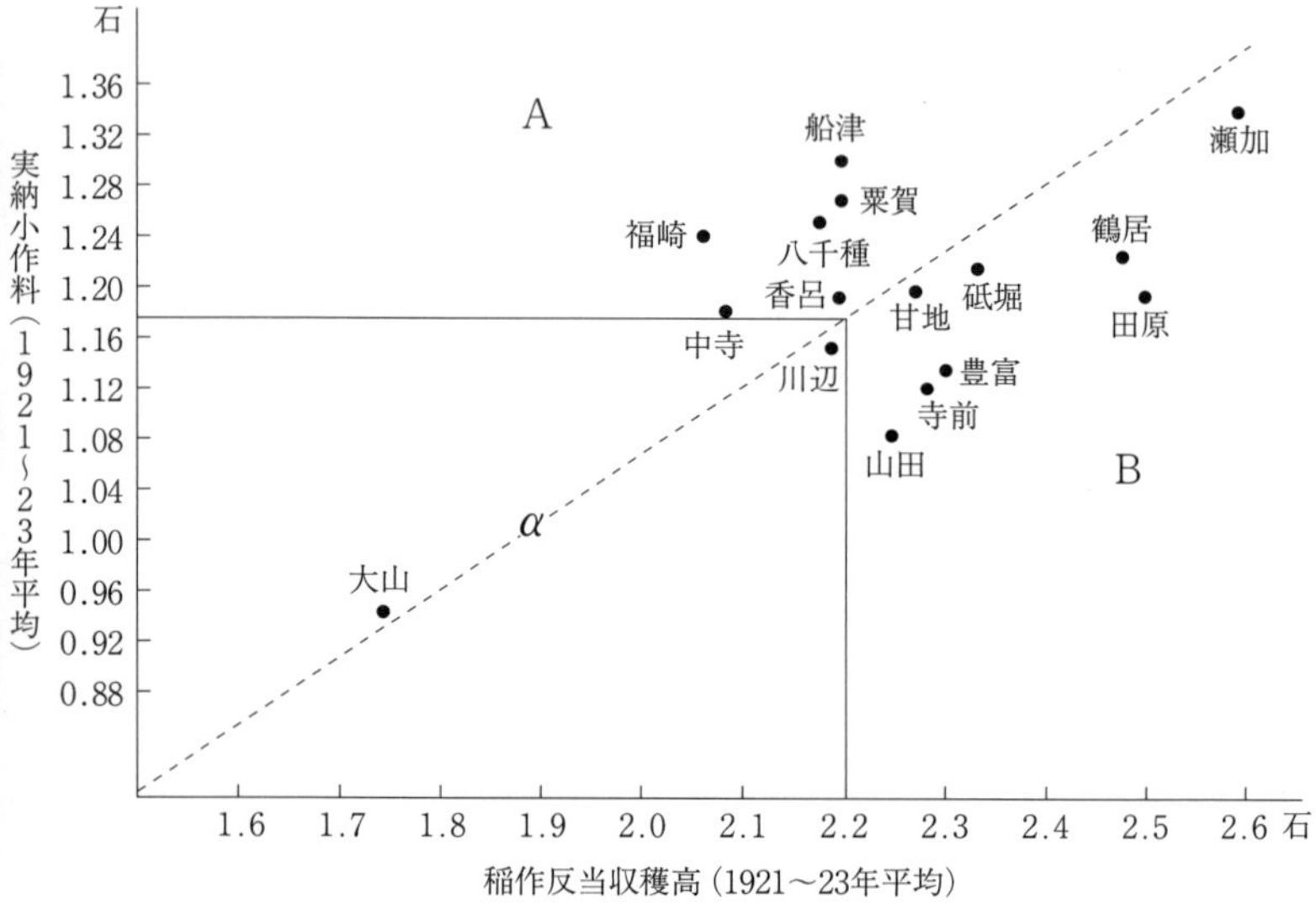

出所：兵庫県内務部『稲作反当収穫高と小作料に関する調査』(1925年)より作成。
注：αは平均値。

長谷村は一俵三〇銭から五〇銭に、甘地村は同一円から三円に、八千種村は一円八五銭から二円五〇銭にと、それぞれ大きい金額の差はあるが、一様に俵装費の上昇を訴えている。奨励米は、八千種村のような細かい段階を設けている村もあるが、一律一石に付き二升か二升五合などと決めている村もある(越知谷・長谷村)。

また小作地権の売買は少なく、「入営病気等、止むを得ざる事情」(瀬加村)の場合のみ行なわれる。小作地権売買は一反に付き三〇円から一〇〇円、土地売買は同九〇〇円から一〇〇〇円くらいが普通である。小作地権売買には地主の干渉がないのが普通であるが、田原村のように「地主か最初の小作人に付《ふ》したる小作地の使用法を越えしむるへからすと」制限する場合もある。また地主の土地取り上げは、半年か一年の予告があれば許される。ただし長谷村や田原村では永小作の慣行があり、特に後者には「地主の変更あるも小作権を解除せられさる」ことや、「小作（料）の多少低きこと」などの特権が認められている（表4-10参照）。

小作料は一般に高率で、郡平均では一毛作田の普通を四九％、二毛作田の普通を五六％としている。八千種村では同四七％と五七％、砥堀村では同四〇％と五四％、越知谷村では同六一％と五四％、長谷村は一毛作田しかないが、それでも普通七五％、最高八〇％という高率である。

別の史料で神崎郡全体を比較すると、図4-2のようにa線上段のA面の船津・福崎・粟賀・八千種・中寺・香呂村といった村々が収穫高に対して高率小作料地帯ということになる。

4　一九二〇年代の地域産業の発展

福崎村の職業構成

福崎村の一九二四年の職業構成を見ると、農業が六六％、商業が二六％、工業その他が八％である（表4-11）。農家構成では、小作・小自作農家が七四％を超えており、かなりの地主制の発達を予想させる。商業とはいっても、米穀・牛馬・呉服・酒・菓子・薪炭の販売といったものが中心である。

しかし、同年の「業態別戸数調」によると、商工業戸数三五七戸（三六・八％）、職工その他二三九戸（二四・七％）、農業専業（三二一・五％）、俸給生活者・神職・僧侶その他五八戸（六・〇％）、

表4-11　福崎村の職業構成（1924年）

	戸	%	
農　業	639	(65.7)	自作農156戸（24.4%）、小作農249（39.0%）、自・小作農234（36.6%）
商　業	254	(26.1)	労働50戸、宿屋・料理屋20、物品貸付・周旋15、物品販売141、代理4、芸妓置屋3、湯屋2、交通10、理髪5、運送4
工　業	36	(3.7)	土木建築8戸、機械器具5、鍛冶5、指物3、土石2、木竹細工2、漆器2、被服製造2、印刷2、荷車製造2、鉱力細工2、織物1
その他	44	(4.5)	俸給生活者23戸、神職・僧侶17、他4
合　計	973	(100.0)	

出所：旧『福崎町史』61〜62頁より作成。

表4-12　福崎村の副業者戸数（1924年）

	戸		戸		戸		戸		戸
莚叺製造	603	縄　絢	118	養　鶏	54	養　蚕	24	搾　乳	38

出所：表4-11に同じ。

合計九六九戸となっており、商工業比率がはるかに高くなっている。農家副業として特筆すべきは、莚《むしろ》叺《かます》製造の多さである。全農家の九四%が莚叺の製造を行なっている（表4-12）。

福崎村の農業・副業生産価額と工業・醸造価額を表4-13に見る。農産物では米が圧倒的な比重を占めており、小麦以外の裏作物の顕著な発達は見られない。小麦の「総収量七八割は製粉又は醤油原料として郡外に移出」されている（藤尾杏堂『神崎郡産業史』）。そのほかには、松茸の生産が見られるが、「古来、福崎松茸と称して其名遠近に高し、近年阪神地方へ輸出する高 夥《おびただ》し」と言われている（宇野信次郎ほか編『福崎町史』）。

莚叺の生産

副業生産では、莚叺の生産が大きい。神崎郡では、「明治の初年には山田・八千種村に盛に製造し、飾磨《しかま》・高砂《たかさご》方面へ販売せり。其後日清戦役当時より、

表4-13　福崎村の農業・副業生産価額と工産物・醸造業生産価額（1924年）

品　物		生産価額	%
		円	%
農産物	米	415,673	78.7
	麦	21,567	4.1
	小　麦	62,049	11.7
	大豆・小豆	2,340	0.4
	蚕豆・豌豆	2,443	0.5
	甘薯・馬鈴薯	2,500	0.5
	青　芋	612	0.1
	蕪菜・大根	1,362	0.3
	茄　子	296	0.1
	牛　蒡	120	0.0
	玉　葱	730	0.1
	筍	1,554	0.3
	小　計	511,246	96.8
果実ほか	梅	3,740	0.7
	梨	25	0.0
	柿	2,489	0.5
	枇　杷	90	0.0
	栗	120	0.0
	松　茸	10,200	1.9
	茶	707	0.1
	小　計	17,371	3.2
	合　計	528,617	100.0
副業産物	叺	35,206	70.0
	牛　乳	7,737	15.4
	産　繭	4,570	9.1
	鶏　卵	2,520	5.0
	縄	240	0.5
	合　計	50,273	100.0

品　物		生産価額	%
工産物	木　炭	4,250	3.5
	燐寸小箱素地	42,940	35.6
	クレー	30,500	25.3
	瓦	2,450	2.0
	下　駄	500	0.4
	木　材	12,900	10.7
	桶　樽	1,000	0.8
	畳	2,250	1.9
	稲　扱	8,000	6.6
	傘・提灯	3,800	3.1
	荷　車	5,250	4.3
	菓　子	7,000	5.8
	合　計	120,840	100.0
醸造物ほか	清　酒	86,000	21.2
	醤　油	14,000	3.4
	サイダー・シトロン	12,000	3.0
	ラムネ	7,500	1.8
	練乳（バター含）	287,087	70.6
	合　計	406,587	100.0

出所：旧『福崎町史』62〜64頁より作成。

各村に彼処此処《あそこここ》に僅少つゝ製造し、郡の北部は生野及び但馬方面へ販売し来りたるが、殊に日露の役に軍用叺《かます》の供出に当り、破天荒の発達を観るに至り、現今（一九二一年――引用者）は六千三百余戸の製造家ありて、年産額四百有余万枚・壱百弐拾万円に達するに至れり」という。日清・日露戦争を通して、莚叺の生産は飛躍的に発展した。ただその結果、次のような問題も生まれている。

明治三十七、八年日露戦役の際軍用叺の供給方を命せられ、郡にありては各村に配当製造せしめたるを機とし、各部落に製莚勃興せしと、莚叺の需要増加に伴《つ》れ年々生産激増するに至れり。然《しか》れ共《ども》一般農家にありては、品質の如何に不拘《かかわらず》、多く製造すれば只儲けなりとの主義にて、製品は益々粗製と濫造とに傾き、為に時の郡長前川万吉氏はこれを憂ひ、当業者に対し製品改良の急務を説破し、且つ組合を組織し、製品検査を励行することを再三諭す処あり。当業者も亦大いに感動し、明治三十九年準則組合を設くることに議一決し、規約を定め神崎郡莚叺同業組合を組織し、製品検査を施行しつゝありしが、準則組合にては予定の如く経営すること困難にして、依然として改良の域に達せずのみならず。他府県産の製品が比較的善良なる上に、価格亦割安なるに依り、朝鮮各主要地に於ても本郡より輸出せし製品は、山の如く堆積するのみにして売捌《うりさば》き悪しく、郡内各問屋に於ても商況益々不振を加へ、殆んど休業の状態にして、価格亦大いに下落し、一枚六銭内外の相場となり、本郡莚叺界の前途洵《まこと》に寒心に堪へざるの状を呈したり。

といった、粗製濫造の問題が起こってきたのである（『神崎郡莚叺同業組合沿革誌』）。

神崎郡莚叺同業組合

そこで郡長の森田久忠は、法律上の組合を組織し、製品検査を実施することを検討した。一九一一年（明治四四）の秋、森田郡長は神崎郡内のおもな営業者を郡庁に集めて協議し、満場一致で同業組合の結成を決めた。

同年一一月二八日、松岡高次ほか五名によって組合設立発起の認可を申請した。一二月二二日に兵庫県知事より許可を受け、莚叺営業者松岡高次・坪田善三郎・宮田周太郎・田中富三郎らは、ただちに創立総会開催の準備に着手し、翌一二年一月五日、神崎郡田原村の振武館《しんぶかん》で創立集会を開いた。組合員一六八名中出席者一六五名の全員一致で組合設立を可決し、組合設立許可申請をした。早速、一月二六日には農商務大臣から組合設立の許可を受け、同月三一日には県知事から役員就任の認可を受けて、組合設立の運びとなった。

組合員は、創立時の一九一二年（大正元）で、莚叺製造業者が一一二名、莚仲買業者が一四二名、莚製造業者が四二五六名であったが、一〇年後の二二年には、莚叺製造業者一三名、莚仲買業者一六六名、莚製造業者五九八九名となった。二二年には、「農商務省に於ても吾が神崎郡の莚叺同業組合が重要視され、全国有数の大組合として認識さるゝに至つた」と言われている。

福崎村での地域別莚生産は、山崎・福田・西治・長野・板坂地区などで盛んに作られている。莚叺の生産は、福田村周辺でも最も盛んな農家副業であったと言える。

酪農業の展開

一方、工産物としては燐寸《まっち》小箱素地やクレー（陶土）があり、醸造業その他では煉乳・清酒などが盛んである。酪農業は、日露戦後に急速に普及するが、

神崎郡でも其の（乳牛――引用者）奨励に促されて、明治四十年には郡告示をもって種牡牛補助規定が発表され、購入種牡牛を検査の上、等級を付し一等に対し金弐拾円、弐等に対し金拾五円、三等に対し金拾円の補助を与へた為めに、優良なヱーアシャー種が先づ越知谷、大山方面に輸入され、大山村、福崎村、船津村には牛乳搾取業が開業された。就中福崎の三木孫次氏の如きは飼養頭数拾頭を算し、当時の営業としては目醒しいものであったが、幾程もなく牛乳搾取業は相亜《あいっ》いで失敗に帰し、折角郡費の補助を得て改善されんとした。ヱ《（ママ）》ーアシャー種も年を経るに従って混血雑種となり終った。

最初の酪農の失敗は、「賎視された獣肉、獣乳は病床にのみ限られて一般の嗜好を喚《よ》ぶに至らなかった」。また、福崎周辺は「和牛の隆盛地だけあって、何時とも知れず乳牛は混血雑種化し」、「飼料の騰貴は乳量の少い雑種乳牛は経済の上より見て桁より外れて行った」と言われている（『神崎郡産業史』）。

奥平農場の開設

一九〇八年（明治四一）、西光寺野の開墾地に、田原村の奥平喜作が農場を開設して、岡山県・北海道からホルスタイン種の乳牛を輸入し、飼養繁殖に努めた。奥平農場は、生乳販売の傍らバターの製造に着手するとともに、一九一四年（大正三）には「白鷺城印」練乳を開始したが、これが神崎郡酪農の最初である。

その当時としては、バターの製造方法も極めて簡単で平鍋式を採用した。乳は、自分の農場の搾取分以外に、郡内および隣郡の牛乳搾取業者の余乳を集めた。しかし、北部の四カ村を除く他の一四カ村の飼養牛は、農耕を目的とするものであったから、その搾乳量は微々たるものであった。

一九一六年（大正五）五月、堀矩従が畜産技手《ぎて》として神崎郡に赴任した。堀技手は当時の神崎郡の畜産状況を調査し、莚叺の生産によって生じる地力《ちりょく》の消耗を補給する手段として酪農を奨励した。堀技手は、産業組合法によって製産販売組合を組織し、市乳として販売するほかの余乳は、奥平農場に供給するよう尽力した。一七年、まず砥堀村に生産組合が組織され、翌一八年に八千種村に酪農組合が誕生した。

一九一九年七月の臨時郡会は、酪農視察費二〇〇円を計上可決し、堀技手と郡会議員・村長・郡書記らは、石川・静岡・千葉の三県に出張した。そして、石川・静岡両県からホルスタイン種の乳牛八頭を購入して帰郷した。この純粋種の輸入によって、砥堀・八千種村の組合は予想以上の好成績をあげた。そこで郡内各村に、酪農業が勃興するようになった。

森永製菓福崎工場

一九一九年末、郡当局と村長らは、日本練乳会社（後年の森永製菓株式会社）に対して、練乳工場を福崎に設置するよう交渉した。日本練乳会社でも、国内に適当な酪農地を探していた時で、交渉は順調にすすんだ。一九二〇年（大正九）一月、日本練乳会社は福崎村吉田病院南方に仮授乳場を開き、バター原料として郡内の牛乳を一手に消化することとなった。この生乳の消化工場の開設によって、一九年には一日の乳量一石であったものが、二〇年には九石に上昇している。

一九年に神崎郡会は、種牡牛購入補助以外に乳牛購入補助費として一一三〇円の供出を議決し、二〇年には三〇〇〇円、二一年には三七〇〇円と上昇して、組合にも三五〇〇円の補助金を供出した。そして日本練乳会社は森永製菓株式会社となり、二一年六月には福崎新の七種川のたもとに六〇〇〇余坪の工場を新設し、練乳製造を開始した。

翌二二年からは「貨物自動車数台を運転せしめ、各酪農組合に授乳所を設けて運搬し、農家に便益を与ふるに至りしより更に乳量は進」んだ。二三年の関東大震災ののち、練乳の関税も撤廃され、乳価の暴落となったが、二五年当時、乳牛七〇〇頭、一日の乳量二〇石を突破する勢いとなった（同右）。

その他、清酒は一九一二年（大正元）に福崎「駅前に醸造所を設け、加西郡在田村藤本氏醸造せしが、一両年にして大野林吉氏譲受け漸次盛況を呈せり」。二四年度の福崎町の醸造石高は八六〇余石で、販路は神崎郡と阪神地方に輸出した。

また醤油醸造も、一三年に高岡地区に大杉善吉が醸造所を新設し、二四年度の福崎町の醸造石高は二五〇余石で、販路はやはり神崎郡と阪神地方に輸出した（『福崎町史』）。このように醸造業にも一定の「工業化」が進展した。

福崎村の商品流通

福崎村の商品流通を表4-14に見ると、輸出米が九一万円余と生産額の二倍余である。ほかにも麦

表4-14 福崎村の商品流通（1924年）

輸入品			輸出品		
品物	金額	%	品物	金額	%
	円	%		円	%
米	602,000	29.5	米	911,000	31.5
麦	17,900	0.9	麦	283,000	9.8
莚叺	146,000	7.2	莚叺	378,000	13.1
清酒	32,000	1.6	清酒	97,500	3.4
木材	150,000	7.4	木材	173,000	6.0
鉄道枕木	223,000	11.0	鉄道枕木	255,000	8.8
牛乳	123,000	6.1	練乳	292,762	10.1
クレー原料	23,500	1.2	クレー	78,000	2.7
醤油	11,000	0.5	醤油	19,000	0.7
薪炭	35,000	1.7	薪炭	43,000	1.5
松茸	28,000	1.4	松茸	53,000	1.8
肥料	336,200	16.6	肥料	132,000	4.6
藺	7,200	0.4	藺	12,530	0.4
莚	15,200	0.7	清涼飲料水	29,000	1.0
砂糖	97,000	4.8	畳表	68,000	2.4
織物	68,000	3.4	燐寸素地	63,000	2.2
食塩	24,800	1.2	合計	2,887,792	100.0
石灰	12,000	0.6			
煙草	18,700	0.9			
乾物	16,000	0.8			
雑貨	23,000	1.1			
生魚	12,000	0.6			
麦酒	8,300	0.4			
合計	2,029,800	100.0			

出所：旧『福崎町史』7～8頁より作成。

は三倍、莚叺は一一倍弱になる。福崎駅は神崎郡全体の出荷の中心地であったところから、このような数字になったと推定される。なお輸入品の中心は、米と肥料である。

5　初期小作争議の展開

兵庫県の小作争議

表4-15に見られるように、一九二一年（大正一〇）を境にして、兵庫県でも小作争議が激増している。この現象を、『農業争議ノ沿革並現況』（兵庫県、一九二三年）の著者は、次のように語っている。

明治四十一年米穀検査を実施し、産米及俵装の改良を図りたる結果、小作者の労力費用を従来より多少増加せるに対し、地主より一般ニ奨励金穀を給与すること丶せるも、地方に依り従来の小作料低廉なるを口実として、全く給与を為《な》さゞるものあり。亦《また》給与せるも其額極めて少き為め、之が増額要求に関する紛争は毎年の収穫時期に於て終始反覆せらる丶の状況にして、既往十数年間に於ける殆と常例とも見るを得べく。最近大正九年度の如きも其紛争件数七十余件中大部分此種の紛争多く、真の争議と見做すべき小作料の減免要求に関する件は僅々数件に過ぎざりしが、大正十年以降に於て俄《にわか》に其繫争件数の激増を見るに至れり。

表４-15　兵庫県下の小作争議件数（1917〜23年）

郡市別	1917年	1918年	1919年	1920年	1921年	1922年	1923年	計	比率
	件	件	件	件	件	件	件	件	%
神戸市			1			1	2	4	0.3
尼崎市					2			2	0.2
明石市					1			1	0.1
武庫郡					2	6	8	16	1.2
川辺郡				2	32	6	30	70	5.2
有馬郡					2	1	18	21	1.6
明石郡					47	7	15	69	5.2
美嚢郡					12		27	39	2.9
加東郡						12	23	35	2.6
多可郡				1		3	3	7	0.5
加西郡					8	18	45	71	5.3
加古郡					36	18	22	76	5.7
印南郡				1	20	46	19	86	6.4
飾磨郡		1		1	64	63	64	193	14.4
神崎郡		2	2		54	14	33	105	7.8
揖保郡					71	43	31	145	10.8
赤穂郡				5	24	11	17	57	4.3
佐用郡				2	2	23	3	30	2.2
宍粟郡					38	25	44	107	8.0
城崎郡					1	5	5	11	0.8
出石郡	2	1		1	2	5	7	18	1.4
養父郡	1		8	5	9	3	14	40	3.0
朝来郡	1		38		1	1	6	47	3.5
美方郡					2		5	7	0.5
氷上郡						5	15	20	1.5
多紀郡						2	1	3	0.2
津名郡					8	15	7	30	2.2
三原郡						9	21	30	2.2
計	4	4	49	18	438	342	485	1,340	100.0

出所：兵庫県『農業争議ノ沿革並現況』（1923年12月）より作成。記載のない姫路市を除く。

文中の一九二〇年の「其紛争件数七十余件」という記載と表4‐15の数字が著しく食い違うが、小規模な奨励金穀の増額要求としては、七〇件以上あったと考えるのが自然であろう。

米穀検査制度の導入

兵庫県の米穀検査制度は、一九〇〇年（明治三三）、服部一三知事の「着任以来鋭意其改良に力め」、〇二年一一月、「各郡技術員協議会代表者小野県農事試験場長」の稲の種類の減少、共同苗代《なわしろ》の設置などの「米作改良十大項目」を採用している。その後、兵庫米穀肥料市場総取締柏木庄兵衛から「米穀検査規則の発布請願書」が提出され、〇六年の通常県会で検査実施の要望が出されたが、知事は「前に地主と小作人との関係親善を計らずして、直に県令を以て検査を実施するときは、小作人のみに苦痛を感ぜしむるの虞《おそ》れある」として、「各都市に於て地主組合を設けて小作人擁護の途を講ぜしむることを各郡長に訓示し」ている。服部知事の米穀検査制度の上からの強権的な実施が、地主・小作間の対立を激化させるという指摘は、さすがに鋭いものがある（兵庫県米穀検査所『明治四十一年度兵庫県米穀検査報告』一九〇九年）。

兵庫県下では、一九〇八年（明治四一）一月三一日に「米穀検査規則」が定められ、〇八年度から生産・輸出・臨時検査が一斉に実施される。〇八年から一〇年の米穀検査の実施状況を表4‐16に見ると、〇八年は九月からの実施というのも影響したのかもしれないが、全県平均六四％弱と低いが、〇九年には上昇して美嚢郡が九〇％弱と断然トップとなり、加東・加古・加西・印南・三原郡が八〇％台、揖保・神崎郡が七〇％台と高くなっている。結果では相対的に山間部に近い地域ほど米穀検査率は低くなっている。

米穀検査と初期小作争議

初期小作争議の激化地域は、表４－15に見られるように飾磨・揖保・佐用・宍粟・神崎郡であり、米穀検査とのストレートな相関関係を見出せない。むしろ加東・美嚢郡は酒米販売率が三〇～四〇％台という伊丹・灘五郷への酒造米の供給地域であり、加古・加西・神崎郡も酒造米供給地域である（『明治四十三年度　兵庫県穀物検査成績報告』）。

また一八九三年（明治二六）に美嚢郡奥吉川《よしかわ》村市野瀬部落が西宮の酒造家辰馬悦蔵と、一八九二年頃に加東郡米田村上久米部落が、灘御影郷の泉正宗・菊正宗と、それぞれが部落単位の取引を行ない、

表４－16　米穀検査の郡別実施状況（1908～10年）

郡　名	1908年	1909年	1910年
	％	％	％
武庫郡	65.8	70.1	69.2
川辺郡	68.4	74.4	67.2
有馬郡	51.8	79.0	72.4
明石郡	73.9	78.4	67.6
美嚢郡	59.7	89.4	81.1
加東郡	73.5	85.8	76.0
多可郡	54.9	63.8	61.8
加西郡	63.6	80.4	75.4
加古郡	77.4	81.7	79.6
印南郡	68.7	80.7	78.7
飾磨郡	59.7	68.1	64.9
神崎郡	61.9	73.8	69.9
揖保郡	65.7	71.5	70.2
赤穂郡	62.5	68.3	67.0
佐用郡	57.4	63.5	64.2
宍粟郡	46.5	52.0	51.9
氷上郡	55.4	62.0	60.1
多紀郡	50.0	65.9	59.4
津名郡	64.7	66.9	61.7
三原郡	70.6	81.9	78.7
平　均	63.9	73.7	69.5

出所：兵庫県米穀検査所『明治43年度　兵庫県米穀検査報告』（1911年）５～６頁より作成。
注：⑴但馬５郡を除き、神戸市は武庫郡に、姫路市は飾磨郡に算入する。
⑵1908年度生産検査は、同年９月より施行される。

兵庫県では、「村米制度」がはじまったと言われている（森太郎「村米について」、『日本醸造協会雑誌』第七八巻第二号）。

灘五郷の清酒醸造石数は一九〇〇年の三七万五五三〇石から〇五年には四二万二四五〇石へ、四五年には四五万一四六一石へと飛躍的に増大している（兵庫県「摂津灘五郷清酒造石高調査表」一九五二年）。兵庫県では、酒造米の増大が農民的小商品生産発展の重要な原動力であった、と考えられる。なお淡路島の三原郡などでも、米の商品化が進展していることがわかる。

神崎郡役所の正条植

ただ米穀検査の実施率は、農民的小商品生産の発展度からだけ見るのは一面的であり、上からの強権的な指導を考えなければならない。神崎郡役所の稲の正条植の例であるが、「明治四十一年より挿《そう》秧《おう》期に郡書記の殆んど全部を郡内各村に連日派遣し、害虫駆除奨励と共に稲田植の実施に付役場吏員警察官吏其の他指導奨励機関の一切を挙げて之が奨励に務めた」と書かれている（兵庫県『兵庫県郡役所事蹟録　中巻』第一二編神崎郡）。

稲の正条植が、郡役所の吏員や警察官までも動員して実施されており、それだけに米穀検査時の奨励金穀という地主側の温情的措置が重要な意味を持ったのであろう。

また但馬地域では著しく米穀検査制度の実施が遅れ、一九一七年（大正六）に至って初めて施行される。しかも奨励金穀の給与額が少なく、「地主小作者の交渉用意（容易）に纏《まとま》らず、年々之に関する紛争絶へず」という状況であった。なかでも「養父郡高柳村、朝来郡粟鹿村の如きは大正六年より大正九、十年の永きに亘《わた》り毎年紛争を継続し、前者は小作料額の改訂に依り、後者は小作保護の為地主の共同蓄積施設に依り、漸く之が解決を見た」とある（前掲『現況』）。

赤穂・揖保の小作争議

先述の『農業争議ノ沿革並現況』では、一九二一年（大正一〇）の「凶作以降」、県下各地に小作争議が頻発するが、「同年五、六月頃最も早く発生せる西播地方の状況」を次のように説明している。「其源」は「赤穂郡相生《あいおい》港に於ける鈴木商店経営の造船所の発達に端を発」しており、「相生港には従来大野船渠なるものあり、職工百名内外を使役せる極めて小規模」のものであったが、第一次世界大戦による「海運界異常ノ活況」によって、一九一七年「鈴木商店之を買収し、播磨造船所と改名し規模を拡張し、一時は職工四千名も要せし」。そこで「赤穂郡の東部地方及揖保郡揖保川以西の農民は、競ふて此処に走り」、「造船所の賃金に生活の保証を得、且つ工業労働に接し思想上の影響を受けたる」と。揖保川以西地方の農民は、一九一九年に「農業の不利なるを理由とし小作料の減額を地主に要求し、地主は其要求を容るゝの已《や》むなき状態に至」った。

この争議の波紋は大きく、一九二一年、「揖保川以東就《なかんずく》中新宮村を中心とせる付近数ケ村の小作人等は」、「天候不良にして米作の前途悲観」し、「揖保川以西減免の実例を引証し、数次の交渉を重ね」、「遂に地主の譲歩に依り、小作者の勝利に帰」した。また「隣郡宍粟及飾磨郡の小作人」も、「同一理由の下に各部落町村に於て紛争を惹起し」、「西中播一帯及淡路を主とし県下各郡に多少共台頭するに至」った。小作人が農外労働に出ることによって、自分たちの小作料が異常に高いことを知り、自己労働の価値を正当に評価して欲しいと考えたことが、小作争議の出発点となった。

一九二二年の画期

翌一九二二年（大正一一）は「依然米麦価格の低廉なるに反し、生産費の高率なる為」、「前年産米の未納米処分に対する紛争容易に解決せず」、「四、五月ニ至ルモ全小作料ヲ納付セズシテ紛争ヲ継続セルモノ、飾磨、加古、印南ノ一部ニ」あった。

また五月から六、七月には、「永久減免ノ言質ヲ得ンコトヲ要求シ、又ハ干水ノ為、干秧遅延ニ依ル減収ヲ口実トシテ肥料代、水利費等ノ補償ヲ要求セルモノ少ナカラズ」あり、「播磨及淡路ノ一円、但馬、丹波、摂津ノ一部地方ニ於テ、前年ニ劣ラサル紛争ヲ見」る。そして二三「年度ニ入リテモ、尚前年同様ノ形式内容ノ下ニ、争議ヲ継続シツ、アルノ状況」だと言われている。

「現況」の著者は、

大正九年以前ハ、単ナル小作奨励米ノ増額要求ニ過ギザリシガ、小作料額ノ減免ニ関スル真ノ小作争議ト見做スヘキモノハ、大正十年ノ凶作以降俄ニ激増シ、同年度ノ紛争件数ハ一躍四百三十八件ノ多キニ達シ（表4-15を参照）……大正十一年以降ハ収支経済ノ不調ト思想ノ変化ニ基因セルモノ多シ。亦大正十年ハ一時的減免要求ヲナスモノ多カリシガ、大正十一年以降ハ永久減免要求ヲナスモノ漸次増加ノ傾向アリ、或ハ大正十年ハ個人的要求ヲナスモ多カリシガ、大正十一年以降ハ団体的要求ノ形式ヲ執ルモノ著シク増加ノ傾向アリテ、逐年其ノ要求ハ峻烈ヲ加ヘ、其

表4-17　兵庫県下の小争議の原因（1921～23年）

原　　因	1921年 件	%	1922年 件	%	1923年 件	%
風水害その他、不作によるもの	283	(64.6)	79	(23.7)	345	(71.1)
時代思潮および模倣によるもの	92	(21.0)	108	(32.5)	19	(3.9)
生産費の騰貴によるもの	32	(7.3)	46	(13.8)	40	(8.3)
米価暴落、事業不振によるもの	8	(1.8)	52	(15.6)	15	(3.1)
小作料の高率によるもの	19	(4.4)	33	(9.9)	37	(7.6)
産米検査規則の改正によるもの	1	(0.2)	1	(0.3)	—	(—)
耕地整理の結果、収穫減少によるもの	1	(0.2)	2	(0.6)	—	(—)
その他	2	(0.5)	12	(3.6)	29	(3.0)
合　　計	438	(100.0)	333	(100.0)	485	(100.0)

出所：表4-15に同じ。

ノ運動ハ組織的トナリツ、アルノ観アリ。

と語っている。一九二〇年以前の争議は、「小作奨励米ノ増額要求ニ過ギ」ず、二一年以降は、「経済ノ不調ト思想ノ変化」により、「一時的減免要求」から「永久減免要求」へ、「個人的要求」から「団体的要求」へと展開し、運動の「増加」、「組織」化を遂げているという、なかなか鋭い指摘である。

小作争議の原因

一九二〇年代争議の原因と言われてるものを表4-17に見ると、二一年は「風水害その他、不作」が六五％弱で第一位であるが、第二位に「時代思潮」が挙げられており、二二年には二位と一位が逆転する。また二二年には「生産費の騰貴」、「米価暴落」なども高い比率を占めている。そして二三年には、再び「風水害その他」が第一位になっている。「小作料の高率によるもの」は、毎年一定の比率を占め、件数を増加させている。事実、一九二一年は、前年に比して収穫高で三三石余（一三〇%弱）の減少であり、平年比でも一三万石（八%）の減少であった。しかも農業経営収支の悪化という問題がある。

小作争議の原因では、二二年に二位と一位が逆転して第一位に「時代思潮」がくる。『現況』では、第一次大戦の影響で、「都市は勿論《もちろん》、沿海地方に於ける各種の工業は異常の活気を呈し、各地方の農業労働者及小作農家の子弟は、競ふて工場に出稼して工業労働者に伍し寝食を共にしたる結果、自然に其感化を受けたる」側面を重視している。とりわけ一九二〇年の「夏期に於ける川崎、三菱造船所労働者同盟罷工事件の影響」、一九二二年の「日本農民組合」の結成によって、「利益分配に対する観念は普及、自由、平等思想の発達等の現象」が見られる。ところが地主のなかでも、「尚時勢の推移に目醒めずして差別待遇の観念強く、不当の負担を小作人に加へ」る者があり、「両者の間、昔日の恩情主義は日を逐ふて衰へ、単に土地の賃貸借関係に依る物質上の権利義務を主張する思想」が生まれているのは、「将来最も憂慮すへき事項」としている。

小作争議と高率小作料

また、小作争議の原因として高率小作料も挙げており、県平均では「小作料一石三斗二升、其の割合五割五分」であるが、「地方的に観察する時は、但馬及北播地方に於ては六割以上に該当するもの少からず、尚町村以下の小局部より見る時は七割以上に達するものあり」と語っている。図4-4の相関関係を見ると、α点を通る波線より上段の郡が平均より高額の小作料地帯ということになる。表4-15と見比べても、ほぼ小作争議の激化地帯と言える。

図4－4　兵庫県下における稲作反収と小作料との相関関係（1921～23年）

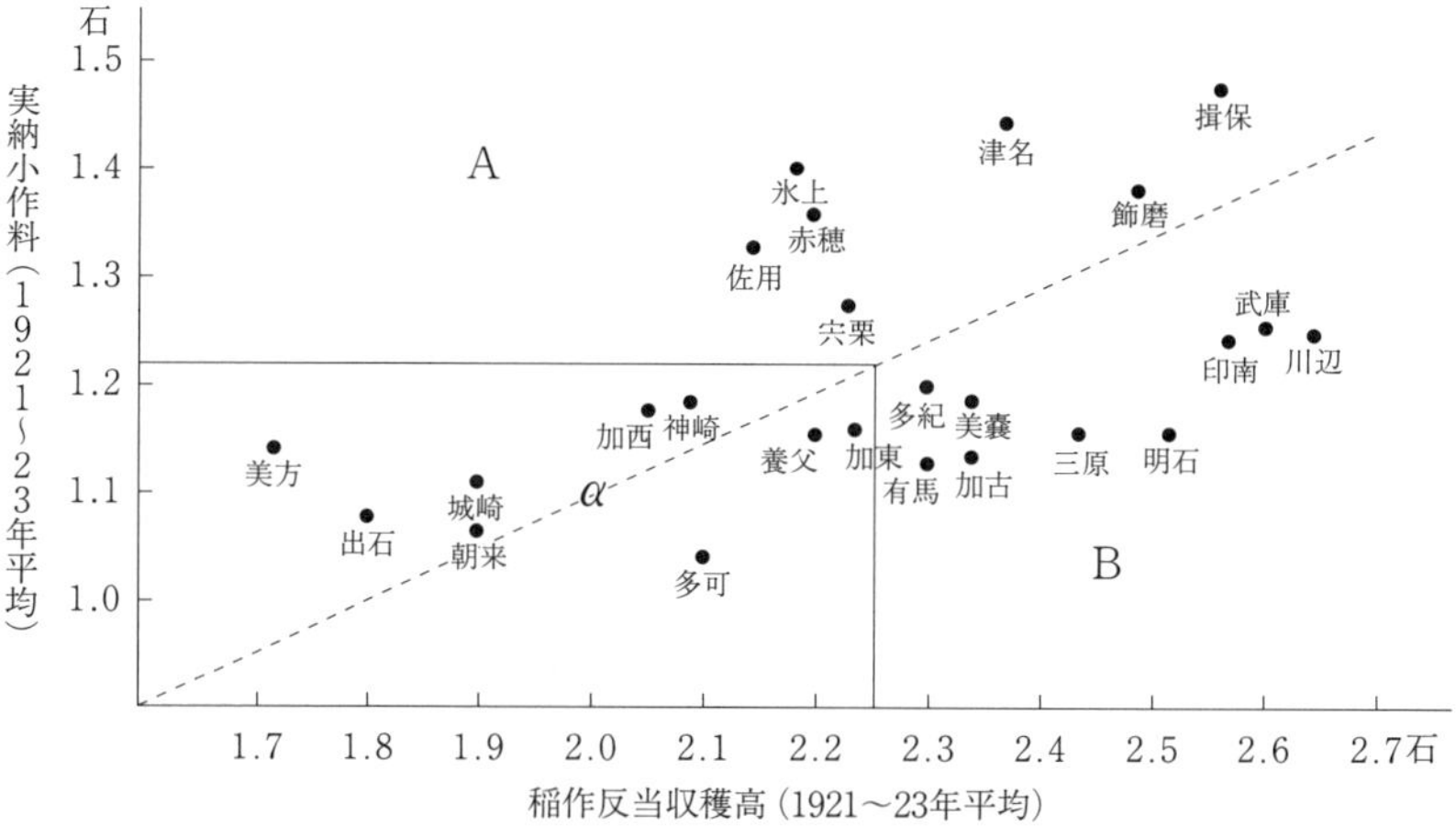

出典：兵庫県内務部『稲作反当収穫高と小作料に関する調査』（1925年）より作成。
注：αは平均値。

一九二一年（大正一〇）の争議は、「全般に亘る凶作」によって起こり、争議地域は「宍粟、揖保、飾磨、印南、加古、明石、神崎、津名、三原郡等の南部及淡路地方」であった。だが、翌二二年には「不況」も加わり「前記地方の他更に其範囲を拡大し、加西、加東、養父、朝来、氷上郡等に及ひ、他の各郡共に殆と多少は其発生を見」たとしている。ただし、淡路の三原郡は、水田の小作料額は高くないが、二毛作の裏作に対して麦小作料を徴収するという特殊な小作慣行が存在する地域であり、のちの小作争議の激化地域であるが、表4－15に二一年の争議は記載されていない。しかし、「争議発生の主なる地方は、概して各種の会社工場多く、副業の発達せる地方」で、「転業容易なる地方に多し」としているのは重要な指摘である。

表4-18　小作争議の要求件数と解決件数（1921年）

減免要求割合	要求件数	%	解決件数	%
	件	%	件	%
5％以内	5	1.1	58	14.9
10％以内	55	12.9	150	38.4
20％以内	163	38.2	134	34.4
30％以内	96	22.5	27	6.9
40％以内	8	1.9	10	2.6
50％以内	8	1.9	3	0.8
50％以上	6	1.4	5	1.3
全　免	1	0.2	1	0.2
額未定	85	19.9	*2	0.5
合　計	427	100.0	390	100.0

出所：表4-15に同じ。
注：＊印には「収穫後、個人交渉トシテ額ヲ定メズ解決シタルモノ」とある。

小作争議の戦術と解決

「争議の形式」としては、地主・小作ともに「近来相互の組合を組織し、団体交渉をなすもの漸次増加の傾向を示し」ている。一九二一年「以降の争議は殆ど全部に亘り、団体的要求の形式を執《と》るに至」る。

その方法は、「部落内の重立ちたる小作者（純小作者は少し）協議の上、部落全体の意見を纏め、委員（代表者）を選定し又は区長に依頼し、其意思を地主側に致さしむる」。地主側も「個人交渉を避け、一般地主の意見を取纏めて之れが回答をなす場合」が多い。そして小作人は、「多くの場合、米麦作収支計算書を作成して、之を提示して同情を求め、又は小作人組合規約を作り組合員の団結を強固」にする。そこで小作人の戦術も高度になり、「内実団体的連絡を取れるも表面各個人に交渉をなすこと丶し、寡婦老人等の家庭にして自作最も困難なる地主に対し、先つ以て減額を要求し、次に他の地主に及さんとする」といった手段もとられたと語っている。「調停」は、「郡長・村長、農会長、地方有力者、篤農家等の斡旋に委し協調に務めつ丶」ある。

最後に、一九二一年の小作争議の要求件数と解決件数を表4-18に見ると、要求件数が四二七件、解決件数が三九〇件とある。しかし、『現況』には別に要求貫徹一八件、妥協四一五件、要求撤回一件、自然消滅四件、計四三八件とある。翌二二年には、要求貫徹が二四件と増大し、妥協が一八二件と減少しているが、二一年にはなかった未解決が一気に一一九件となっている。そのほかに耕地返還一件、自然消滅六件の計三三二件である。未解決の急増は、争議の激化を示している。

次に要求と解決の内容を見ると、要求では二〇%以内の減免が最も多く、次いで三〇%以内であり、両者を合わせると五〇%を超える。しかし、解決件数では、一〇%以内がトップであり、二〇%以内がそれに次いで両者を合わせると七〇%を超えている。ここでは大半が、要求の一〇%低いレベルで妥協していることがわかる。しかし、二二年には、未解決が全体の三六%弱にまで急増して、運動が先鋭化してきている。

6　田原・八千種村周辺の小作争議

『農業日誌』から見た小作争議

神崎郡田原村辻川地区の三木拙二家の『農業日誌』を見ると、一九二一年（大正一〇）一月九日の記事に、「本日北野村小作人代表者佐野・埴岡二人減免の事に付来る」とある。雇人が「年貢米取立」にまわる記述はたびたびあるが、小作人が「代表者」を出して年貢減免の交渉に三木家に来たのは初めてである。

その一三日後の二二日にも、「本日北野村小作人総代、年貢の件に付来る。凶作に付減免の相談。佐野彦吉・埴岡寅市・同秀次」とある。同日夜には、「井の口村小作米減免の件に付来る。古河栄三郎外四人」ともある。井之口地区では、その後の二月四日、「井の口より小作米残米の件に付来〔る〕。小作代表五人」とあるように、「代表者」を出して年貢減免交渉を執拗にくり返している。

井之口・北野地区は、先述のように三木家が六町から七町の小作地を持ち、二五人から三〇人の小作人を使っている地域である。そこから小作料減免の集団的行動が起っている。また同日誌の翌二二年三月二九日の記述には、「徳・年貢米不足の件に付、地主・小作人争議の寄合通知に行」くとある。「徳」とは、三木家の雇人岡徳治のことであり、ここでは明確に「争議」という言葉が使われている。

八千種村の小作争議

三木家には、また八千種村の一九二三年（大正一二）一一月六日付の小作争議の記録が残されている。すなわち、

一 余田《よでん》部落は、小作料減額を必要とする田があった場合は、小作人が地主にその趣旨を申し出て、実地に検分した上で決定するという運びになった。

一 庄・小倉《おぐら》部落では、減額を必要とする小作人は所属地主に対して、実地調査をして下されとの趣旨を申し出るに止まった。

一 大貫《おおぬき》三部落は、最初小作人から委員を三部落団体等数で選出し、地主に対して早稲《わせ》は五割、中《なか》

稲《て》は三割、晩稲《おくて》は二割の要求をした。地主側は、それは不当な要求だとして、早稲は一割五分の減免で解決をしたいことになったが、その運びにはいたらなかった。その間に両者は感情的になり、遂に地主側は地主会を作り、その善後策を協議した。一方小作人側も、地主側の対応を聞くと、対戦すべきだと決心して、小作組合を作って、姫路市の弁護士などに善後策を協議し、益々紛糾している。その後、双方共に持久戦に入り、小作人は解決できないまま、稲の刈り取りに着手した。目下の所、村当局および村有志が、地主・小作の間に介在し、その調停の労を取ろうとしている状況である。

と記されている。東西南大貫の三地区が小作委員を選出して、小作料の減免要求を突きつけたところ、地主側も地主会を作って対抗してきたのである。

八千種争議の経過

東大貫の地主委員は鎌谷作太郎（夫）、小作委員は岡万次・藤沢忠太・岡岩吉・岡周吉・片山源吉・鎌谷吉之助、西大貫の地主委員は吉識源吉、小作委員は瓜生田友二・埴岡清治・吉識源二・川島仙蔵・吉識林吉、南大貫の地主委員は沢田作二（次）郎、小作委員は中島新二・内藤亀太郎・岡本甚太郎・藤原元二郎・谷岡五一・藤本今二郎らである。

大貫の小作委員は、「早稲五割、中稲三割、晩稲二割」の減免を要求しているが、これに対して地主側は「早稲のみに対して一割五歩迄（ママ）」を主張して譲らない。すでに「昨年永久の小作料減額」がな

表４-19　東大貫・南大貫の地主・小作人収益（1923年）

	東大貫（東谷）	南大貫（村ノ北）
反当収量見込	１石８斗	２石４斗
反当入付米	１石２斗	１石５斗
２割減としての減額量	２斗４升	３斗
小作人の収入	１石８斗－１石２斗＝６斗	２石４斗－１石５斗＝９斗
２割減としての小作人収入	６斗＋２斗４升＝８斗４升	９斗＋３斗＝１石２斗
２割減としての地主収入	１石２斗－２斗４升＝９斗６升	１石５斗－３斗＝１石２斗
同小作人収入金額　①	８斗４升×34円＝28円56銭	１石２斗×34円＝40円80銭
同地主収入金額　②	９斗６升×34円＝32円64銭	１石２斗×34円＝40円80銭
①－肥料代＝小作人収益	28円56銭－10円＝18円56銭	40円80銭－12円＝28円80銭
②－公課＝地主収益	32円64銭－12円＝20円64銭	40円80銭－14円＝26円80銭

出典：「小作問題調査」（『福崎町史』第４巻、509～511頁による。

されており、収穫が「一石二斗以下は東大貫四分、西大貫四分五厘」、「一石五斗以下は東大貫六分、西大貫六分五厘」、「一石五斗以上は東大貫八分、西大貫八分五厘」の小作料減額が行なわれていたのである。しかし、南大貫は「本年小作料減額問題前に地主小作了解の上、永久小作料減額は取消し」ている。

八千種争議の経済構造

大貫の小作委員の要求は過大に聞こえるかもしれないが、調停委員が試算した一反当たりの小作人収入と地主収入が表4-19である。小作人収益を反当たり人夫三二人で割ると、東大貫は一日当たり五七銭、西大貫は同九〇銭である。これでさえ一九二五年（大正一四）の神崎郡の農業日雇労賃一円八〇銭からすれば、西大貫の小作料収益が半分ということになる。小作料を二割減にしなければ、東大貫の小作人収益は三二銭五厘、西大貫は五八銭余である。これでは日雇労賃水準どころか、東大貫では男子小作人が一日働いても、米一升（三四銭）買えないということになる。小作料の三割減というのは、まさしく彼らの飢餓線上の要求である。

その最大の原因は、東大貫で六六・七％、西大貫で六二・五％という高率の小作料にある。この数字は決しておおげさなものではなく、調停委員は「地主の言」として、「大貫部落三等分すれば入附（小作）米」は、「一等に属するもの　一石六斗五升」、「二等に属するもの　一石二・三斗」、「三等に属するもの　一石五升乃至一石一斗」と書いている。また「小作側の委員中三名穏健なる解決意思を有し、早稲の如きは二割五分位の要求が真意ならんと想像する」とも記している。この争議の結末は不明であるが、おそらく小作料の二、三割減で調停されたと考えられる。

瀬加・山田村争議

三木家の史料によって、一九二三年（大正一二）一一月付の他の村の状況を見ると、「瀬加村農村問題」として、

一両牛尾地区では、農事協調会が設置されている為、会長・副会長の二名を除く他、評議員が被害地を検分して、一々減免の程度を協調した結果、その後いまだになんの異議申し出もなく、稲の刈り取りをしている。

一両瀬加地区はいまだ協調をみず。小作人側は随意委員を選定し、各被害地を一々検分し、その程度を提示するだけで、協調の運びにいたらない。

とある。牛尾村は協調制度がうまく作用しているが、瀬加村では争議直前という状態である。次に「山田村小作問題」では、

一　南山田地区は、早稲は地主・小作人委員の立会いの上で、坪入れ検分を行ない、それに減免を決定した。しかし中稲・晩稲は、小作人が三割（普通作のもの）四割、五割の要求をしたのに対して、地主側は五分、一割、一割五分を主張して、いまだに解決の運びにいたらない。

一　北山田地区は、早稲は小作人の要求が強くて未解決になったため、刈り取りの時期を失してしまった。そこで更に一割を増すこと、中稲・晩稲は一割・二割・三割・四割の差異をつけて減額することで解決した。

最初、小作人側の要求としては、早稲は随時免除、中稲・晩稲は普通作は三割以下四割・五割、小作料は一割五分引きとしたが、協調は取れなかった。そこで第一回は村農会の役員全部、第二回は地区に関係する僧侶三名、第三回は僧侶と自作農有志三名によって協定を計ったが不調に終った。最後には郡農会が調停に入って、結局前記のように調停を計った。

とある。かなり小作人側の攻勢が目につく。

また、山田村牧野《まきの》地区では、小作人側が「普通作、二割・三割・四割・五割の要求」を出すが、地主側は「普通作、五分・一割・一割五分・一割七分にて解決」を計り、調停が不調だったこと。同村「両山田・両多田」地区は、被害状況の実地検分を申し出」ているが、「未だ具体化したる交渉に入ら」

ざることが報告されている。

先述のように、同村の北山田地区では、「村農会の役員」、「僧侶」まで動員されて協調が計られ、結局、郡農会が調停に乗り出していることは注目される。地主－小作の「温情的」な関係が崩壊して、小作争議に行政的介入が行なわれるようになっている。

香呂村の協調

隣村の香呂村「相坂《あいさか》」地区では、小作人側二割、地主側一割の減免で交渉に入るが、なんとか「一割五分位の所」でまとまる様子である。同村「矢田部《やたべ》」地区では、「最低一割五分～八割（最初の要求は最低二割）」で解決した。同村「行重《ゆきしげ》」地区では、最低「一割五分減」で解決した。同村「犬飼」地区では、「二割減を要求し」、「地主は実収の上、協定することに決定」している。

同村「田野」地区では、「最初は団体交渉だったが、個人交渉にて解決する旨、地主側が主張した結果、その通りで折り合いが着いた。最低五分～五割の間で実地査定」が協定された。そして船津村では、「上野地区の外全村総代集合の折、三割減額を要求して、各地区毎に交渉することを協定」している。

また「上野」地区では、「入附米に応じて」、「一石三斗以上　一割七分／一石～一石三斗　一割五分／一石以下　一割三分」減で解決している。このように大体、小作料の二～三割の減免が実施されている。もちろん、香呂村の「中仁野」、「須賀院」、「広瀬」、「中屋」地区のように、「目下の所、要求せず」という地域もある。しかし、神崎郡の中心では、続々と小作料の減免闘争が展開している。

表4-20　兵庫県における農民組合の設立年次（1916～23年）

郡市別	1895～1916年	1917年	1918年	1919年	1920年	1921年	1922年	1923年	比　率
神戸市					1	2			3
武庫郡							1	1（1）	2（1）
美方郡							1		1
有馬郡	1						1		2
出石郡	1								1
氷上郡	1		1	1		1	3	1	8
明石郡	1					2	2	1	6
加東郡							2		2
加古郡	1	2				2	2	3（2）	10（2）
印南郡							3（2）	3（3）	6（5）
飾磨郡						1	2（1）		3（1）
神崎郡				1		3	1		5
加西郡								1	1
揖保郡						3	1	1	5
宍粟郡						3	1	7（6）	11（6）
城崎郡			1			1	2		4
津名郡		2		1		6（2）	5		14（2）
三原郡	3					9	4	7（3）	23（3）
合　計	8	4	2	3	1	33（2）	31（3）	25（15）	107（20）

出所：『農業争議ノ沿革並現況』65～70頁より作成。
　注：（　）内は日本農民組合の数。

農民組合の結成

最後に、兵庫県の農民組合の結成状況を表4-20で見ておこう。史料の性格上、一九一六年（大正五）以前の数字は、信憑性に乏しいが、一九二一年を画期として、農民組合が飛躍的に増大していることがわかる。二一年以前の農民組合には、農事改良組合や修養団体のようなものも含まれている。農民組合は大字＝近世村の単位で集会が開かれていた。

しかし、一九二三年九月二〇日に結成された、宍粟郡日本農民組合西谷支部は、安賀・斎木など複数の地区の結合体であり、広域組織への芽が見られる。もちろん同年五月一〇日に日農東播連合のような広域組織も結成されている。また一九二一、二年は非日農系の組合結成が中心であるが、一九二三年になると日農系の農民組合が増えてくる。兵庫県下で農民組合の最も多いのは三原郡であるが、日農は津名・宍粟郡に大きな影響力をもっていた。

神崎郡の農民組合は、小作料の減免闘争のなかで生まれた非日農系の組合である。しかし、このような農民組合を入れると無数の組合数になるが、一九二一年を画期として、小作・小自作農を中心に、新しい組織化・集団化が進展していった。

7　「団体の時代」

西光寺野の開墾

大正時代は、農民組合に見られるような「団体の時代」である。その例を西光寺野《さいこうじの》の開墾と水利組合から見ておこう。西光寺野とは田原村・八千種村・山田村・船津村・豊富村にまたがる原野の俗称で、市川を西に平田川を東にひかえて南北八キロメートルの延長に達し、土地台帳面積三二八町（ヘクタール）余の一大原野である。

地勢は概ね高く、土壌は肥沃なので水田に適していたが、灌漑用水を得ることが困難なため原野として放置されていた。江戸時代にも、天保八年（一八三七）、姫路藩の家老河合寸翁が、市川から疎水路を設けて引水しようとしたが失敗し、次いでこの地に丹後の宮津から縮緬《ちりめん》女工を雇い入れて一大製造場を作ろうとして、やはり失敗している。

ところが一九〇八年(明治四一)から一〇年に至る三年間、毎年郡会は満場一致で調査を決議し、熱心に研究した結果、水源を瀬加村(現市川町)の岡部川にとり、疎水路を開削して西光寺野在来の溜池を増築し、これに貯水して配分することに決定した。そして一〇年一二月二七日、普通水利組合を結成して事業に着手し、一四年(大正三)一月三一日、まず北浦谷貯水池の完成をみた。次いで桜池の増築工事が、同年六月一五日に完成した。

岡部川疎水路は、延長六キロにわたり、隧道《すいどう》八カ所、橋梁五カ所、暗渠《あんきょ》(サイホン式)・開渠《かいきょ》など複雑であった。なかでも第七号隧道は延長二七四間余を有し、その断面が狭小で幾度か困難に陥ったが、昼夜兼行二三カ月の難工事の末、ようやく一四年一〇月二一日に完成をみた。長池は、その容積が溜池中最大で、水面積二六町余、貯水量一六万坪を容した一大貯水池となった。また奥池の増築工事も滞りなく進展し、一五年二月二〇日に完成した。

西光寺野水利組合

工事の主体は、一九一〇年(明治四三)に結成された西光寺野普通水利組合であった。同組合は、郡長が管理者となり、神崎郡役所に事務所を置くといった、郡役所の主導権の強いものであった。

常設委員五名のもとに書記四名、嘱託書記二名、技術長一名および技術員数名を置いた。書記は、庶務・用地・材料・用度・会計の諸事務を担当し、技術員が一切の工事を担当した。ただ事業の遂行中、一三年一二月に技術長がその職を辞任するという事件があって、東京工務所に工事の担当を嘱託した。

疎水路・溜池工事の基本は、一四年三月三一日をもって完成した。同年四月一二日に、竣工《しゅんこう》式が田原村西光寺野式場で挙行された。また、一三年二月一二日からは、水利組合直営の耕地整理組合が工事に着手している。

工事費は、水利事業に二五万五〇〇〇円、耕地整理事業に一五万六五五〇円で、合計四一万一五五〇円にのぼった。当初の予算では、水利事業に一九万円、耕地整理事業に一一万五〇〇〇円、合計三〇万五〇〇〇円であったから、水利事業で三四%、耕地整理事業で三六%、合計で三五%の負担増となった。しかし、この工事によって岡部川疎水による養田は、三九七町八反五畝に拡大した。

地主会と勧農事業

神崎郡の地主会発起人会は、小作争議の激化する直前、一九二〇年一一月六日、田原村の振武館で開催された。呼びかけ人は、鵜野金平・内藤哲二・小寺誠之介・三木拙二・福永熊太郎・山口次郎・三木準一・伊賀朝二・鎌谷寿一郎・堀吉太郎・那波徳治らである。また一二月一一日の発起人会は、神崎郡役所内で行なわれており、会の終了後郡農会会長会議も開催されており、「米価維持問題」も討議されているが、地主会の発起人たちはそれにも参加している（三木美子文書）。

翌一一年一月二六日には、神崎郡農会が中心になって、田原村振武館で、進農会が組織されている。ここでは、「米不売同盟」や「米穀販売機関設置」の件などが話し合われている。

これらの機関とは別に、府県農学校の卒業生や篤農家を中心に、神崎郡農友会が結成されている。事務所は郡の農事試験場に置かれ、会長一名、副会長一名、幹事一八名で構成した。総集会は、春秋二回行なわれ、そのほかに臨時会がもたれた。事業としては、種子塩水撰や苗代播種法の改良、害虫駆除、肥料その他の共同購入、生産物の共同販売、試作地の設置、種苗交換会の開設、副産物の奨励を、農会と協力して推進することであった。

在郷軍人会

社会組織としては、在郷軍人会や青年団の活動が目につくが、まず在郷軍人会の活動を見てみておこう。一九二一年（大正一〇）九月二三日午前一〇時から、鶴居村（現市川町）南野で、神崎郡在郷軍人会の大会が開催されている。

当日は開会の頃からの雷雨にもかかわらず、約三〇〇〇人の軍人と五〇〇〇人の聴衆が参集した。「窪田会長の開会の辞あり、君が代合唱、軍人勅諭拝読、左記優良会員の表彰あり、宇垣師団長代理高崎少尉の訓示、那波川辺郡長其他の祝詞（辞）あり、師団より派遣の一箇中隊は機関銃・迫撃砲等の実地使用説明あり、終つて徒歩競争・綱引・銃剣術等あり、優勝旗は栗（粟）賀村軍人分会の棒（捧）持すること、なり」、午後五時、大雨のなか閉会した。

姫路の宇垣威第一〇師団長の「訓示」とは、「茲《ここ》に本郡に於て連合分会大会の実施を見るは、予の深く欣快とする処なり。今や我国四洲の情勢は、国防の完備と国民の発奮自覚を要望すること極めて大なるものあるを感ず。在郷軍人たる諸子、固《もと》より之を備ふる所あるべしと雖も、若し夫れ太平の予（世）、其本分を忘れ操志を誤り、或は目前の享楽に耽り、心身の練磨を怠るが如き事あらんか。邦家将来の為」、「益々士道を重んじ、武事を尚び産を治め家を興し、出ては国家の干城となり、入りては忠良なる国民たるの実を掲げ」というものであった。「若し夫れ太平の予、其本分を忘れ操志を誤り、或は目前の享楽に耽り」というあたりに、大正デモクラシーの進展による軍人の苦悩が現れている。

神崎郡青年大会

部落青年会結成への動きは、一九〇九年（明治四二）一月と二月の田原尋常高等小学校長楠田雅一の三木拙二組長宛の書簡のなかで、「部落青年会組織の件」を催促していることから見ても、この頃から組長・校長ら有力者主導で結成されている様子がわかる。一二年の新聞報道によると、神崎郡は「百六十六箇の青年団体、六千余の会員を有する」大組織が出来ている。同年五月五日、田原村の西光寺野で開かれた、神崎郡の第一回青年大会は、次のようである。

其中央に幔幕《まんまく》を引き廻らし万国旗薫風に翻《ひるが》へり、各支会の会旗は幾百旗と無く林立す。其処に集まる健児四千名、精気自から躍動するを見る。午前十時半となるや開会を報ず。軈《やが》て君が代に次で、森田会長教育勅語を拝読し、次に会長より有益なる訓示的式辞を陳べ、次に褒章及び支会補助金の交付あり。右終るや現代議士内藤利八氏より、青年団基本金中へ一千円の寄附披露あり。夫れより荒川県視学は、知事代理として一場の演説を為し、森本本社（大阪朝日新聞）記者は、総会の希望により講演を為し、田原支会長答辞を述べ、正午式を終り一時休憩。午後には浪花節・徒歩競争・宝捜し等の余興あり。一般の見物徒を為し、昨今未曾有の盛会を呈し、午後五時散会せり。(『大阪朝日新聞』)

このように、代議士の寄付を見せつけたり、知事代理の演説を聞かせたり、かなり青年団運動が官製的に組織されていることがわかる。

青年会運動の進展

一九一三年(大正二)五月二六日、田原小学校において神崎郡田原村青年支会が開催されている。「正十二時頃より隊伍堂々として、此に集る健児三百名精気自から躍動す。午後一時となるや楠田支会長開会を宣し、先づ君が代に次ぎ詔書を奉讀し、各分会の会務報告あり、郡青年会長森田久忠(郡長)氏は、一場の訓示をなし奨励金を授与し、松田郡視学の有益なる講演あり、終りて種々の余興あり」、そして午後五時三〇分に散会している(『大阪朝日新聞』)。

また翌一四年一〇月二六日には、西光寺野広野において、神崎郡青年大会が開催されている。その様子は次のようである。

開会を報ずる第一狼煙《のろし》の上りし際は、南風徐《おもむ》ろに二十五支会の紫地の会旗、さては蛸吊の日章旗を靡《なび》かせゐたり。十時三十分実科女学校長井上貞太氏開会を宣するや、直に君が代・教育勅語の捧読ありて、森田会長の訓示演説あり、次で既記の如く優良青年の表彰を為し、各支部へ補助金を交付して後、内藤前代議士の「青年に望む」、高島平三郎氏の「時局に対する青年の覚悟」、県農会長多木粂次郎氏の「時局と青年」の各題下に、何れも長広舌を揮つて、軍国青年の士気を砥励する処あり。

午後は余興の運動会で、田原村の尾藤熊次や上延政次らが最優勝者に選ばれている。参加者は、郡内の青年会員三〇〇〇人をあわせて郡民二万人であった。「さしもに広き西光寺野広野も人をもて埋むるの盛況を呈した」という（同上）。

8　教育の変貌と福崎高等女学校

皇室と教育

各学校の学校行事の変遷を、『学校沿革史』から見ておこう。まず八千種尋常高等小学校の学校行事を見ると、

明治四十五年七月二十六日　郷社大年神社ニ於テ天皇陛下玉体御安全ノ御祈祷アリ。当時赤痢病流行ニ付、生徒ハ同村部落ヲ通行セザル得ザルニヨリ遠慮シ、校長小西太郎参拝セリ。

明治四十五年七月

天皇陛下崩御アラセラレ、　皇太子殿下御践祚ナシ給ヒ年号ヲ大正ト改メラレタリ、同日奉悼式ヲ行フ。

大正元年八月十三日

先帝ノ御大喪ノ典ヲ行ハセラル、ニ付遥拝式ヲ行フ、神職西村陽式辞ヲ担当セリ。

同月十四日　校長小西太郎伏見御陵へ参拝シタリ。

大正三年五月二十四日　皇太后御葬儀行ハセラルニヨリ遥拝式ヲ行フ、神職西村陽式事ヲ担当セリ。

同月二十五日　校長代理トシテ訓導西村陽桃山東陵へ参拝セリ。

大正四年十一日　昭憲皇太后御一年祭典行ハセラル、ニ付遥拝式ヲ行フ、神職西村陽式事ヲ担当セリ。

大正六年二月二日

　皇后陛下御真影奉戴

大正四年十月二十八日

　天皇陛下御真影奉戴

……

大正十一年七月三十日

　明治天皇十年祭遥拝式執行、西村陽式事ヲ担当セリ。

同年九月二十九日午後七時ヨリ講堂ニ於テ社会教育活動写真写《(ママ)》影アリタリ。

主催者　郡皇道会　　写影者　津田要平氏。

とある。このように、明治天皇や昭憲皇太后の逝去によって、一挙に学校行事と皇室との関係が強まっていることがわかる。

戦争と教育

このことは、戦争についても言える。一九〇四年（明治三七）、日露戦争の勃発した年、八千種尋常高等小学校では「九月十五日、初メテ幻燈会ヲ開会シ、日清戦役ニ於ケル軍人ノ忠勇国民奉公ヲ尽シタル状態ヲ示シ、忠君愛国ノ精神ヲ涵養《かんよう》シタリ」ということが行なわれている。また八千種尋常高等小学校では、次のような学校行事も行なっている。

〔一九〇六年（明治三九）〕四月十五日、当校運動場ニ於テ、日露戦役凱旋祝賀会ノ挙アリ当校児童参列ス。

……

〔同年〕六月十一日陸軍大臣ヨリ戦利品（銃、刀、方匙、十字鍬、薬鋏、榴散弾）六点ヲ頒与サレタリ。

……

明治四十一年二月二八日通俗教育兼学友会ヲ開ク、本郡教育会ヨリ川邊尋常高等小学校長井奥賢

治出張講話アリ、父兄ノ会スルモノ百十九人。

これは、八千種尋常高等小学校だけではなく、どこの小学校でも行なわれている。特に日露戦後の地方改良運動のなかでは、

一、明治四十二年十月三十日、部落人民一般に教育勅語及戊申詔書の御趣旨を伝達するの目的にて、本日訓導兼校長日野善次郎高岡村之内板坂村に出張し、当氏神社頭にて教育勅語及戊申詔書を奉読し次で其御趣旨を説話せり。参集者本村民四十余名。

一、目的右様にして明治四十二年十一月三日、訓導兼校長日野善次、高岡村之内長野村氏神社に出張し、本日午前五時より拝殿に於いて教育勅語及戊申詔書を奉読し、次で其御趣旨について説話す。参集者当村民五十余名、同六時三十分日野校長帰校す。

一、明治四十三年一月三十日、訓導兼校長日野善次高岡村之内桜村氏神社に出張し、本日午前五時より教育勅語及戊申詔書を奉読し、次いで其御趣旨に就て説話す。集者当村民三十名。

一、明治四十三年二月十一日、訓導兼校長日野善次郎午前五時高岡村之内長野村氏神社へ出張し、本日之紀元節に因み我国体之団体に就いて説話す。参集者村民四十余名。（高岡尋常高等小学校『沿革史』）

といった、急速な教育勅語や戊申詔書の普及が、地域のなかにも見られる。

福崎高等女学校

大正の新教育の息吹きを感じさせるものは、福崎高等女学校の創設であろう。福崎高女は、一九一四年（大正三）二月、福崎尋常高等小学校に付設していた裁縫専修学校を改組し、福崎実科女学校として誕生した。当時の新聞によると、

播但線中最大駅たる福崎駅の直ぐ西に、洋風の建物がある。之れ福崎村立の福崎実科女学校である。校長は元出石《いずし》郡視学であった井上貞太氏である。神崎郡にては従来女学校がなかったので、郡内の有志は大に遺憾として、先づ其熱望の声が福崎村の婦人会の重なる人人によりて唱へられ、遂に一村の輿論となり、村会は満場一致で福崎村立の女学校を建てる事を決議した。

……

学科は、修身・国語・算術・家事・裁縫として、本科修業年限を三箇年補習科を一箇年として、補習科は修身・家事・裁縫の三科としてゐるが、高等小学校卒業者には、国語と算術との二科を随意科としている。

と報道している。記者も語っているように、「村立の女学校とは、非常の奮発で頗る珍らしい咄《はなし》である」といえる。ここにも、福崎村民の新しい息吹きが感じられる。

実科女学校は、一四年に校名を神崎女子技芸学校と改称し、二一年には県に移管して兵庫県立福崎

実業学校となり、翌一三年には兵庫県立福崎高等女学校となった。福崎高等女学校の「方針」は、「希望は向上の最高灯火也。希望なきの生活は死せるに同じ」といった格調の高いものである。福崎高等女学校の建物と女学生の制服は、福崎周辺の村の若者たちにとって、まさに「大正モダン」の象徴であった。

日露戦後の福崎

日露戦後の福崎駅を中心に、地域が「町場《まちば》」化するなかで、乳製品・醸造業などの一定の「工業」化がすすみ、莚叺などの農家副業が進展した。また酪農業なども発展し、これらの商業的農業の進展や、「転業安易ナル地方」（前掲『現況』）への変貌が農業日雇などの生活水準を向上させ、小作農農民の意識を変化させていった。彼らは自己の労働力の価値に目覚めていったのである。

福崎周辺は、地主制の発展した地域であり、一八八〇年代の後半から一九一〇年代にかけて、地主制の基盤は、零細な小作・自小作層であったが、そのなかでも借受け地を拡大して、自小作・小自作層に上向して入る農民もいる。

小作料は、収穫の五、六割という高率の現物小作料であり、「耕作権」も脆弱であった。初期小作争議の小作料永久三割減というのは、まさしく彼らの生存権要求であった。そして、このような非日農系の自然発生的な農民たちの運動にも注目することが大切である。

日露戦争後は、「地方改良運動」によって村や教育が急速に国家に奉仕する団体に変貌するが、この「団体化」は二面性を持ち、農民運動や青年団運動などが、次の時代へ切り開いていくことにもなる。大正期は「偉大な矛盾」の時代でもあった。

終　章　農地改革期における農村構造の変貌——京都府旧熊野郡の場合——

はじめに

農地改革期の諸矛盾・諸対立を解明できない近代日本農業史研究は不毛である、この観点を最も強く打ち出した論者の一人に、栗原百寿がいる。氏は次のように語っている。

いうまでもなく、敗戦後の日本資本主義は重大な変革期に立っている。この嵐のような変革の過程をつうじて、従来の日本資本主義の秘密な構造はいわば実践的に解剖されつつある。この変動の過程を明らかにすることは、それゆえ同時にこれまでの歴史的発展過程のからくりを解剖するゆえんである。（「農業危機の成立と発展」『著作集』皿、枝倉書房、一九七六年、一二五頁）

しかし今日なお、栗原＝井上晴丸論争以来の農地改革期の基本矛盾を、「国家独占資本主義的再編」

対生産者農民と捉えるか、「地主的再編」対小作農民と捉えるか、という最も重要な問題でさえ決着がつけられていない。むしろ一九七〇年代には、この評価軸の分岐が、戦前期農民運動をめぐる論争にまで発展していった（今西一「一九二〇年代農民運動史への一視点」『歴史評論』第三三三号、一九七八年一月号参照）。筆者は基本的には前者の立場を支持するものだが、後者の立場を全面的に否定するだけでは、戦後に澎湃《ほうはい》と湧き起こってくる貧農層の「土地問題」闘争を正しく説明できない、とも考えている。そこで、その限界性をも含めて戦後の貧農型農民運動の一事例を紹介することが、ここでの第一の課題である。

また戦前期の被差別部落の八割が農村部落であり、それも近畿の農村に集中している。この被差別部落では、一般村よりいっそう零細な土地所有・経営が展開しており、農地改革期の貧農的な土地要求を集約している。しかし、当該期の農村部落の実態を解明した研究は、まったくの「空白」に近い状況である。本章は、筆者が農地改革期の農村構造の変貌と部落問題を考える中間的考察の第一歩でもある。

資料の制約上、寄生地主「経営」の分析や村落支配の問題が欠落した。全体として農村構造といっても農村経済構造の分析に終始している。これらの点は、今後の研究のなかで補ってゆきたいと考えている。

〔補註〕西田美昭が、昭和恐慌期の「耕作権確立闘争」を過大評価する論者の一人として筆者の研究ノート（前掲論文）を批判している（「昭和恐慌期における農民運動の特質」東京大学社会科学研究所編『昭和恐慌』東京大学出版会、一九七八年、三二五頁)。ここでは、本章に関連する部分で、次の三点だけ誤解を解いておきたい。

第一に、筆者が従来の貧農型農民運動を積極的に評価する論者とは異なることは、本章を読まれればいっそうよく理解できるはずである。特に、私は耕作権の確立=近代的土地所有権の確立とする、旧来の「講座」派的な「近代的土地所有」美化論には反対するものである(詳細は今西一「書評・細貝大次郎『現代日本農地政策史研究』」『日本史研究』第一九七号、一九七九年一月号を参照)。

第二に、筆者は中農型農民運動の一定の役割を評価するものであるが、従来の戦前期農民運動史研究のなかで、あまりにも改良主義的潮流を低く評価していることには批判的な見解をもっている。

最後に、戦時体制下の「満州」移民に見られるような棄民政策によって切り捨てられ、農地改革期にやっと土地要求を実現していく貧農層の運動を、それ自体として西田らはどう規定するのであろうか。西田らの彪大な研究書『昭和恐慌下の農村社会運動』(御茶の水書房、一九七八年)に対する総括が「中農層=農民的小商品生産への過大な、または無限定的に評価によってかえって歴史の多様な可能性を見失なう」(『史学雑誌』第八八編第九号、一九七九年九月号、「書評」八三頁)結果になっている、という林宥一らの批判は正鵠を射たものであると考えている。

1　京都府農地改革の特色と北部「土地問題」の位置

京都府下の全般的な農地改革の結果を表終-1に見る。まず地帯区分として府下の諸地域を地主制・農業構造・都市化などの条件を考慮しながら、京都市と愛宕《あたぎ》郡を「京都市」、乙訓《おとくに》・綴喜《つづき》・相《そう》楽《らく》・南桑田郡と宇治市を「南部」、船井・北桑田郡を「中南部」、何鹿《いかるが》・天田郡と綾部・福知山・舞鶴

表終－1　京都府農地改革の地帯別特徴

	農地解放						
	総計		内、在村地主		小作地率		
	実数	%	実数	%	(A) 1945年	(B) 55年	(A)／(B)
	町	%	町	%	%	%	%
京都市	2,360.31	16.1	1,228.68	52.1	63.4	21.3	33.6
南部	6,667.32	45.3	3,509.78	52.6	51.3	12.2	23.8
中南部	1,706.96	11.6	847.97	49.7	33.2	13.8	41.6
中北部	1,184.90	12.3	784.63	43.2	29.4	14.6	49.7
北部	2,159.51	14.7	999.18	46.3	33.0	13.1	39.7
京都府計	14,709.00	100.0	7,370.24	49.4	41.6	14.1	33.9

	宅地・施設解放										*宅地開放率
	宅地		住宅		農用建物		溜池・水路		堤防・農道・他		
	実数	%	実数	%	実数	%	実数	%	実数	%	%
	坪	%	棟	%	棟	%	反	%	反	%	%
京都市	64,708	8.1	67	33.7	13	26.3	17	10.8	0.5	1.3	35.4
南部	550,594	68.4	109	54.8	26	53.1	137	86.7	38	96.5	68.0
中南部	79,542	9.9	12	6.0	5	10.2	1	0.6	0.7	1.8	69.2
中北部	34,655	4.3	2	1.0	2	1.4	2	1.3	0.1	0.2	17.0
北部	75,171	9.3	9	4.5	3	6.1	1	0.6	0.1	0.2	31.2
京都府計	804,670	100.0	199	100.0	49	100.0	158	100.0	39.4	100.0	51.9

	未墾地解放				買収除外農地		売渡保留農地		小作地返還率		遡及買収
	総計		内・国有地						総計	対小作地比	総計
	実数	%	実数	%	実数	%	実数	%	1,019町		330町
	町	%	町	%	町	%	町	%	%		%
京都市	303._	11.4	156.7	12.0	116.4	47.5	211.9	65.7	2.7	1.0	81.4
南部	906.8	34.2	283.4	21.8	50.4	20.6	73.3	22.7	22.0	2.7	1.3
中南部	404.9	15.3	125.6	9.6	5.6	2.3	0.5	0.1	12.2	5.2	4.7
中北部	744.1	28.0	609.5	46.8	52.1	21.2	3.3	1.0	25.9	8.2	3.6
北部	296.1	11.1	128.2	9.8	20.6	8.4	33.6	10.4	37.2	12.3	9.0
京都府計	2,654.9	100.0	1,303.4	100.0	245.1	100.0	322.6	100.0	100.0	5.2	100.0

	被買収規模別地主戸数分布（農地のみ）						
	～0.5（町）	0.5～1.0	1.0～3.0	3.0～5.0	5.0～10.0	10.0～50.0	計
	%	%	%	%	%	%	%
京都市	72.7	14.6	9.0	2.1	1.0	0.5	100.0
南部	68.0	16.7	11.4	2.4	1.1	0.4	100.0
中南部	81.0	11.8	6.1	0.8	0.3	0.0	100.0
中北部	90.3	6.7	2.6	0.3	0.1	—	100.0
北部	86.3	8.3	5.7	0.5	0.3	0.0	100.0
京都府計	79.5	11.6	7.1	1.3	0.5	0.2	100.0

	買受農家の経営										
	戸数　%					買受面積　%					1戸当たり平均買受規模
	～(町)0.5	0.5～1.0	1.0～2.0	2.0～	計	～(町)0.5	0.5～1.0	1.0～2.0	2.0～3.0	計	
	%	%	%	%	%	%	%	%	%	%	反
京都市	59.3	32.1	8.0	0.6	100.0	39.8	47.0	12.8	0.4	100.0	2.5
南部	33.0	41.9	24.5	0.6	100.0	24.1	43.9	31.1	0.9	100.0	3.1
中南部	50.2	44.4	5.3	0.1	100.0	34.4	47.8	17.7	0.1	100.0	2.3
中北部	58.9	37.4	3.6	—	100.0	53.6	42.2	4.2	—	100.0	1.4
北部	53.3	40.0	6.7	—	100.0	37.4	61.0	15.1	0.3	100.0	1.6
京都府計	50.1	38.4	11.3	0.2	100.0	33.4	47.0	21.0	0.6	100.0	2.2

出所：各地方事務所『農地等解放実績調査』（1950年8月1日）より作成。この表の作成にあたっては野田公夫氏の御助力を得た。

注：宅地開放率＝解放宅地÷（解放宅地＋残存宅地）。ただし、残存宅地は各郡市別『農地統計調査結果表』（1948年3月1日）による。

市を「中北部」、与謝・中・竹野・熊野郡を「北部」、と五地域に区分する。

農地解放の結果から見ても、京都府の地主制は中小の在村地主型であることがわかる。被買収小作地の五〇％弱が在村地主であり、府下でも不在地主の小作地が在村地主より多く、四〇％を超えるのは愛宕・北桑田郡と宇治市だけである。つづいて農地改革による土地所有の変貌を小作地率の変化から見ると、一九四五年一一月二二日現在で約二万一三〇〇町歩、全農地の四一・六％を占めた小作地が、改革後の五〇年八月一日には約七〇〇町歩、一四・一％にまで減少している。しかし、この一四％という数字は全国平均の残存小作地率一〇・七％より高い。

ここで特に注目する必要があるのは、改革前には府下全域の四五％の小作地を占めていた南部の小作地率五一・三％が、改革後には一二・二％に減少しているのに対して、北部から中南部地域が一三％以上となり、南北の小作地率の逆転現象が起こっていることである。ただし京都市の小作地率が二一％と異常に高いのは、都市計画のための買収除外、プロレタリア化した零細小作農への売渡保留農地が多かったことによると考えられ、都市化という異なった要因によっている。改革前の小作地率に対する改革後の残存小作地の比率＝残存度で見ると、南部二三・八％に対して中南部以北がいずれも四〇％以上であり、北部諸地域では、四割以上の小作地が改革の対象とならなかった、ということである。

南部の改革が徹底して行なわれたことは、宅地・建物・農用施設の解放実績からも言える。宅地解放では、相楽（全府の一七・二％）・綴喜（一六・三％）・南桑田（一五・七％）の南部三郡だけで、府下全体の半ば近くを占めている。建物の解放では京都市が二六％と高いが、次いで南桑田郡一五・

七%、乙訓郡一二・九%、船井郡六・九%の順になり、南部全域で五三%である。溜池・水路など農用施設の解放では南部が九七%と圧倒的である。京都市が宅地・建物の解放では一定の比重を占めながら、農用施設の解放が低率であるのは、前述したように京都市の農地改革が「都市問題」であった、という性格を反映している。京都市のなかでも宅地・建物の解放は、右京・東山区が常に上位である。宅地解放率において中南部が高いのは絶対値が少ないためであり、実質的には南部が断然トップである。

北部と南部の差異性は、農地の買収・売渡しのなかにも現れている。被買収規模別地主戸数では、五反以下層が中北部・北部で多いのに対して南部で少なく、三町以上層の比重が南部・京都市で大きい。ここにも北部地主の零細性が証明されている。また買受農家の経営規模を見ても、戸数比率では五反以下層が京都市・中北部・北部で多く、逆に一町以上層は南部で一五%と特に多い。買受面積でも北部の五反〜一町層が六一%であるのに対して、南部では一〜二町層三一%と著しい対極をなしている。そして一戸平均の買受規模では、南部三・一反、北部一・六反と、ここでも南部の経営的優位性が貫徹している。以上、小作地率の逆転、宅地・農用施設解放の徹底度、農地買受規模の大小から見ても、南部の農地改革によるドラスティックな農業構造の転換＝断絶性と、北部の緩慢な連続性が結論づけられる。農地改革による土地所有の転換は、南部がより激しかった、と言える。しかし、北部諸地域では、熊野郡の田村・川上・湊《みなと》・海部・上佐濃（以上四七年）、中部の峰山（四七年）・五箇・吉原（以上四八年）、竹野郡の間人《たいざ》・竹野・豊栄《とよさか》（以上四八年）、与謝郡の養老（四九・五〇年の二度）・朝妻・市場（以上年度不明）などの農地委員会で、「土地取り上げ」が、改革過程の重要な問題の一つになっている。戦前期に組織的な農民組合運動が皆無であった北部諸地域[1]が、なぜ農地改革期「土地闘争」の激化地域となったのか。ここでは、北部地域（熊野郡）の土地所有の連続性と農民運動の断絶性を、運動史をも含めて追及してゆきたい。

2 熊野郡における農地改革の実施過程

熊野郡（現京丹後市）の全般的な状況を、『農地等解放実績調査』[2]に見る。まず同郡の特色は、その自作地率の異常な高さにある。農地改革実施以前の一九四六年、久美浜町の四八・四％を除いて、川上・神野・湊・上佐濃・下佐濃・海部・田村では六〇～七〇％の自作地率である。しかし、田村の三六年当時で小作地率が二八・五％、海部では四〇年に三〇％であるところから、戦時体制―農地改革期に、零細耕作地主の土地取り上げが進展していることを予測させる。

湊・田村では、それぞれ畑地が一〇三・四町歩（六四・六％）、八一・五町歩（三五・七％）と多い。これは同地が、海岸沿いの砂丘地であることによる。しかし田村では、果樹などの商業的農業が発達しており、三六年当時には畑地が一一〇町四反歩（四一・三％）あった。だが、戦時体制―敗戦直後に畑地を潰して、水田を増やしていったと言われている（同地での聞き取り）。

次に売渡し・買収の特徴を見よう。京都府全体では、第三回の買収で五九四七町歩（総買収面積の四〇％）を買収しており、第四回迄に一万四〇二町歩（七〇・二％）を買収し終わっている。奥丹後でも比較的早く進展しており、第三回で二一二町八反八畝一八歩（四四・八％）を買収し、第四回までは九四六町六反六畝一二歩と、全買収面積一二五二町三反八畝一九歩の七五・六％を買収している。しかし、熊野郡での買収は村ごとの不均等が著しく、第四回までに湊村七七・九％、田村七二・六％、久美浜町七〇・九％、海部村七〇・六％、神野村六八・九％、下佐濃村六五・七％、上佐濃村六四・五％、川上村五七・七％という具合である。湊・田村で比較的早く、上下佐濃・川上村では遅れている。農地買収の経過は、零細な土地所有が多く、山間部の親方・子方など人身的な隷属関係の強い地域ほど遅れて進行していると言える。

つづいて農地の解放を受けた農家の特徴をを見よう。京都府全域で売り渡しを受けた階層は、小作層で経営規模五反未満層が一万二三四二戸（二〇・一％）、小自作五反未満層が七四八七戸（一二・二％）、自小作五反未満層が七一〇〇戸（一一・六％）で、上位三位を占めている。小作＝貧農、小自作＝貧農、自小作＝貧農という正当な順位になっている。これに対して奥丹後では、小作五反未満層が一五二一戸（一九％）と最上位であるが、次に自小作五反以上一町未満層一〇八八戸（一三・六％）、小自作五反以上一町未満層九五二戸（一一・九％）とつづく。小自作五反以下層、自小作五反以下層は四、五位である。これは奥丹後全域で、一九四五年当時、自作農一一七七戸（一五・九％）、自小作農二二四六戸（二八％）、小自作農二〇四一戸（二五・五％）、小作農二一六〇戸（二七％）と、自小作農が小作・小自作農より多かったことを反映している。奥丹後では、純小作型というより自小作型の農村が多い。

熊野郡の各村では、いっそう多様である。売渡しを受けた戸数の第一位は、久美浜町・川上・湊村では小作五反以下層、神野・上佐濃・海部・久美谷村では自小作五反以上一町層、田村・下佐濃村では自作五反以上一町層となる。そして一戸平均の売渡し面積は、湊村一・九反、田村一・七反、下佐濃村一・五反、海部村一・四反、川上村一・三反、上佐濃村一・二反、神野村一・一反、久美谷村一反、久美浜町〇・九反と、いずれも極めて零細である。しかし、そのなかでも漁村湊と商工都市久美浜町を別として、零細農業経営で地主・小作関係の強い川上村、自作関係の比重が相対的に大きい上佐濃・海部・久美谷村、自作農が経営規模を拡大しようとしている田村・下佐濃村の三類型に区分される。

また売渡し面積の零細性は、熊野郡地主の零細な土地所有にも対応している。同郡では湊村の軍需工場所有地を除いては三町以上所有者は皆無である。在村・不在別に見ると、久美浜町は舞鶴市らと同じく商工業者型の零細不在地主が多く、湊・神野村でも漁業経営者の零細不在地主が多い。また自作前進型の下佐濃・田村でも不在地主が多く見られる。他方、これに対して川上・海部・上佐濃・久美谷など山間部の村々は在村地主型である。

ここで農地改革期の農村事情がわかる文章を、『農地等解放実績調査書』に付いている農地委員会書記のアンケートから拾ってみる。

「一、農地改革で最も苦労したことは何か」という問いに対して。

湊村　当村の様に隔寒《(ママ)》村に於ては地主勢力が根強く、旧来よりの地主、小作関係で農地法でとは云へ地主の所有地を買受けに際し躊躇する感があり、農地法の普及徹底に少からず意を用いた。

亦貸借関係に於ても然り、尚当村は半農半漁の準農村である為、農地は極めて少なく故に土地に対する執着心が強く、零細農の耕作している不在小作地等で買収としたが、売渡に際して売渡適格者でない場合が多く、この場合決断に誠に困難した。

神野村　農地買収計画樹立決定である。買収売渡によって農地をめぐる諸種の紛争を未然に防止する様農地改革の趣旨普及徹底に努め、慎重この事に当ったのであるが、地主の勢力、小作人の権利行使のそのなかにあってこの事業は並大抵ではなく、殊に在村地主、社寺有の買収計画には少からず苦労した。

田村　①本事業が画期的なもので従来の思想と著しく懸隔があり、一般の理解・納得が至難で言動のみで協力がなかったこと。②遡及《そきゅう》（買収）の件につき有力な地主と一派の小作人、これに対し団結した小作人の徹底的な対立を来し、この處理と調停に委員会の両論伯中《（ママ）》であったこと。③裁判対策。

この田村での「地主と一派の小作人、これに対し団結した小作人の徹底的な対立」→「裁判」というのが、後述する田村の農地委員会リコール運動である。しかし、どの村でも紛糾・混乱が起こっており、農地改革の実施過程は、それほどスムーズに進行していない。田村の記事を、もう少し読むと、「六、あなたの村（市町）がまわりの市町村と特に変った事情にあったため農地改革において特に注意しなければならなかったことについて書いて下さい」という問いに対して、小作層の多い一部落にいち早く日農支部を結成、その系統及共産党の指導を受けたため。
A他町村に〔争議が〕先行したため、他町村に及ぼす影響を顧慮し不当な事例を残さぬこと。
B暴露戦術のため法律上の諸事項等の履行に細心の注意をしたこと。

と言う。そのほかに、農民組合の動きを見ると、久美谷村では「四、村（市町）内で農地委員会の仕事に理解をもち協力してくれた人々はどんな方ですか」という問いに対して、「農民組合並青年団の役員」と答えている。また上佐濃村では、「五、村（市町）内で農地委員会の仕事に事々に反対したような人はいませんか。それはどういう方ですか。委員会にそれはどういう処置をしましたか」という問いに、「農地改革の進行に伴ひ小作人を刺戟して上佐濃農民組合を作り（組合長石原英夫《ママ》）農地委員会に対抗して来たが組合員も一、四、五人であり一部の小作人のみの結合であって悪質のものではなく多少小作人を啓蒙した点もあった」（傍点は引用者）と答えている。これらの解答の仕方には、農地委員会書記の個性や立場が反映しているが、農昆組合の活動を、それほど否定的には書いていない。当時の農地委員会書記というのは、村役場を退職した人物や都会からの引き揚げ者が担っており、農民というよりは農村の「亜インテリ層」である。

それでは、田村の農地委員会リコール運動と、その他佐濃・川上・海部村の農民運動を見ていこう。山間部の村々に偏ったのは史料的な制約であり、それでも残存史料が少ないため、かなり聞き取り調査によって補わざるをえなかった。

3　田村の農地委員会リコール運動

この事件の経過は、一九四八年一月初旬の『朝日新聞』で、次のように報道されている。

農地買収令書拒否を提訴
改組した農委の判定に不服の地主

熊野郡田村の前府立農事試験場丹後分場長日下部菊治郎は、隣りの農村で村有地約三町歩の果樹園を経営する一方、田村で二町九反を所有し十六名に小作させていたが、終戦直後、分場長を退職、能勢喜久三氏ほか七名が耕作していた一町七反を回収・残り一町二反（白岩亨氏ほか七名耕作）の土地返還を二十二年十月久美浜簡易裁に提起したが、同十二月五日敗訴となり、田村農地委員会から買収令書を発せられたが、これを受取らず「昭和二十二年五月田村農委で在村地主と決定されたのを、同七月の農委更迭のため小作代表をリコールして改組した農委により不在地主と判定されたのは不服だ」として、昨年京都地検へ府農地委員会長の木村知事を相手に買収令書受領拒否の仮処分申請の提訴を行うとともに、久美浜簡易裁での判決についても不服として地検に提訴している。

これに対し日農府連主事泉隆氏は、日下部氏が最初に能勢氏らから回収した二町九反は知事の許可を受けずに不当取上げを行ったものと目下同地検に告訴しているので、日下部氏が退職後に湊村から田村に住宅を同じにして移住したことが果して在村地主であるかどうかの判定が眼目であることと、村農委の判定が第一回在村地主となり小作委員がリコール制で代ってから在村地主ときめたのだが法的にどうなるか、最初の土地回収が不当かどうかが問題で、地検では安原検事係で慎重に取調べ十三日口頭弁論が行われる。

と記されている。丹後での農地委員会リコールは、ほかに四八年豊栄《とよさか》村（現伊根町）で、四九年峰山町で起こっている。(3) また四七年九月一八日、与謝郡上宮津で小作層の利益を代表せぬ小作委の改選が、小作人層の要求で行なわれている。(4) しかし、田村のように、不在地主の土地取り上げを容認した農地委員（小作人代表）を農民組合でリコールして改選し、それに対抗して地主が告訴をする、という徹底した形態をとったものはほかに例を見ない。

そこで事件の経過と論争点について、日下部側と農民組合側の主張を聞こう。日下部側の訴えは、四八年一月一三日の京都地裁の口頭弁論で使われた訴状に見ることができる。(5)

一、……原告〔日下部菊治郎〕は多年京都府農事試験場に場長として奉職し、早くから郷里京都府熊野郡字平田に帰って農事に従事せんことを希望して居た為昭和十九年末退職願を出したが、当時戦時中のこととて増産の重責を負はされて居た関係で許されず、漸く終戦後昭和二十年九月十日退職を聴許せられたので直ちに郷里に帰り、仝《どう》年十月自作を理由に小作人等に土地の返還を求めた時、小作人等全部は何れも快く承諾したが、向ふ一ヶ年間丈け耕作せしめられたき旨懇請したので、原告は之を許容し昭和二十年稲作収獲限り返還すべきことを約定した。

二、ところが右期間中は何事もなく経過し、今年十二月十日の年貢集めの期日には原告（日下部）から仝年度の小作料の全免を申し出て小作人等も之に感謝し円満解決を見たのであるが、其后昭和二十一年十一月二十三日農整法（農地調整法）の第二次改正施行せらるる等のことあった為、翌年四月植付期の切迫と共に小作人等より原告所有の用地の耕作者決定方を田村農地委員会に要求するに至り、仝農業委員会では昭和二十二年五月五日午後一時田村役場に於て委員会を開催し、「原告所有農地を昭和二十年十一月二十三日現在の不在地主として遡及《そきゅう》買収可否の件」を議題として審議した結果、原告を在村地主と認定し遡及買収を否定し自作農創設特別措置法附則第二項を適用せざる旨の決定を与えた。

三、然るに其の后、田村農地委員会は仝年八月六日同一議題につき再審議をなし採決の結果五対五となり会長採択を保留し、仝月十一日の委員会に於て五対六を以て遡及買収を可とする決定をなし……原告所有用地について買収計画を樹て仝月十四日之を公告したので、八月二十五日原告は、田村農地委員会に対して異議の申立をした処、仝委員会は九月四日異議申立を却下する旨の決定をした。

因て原告は九月十四日、既に田村農地委員会が適法に審議して、遡及買収を否とする決定を与へた限り、仝一委員会が同一議題を審議にかけること自体違法であるに不拘《かかわらず》、前決定と正反対の議決をした事は誠に不可解であって法律的には后の決定は無効である」旨を主張して自作法第七条第三項に基き京都府農地委員会に訴願したるに、府農地委員会は原告の主張をみとめず仝年十一月一日訴願却下の裁決をなし、該裁決書は昭和二十二年十一月二十一日原告に送達せられた。

長々と引用したが、事件のより詳細な経過と日下部側の主張は理解してもらえたと思う。日下部側の主張は、㈠小作人とはすでに「円満解決」した小作地引き上げであった、㈡四七年五月五日の田村農地委員会で「在村地主」の認定を受けている、㈢「全一委員会が同一議題を審議にかけたこと自体違法である」の三点に要約できる。これに対して小作人側は、どのような反論をしたのか。運動の指導者白岩亭が、四八年に「リコール闘争」という当時の記録を書いている(6)。その論旨を見よう。

該地主(日下部)退官の昭和二十年十二月中旬、小作料納入の際に小作人十六名に対して、墳墓の地である本籍地に帰村するから小作地の全部を一応返還する様にと世話人を通じて依頼があったが、小作人一同突然の事であり、尚生活の基盤である土地を返還する事は生活の脅威であるから、兎に角一年の猶予を依頼し、昭和二十一年度耕作は小作人に於て営まれた。吾々小作人が一年でも耕作を要求する心理は生活権をまもるための嘆願であり、其の場を逃れんが為の解決方法であったのである。然るに地主は同年八月帰村する目的を以て(在村地主に認められんが為の予備行動として)建築準備に掛り、第一着手として百五十坪以上の農地を地方長官の許可もなく(現在に於ても認可なし)宅地としての工事を進行した。昭和二十二年一月下旬、愈々《いよいよ》上地取上げに着手、地主は自ら上地返還承諾書を作製し、家庭訪問に依って強制的に捺印せしめた。小作人は長年耕作さして戴いたと言ふ当地方の習性に束縛されて何ら文句も言えず、又地主の「此の土地を返してくれたら他に適当なる土地を耕作させる」との甘言に乗ぜられ遂に承諾書に捺印するの大失敗をおかしたのである。農地法は小作解放の為の法律であると聞かされたのが昭和二十二年二月十一日の日農兵庫県連合会幹部の講演に於てであった。（一五五頁）

と真正面から反論している。(一)「円満解決」どころか、地主の強権的な圧力が加わっており、しかも(二)「地主は尚官職にあった関係上、農地法を早くより知悉して居た事は事実である。其れが為総ての行動をおこし、在村地主たるべき策動を講じて居たのである」と、日下部に「在村地主」への擬装工作があった（同頁）ことを指摘している。また(三)「農地委員会の創設自体が民主化を欠き（投票によらず推選《ママ》々挙である）」（同頁）、かつ(四)日下部「自身は隣村湊村より時々顔を見せるに過ぎず、「地主帰村するや小作人を集合せしめ「愈々本年より自作するから田地二町余を返還せよ、他は一時小作をさせる」と自分自身机の上土地処分案を作製して小作人を饗応し、依って納得せしめた」（一五一頁）こと、日下部が「村農地委員会、地方事務所、府農地課等を巡回連絡し、小作人一同より土地返還に諒解を得たから当然在村地主としての取扱を強調策動」したこと（同頁）など、買収・饗応の事実をも暴露している。

日下部を「在村地主」と認定した、四七年五月五日の第四回田村農地委員会の『議事録』を見よう。(7)

（一）　昭和二十年十一月二十三日以前の帰村の意志に基き、土地返還の申出をなし、小作人一同承諾捺印し、一年後返還する如く契約したので、農地改革法により土地の解放を避けんための帰村でない……。

（二）　目下住宅建築準備中にして、将来永住し自作農たらんとしてゐること。

（三）　農業技術者にして、従来の湊村農園の経営を見ても、生産力を増大し得ることと認められること。

の三点である。（一）（二）は日下部の一方的な言い分が受け入れられているし、（三）は全く本論と関係ない。この第四回農地委員会の情景を、白岩は「地主擁護委員の地主を擁護ずる長広舌と、協議会の席上に於ける地主のみ意見聴取とにより、地主の策動効を奏し」（一五七頁）たと言うが、それにしても「四対六」という僅差の議決であった。

両派の小作人八名が連名で、事情聴取のため府農地委員会に提出した『日下部菊治郎氏所有農地に関する経緯及其の真情』（一九四八年二月八日）(8)という文書を見ても、「当該八名の小作人は耕作農地極めて少なく、之を返還した暁は、明日より生活翟《ママ》意を受ける事実を知りながら封建性強い農村（奥丹後地方は特に然り）に於ては地主勢力に圧倒され涙ながら捺印したものである」と語っている。また「昭和二十二年度も耕作せしむと称しながら昭和二十一年十二月初旬「近く農調法施行令が出るとの話があるから、それによると今日自作してゐないと所有農地がなくなるから、前記契約を白紙にして貰い度いと申渡された」。小作人一同は只呆然としてゐたのみであった。／斯如《かくのごとく》く地主は法律の出る迄に総てをよく承知してゐたものである。其の後法律が次第に一般に理解され、地主は自分の意志貫徹が困難となったことをさとり、種々様々な工作に全力を注ぎつつあった」と断言している。そして五月五日の第四回農地委員会の直前には、「日下部氏と主従関係にある某が……「地主と農地委員と結託すれば小作人等弱い者である」ともらした事実」を指摘している（「不法にも在村地主と認定せし当事の空気」）。

第四回農地委員会の決議に対して、小作人側は五月一四日、「日下部菊治郎は在村地主と認めらるゝや、所有権と耕作権は同一であるもの、如く小作に対し不当なる反別の要求土地の処分案を作成し交渉する等、尚裏面に於て作動を続けつゝ」あるので、「耕作農民の地位の安定、自作に依る増産意欲の旺盛を要求」した（小作人署名捺印「請願書」一九四七年五月一四日、一六一頁）。これは一歩譲歩した戦術であったが、「委員会は要求を無視して地主よりの土地引上申請……の審議」に入ろうとしたので、「小作人一同当日の委員会の審議を保留すべく要求し」、一応保留となった。ここでしばらく膠着状態がつづき、地主も「飽く迄一町八反程度の自作地を要求」して譲らなかったが、七月六日、小作人側から田村農地委員会の「改選要求書」が出される（一五七頁）。この要求書では、第四回農地委員会で「小作代表委員が地主擁護の違法なる投票を行ひ、小作を裏切りたる行為」に憤慨し、実情調査を行なった二人の自作代表の特別委員が「地主に有利にするが為の資料」を提出したこと、「買収計画要求も何等誠意なく、保留延期策を講じてゐる」ことなどを批判し、「農地委員改選法「リコール」の採用を要求している」（一六二～一六三頁）。リコール運動は、田村全農家三一〇戸の内八〇％の賛成を得（白岩亨談）、「村長も之を了として改選を行った」（前掲『経緯及其の真情』）という。

リコールされたのは小作代表委員だけで、木下安右衛門（当時五一歳）・岩田数之助（四四歳）・西垣宇之助（四五歳）・白岩鹿蔵（五八歳）・能勢喜久三（三六歳）の五人である。この内、岩田・西垣が再選され、新たに野田治吉（三七歳）・白岩亭（二六歳）・一ノ尾市郎右ヱ門（五四歳）の三名が選出され、七月二八日で農地委員に就任する。再選されなかった三名は日下部側の農地委員で、白岩鹿蔵は白岩亭の実父にあたる。

新小作委員の五名は、「日下部菊治郎に係る在村地主認定の件に関し再審議相成度」という「議題要求書」を農地委員会に提出する（一六三頁）。八月六日、第八回農地委員会において再審議されるが、「リコール」に依る改造要求書の理由中不当なる点」をめぐって激しい議論の応酬があり、議決は「五対五」の同数となるが、一時委員長保留を宣言する（前掲『議事録』）。これは「地主擁護の五は、当然不在地主と取扱うべきものと確認しておりながら、地主委員が現在法律違反行為をなし小作地を引上げて自作しつつあり、ここに於て地主を擁護せざれば自分の立場が悪くなること、又一つはリコール制の腹立によって感情的に対立してゐる」（前掲『経緯及其の真情』。傍点は引用者）ことによる、という指摘は正鵠を射たものであろう。

しかし、「委員長（地主層）は其の責、重且大なるを感じ府農地課及農地委員（特別委員）の指導を得」（同上）て、八月一一日の第九回農地委員会において「遡及取扱を可」とする結論を出している。理由は、

（一）昭和二十年十一月二十三日当時湊村にありて不在なりしこと。

（二）……本人は湊村農園居し（ていること）……。

（三）湊（田）村に於ける分家は昭和二十年十二月二十日にして法的に無効なること。

（四）（中略）

（五）……不在者として買収せられても湊村の農業経営に不安なく耕作者（二十名）は一部を除き種々の脅威を来し生活安定せないこと。（『議事録』）

「在村地主」への擬装工作などには触れず、不在の一点のみに絞った採決理由だが、小作人側の一応の勝利である。しかし、その直後に日下部と「親方小方関係及び親類関係者」（一五八頁）の小作人八名が、「昭和二十二年五月三十一日限り耕作権を放棄し日下部菊治郎氏に返還」する「買収除外申請書」（一六四頁）を農地委員会に提出する。そして日下部自身、八月二五日久美浜簡易裁判所に、「最も悪辣性を帯びたる前記承諾書捺印」（一五八頁）を理由に白岩鹿蔵他七名の小作を告訴する（「訴状」一六四〜一六六頁）。

「第一回口頭弁論期日は昭和二十二年十月八日、第二回証人訊問、そして第三回に判決を言い渡された」が、一二月五日の判決は「昭和二十年十一月二十三日現在に不在」であったことを論拠に、田村ならびに京都府農地委員会の買収の正当性を認め、地主側の請求を却下した。それでも日下部は「地主は農地法に負けても民事に於て勝利を得るとの暴言を口にし」て、四七月一二月二二日に京都地方裁判所へ上告しながら、「土地返還に奔走している」（一五八〜一五九頁）。

日下部の主張は前述のとおりで、京都地裁でも「仝一委員会が同一議題を審議にかけたこと自体違法」という詭弁をくり返しているが、これに対して田村農地委員会に「前提要件の決議に確定力を生ずる該当法文はない」とし、「五月五日の決議に原因し「リコール」制の適用となったもので……当

表終－2　田村・平田地区の農家階層構成（1947年）

経営面積別	実　数（階層別）						
	戸　数	耕作地	自作地	小作地	果　樹	所有地	貸付地
町	戸	反	反	反	反	反	反
2.0～3.0	1	24.2	24.2	—	9.1	24.2	—
1.5～2.0	1	16.6	16.6	—	6.3	22.9	6.3
1.0～1.5	6	81.5	80.4	0.1	28.3	93.5	12.1
0.7～1.0	9	73.2	60.3	12.9	17.1	60.3	—
0.5～0.7	9	55.5	48.1	7.4	20.0	63.5	8.0
0.3～0.5	20	84.2	34.7	49.5	12.3	85.5	1.3
0.1～0.3	18	32.6	9.2	23.4	3.5	9.2	—
～0.1	3	0.6	—	0.6	0.1	—	—
計（平均）	67	368.4	273.5	93.9	96.7	359.1	27.7
不在地主	19	—	—	—	—	59.6	59.6
合　計	86	368.5	273.5	93.9	96.7	418.7	87.3

経営面積別	比　率（階層別）						
	戸　数	耕作地	自作地	小作地	果　樹	所有地	貸付地
町	戸	反	反	反	反	反	反
2.0～3.0	1.5	6.6	8.8	—	9.4	5.8	—
1.5～2.0	1.5	4.5	6.1	—	6.5	5.5	7.2
1.0～1.5	9.0	22.1	29.4	0.1	29.3	22.3	13.8
0.7～1.0	13.4	19.9	22.0	13.7	17.7	14.4	—
0.5～0.7	13.4	15.1	17.6	7.9	20.7	15.2	9.2
0.3～0.5	29.8	22.9	12.7	52.7	12.7	20.4	1.5
0.1～0.3	26.9	8.9	3.4	24.9	3.6	2.2	—
～0.1	4.5	0.1	—	0.7	0.1	—	—
計（平均）	100.0	100.0	100.0	100.0	100.0	85.8	31.7
不在地主	—	—	—	—	—	14.2	68.3
合　計	—	—	—	—	—	100.0	100.0

経営面積別	実　数（1戸当たり）					
	耕作地	自作地	小作地	果　樹	所有地	貸付地
町	反	反	反	反	反	反
2.0〜3.0	24.2	24.2	—	9.1	24.2	—
1.5〜2.0	16.6	16.6	—	6.3	22.9	6.3
1.0〜1.5	13.6	13.4	0.0	4.7	15.6	2.0
0.7〜1.0	8.1	6.7	1.5	1.9	6.7	—
0.5〜0.7	6.1	5.3	0.8	2.2	7.1	0.8
0.3〜0.5	4.2	1.5	2.5	0.6	4.3	0.1
0.1〜0.3	1.8	0.5	1.3	0.2	0.5	—
〜0.1	0.2	—	0.2	0.0	—	—
計（平均）	(5.5)	(4.1)	(1.4)	(1.4)	(5.4)	(0.4)
不在地主	—	—	—	—	3.1	3.1
合　計	—	—	—	—	(4.9)	(1.0)

出所：田村農地委員会『農地調査表』、同『不在地主農地調査表』（1947年2月）より作成。

然改選後再審議すべきもの」である、と明確に反論している（「答弁書」一九四八年二月一五日）。この京都地裁審理の途中で、日下部の在村擬装工作や小作人への強迫が暴露されていき、さすがの氏も四八年八月二一二日に審理を取り下げている（「訴取下書」）。ここに小作人側は全面的な勝利を納めたのである。

一九四七年当時の田村・平田地区の階層構成と土地所有の特質を表終-2に見る。改革前の状態であるが、土地所有の平均が五・四反、経営の平均が五・五反と極めて零細である。村外の不在地主が全所有の一四％余を所有し、全貸付地の六八％余を占めている。なかでも最大は日下部菊治郎の二町九畝一二歩である。村内の貸付け階層地域の全般的な特色でもある(9)。これに対して、日下部側についた小作人の内、日下部てるは親戚であり、能勢喜久蔵・藪中・宮下らは日下部と親方・子方関係を結んでいる。こちら側では、能勢正治のような比較的経営規模の大きい自小作農が日下部派にまわっていることが特徴的であるが、全般的に大きな階層的差異は見られない。むしろ擬制を含めた「家族」関係が両派の分水嶺になっている[10]。

第二に、小作人組合の組織化の問題である。小作人組合は、日下部の土地取り上げの直前、隣村木津の不在地主谷口源太（四七年当時、田村で一町八反一九歩所有）が、小作地を取り上げるとともに未納小作料の代わりに小作人の牛を取り上げた事件に抗して結成された。この時、田村一部地区にあった青年団の指導者政所《まんどころ》某の要請で、兵庫県豊岡市にあった共産党但馬地区委員会の本橋文平が来村して、農民組合を作る指導をしている（白岩・本橋談）。その後リコール運動の過程では、日本農民組合京都府連合会執行委員で網野在住の藤本茂[11]や同書記長の泉隆[12]が、指導のために何度も来村している。泉・藤本の両者は京都府農地委員でもあり、府の農地委員会とも連携してたたかいが進められたと確認できる。また日農京都府連では、「この闘争に敗北すると不在地主の土地取り上げが、久美浜全域に広がる危険性がある」と位置づけ、重視していたという。そして白岩自身、日農に加盟して執行委員になっている（白岩・藤本談）。

第三に、地主側の対応である。木津の谷口と日下部は兄弟であり、谷口は日下部の実兄である。両者が連携して小作人組合と対決していたことは、日下部の法廷代理人の一人が谷口の息子であり、日下部の甥であることからもわかる。また田村農地委員会で公式に地主の不在・在村が票決されたのは日下リコール前の五回（内一回は、同一人の異議申立）だけだが、そのなかで在村と認定させたのは日下部菊治郎の一件だけである（前掲『議事録』）。日下部の親方・子方関係などを利用した、かなり強引な圧力が予測できる。運動の過程で、地主委員の「現在法律違反行為をなし小作地を引上げて自作化しつつあ」（前掲『経緯及其の真情』）る行為が糺されていることから見ても、農地委員会での地主優勢の力関係、広汎な闇の小作地取り上げを読みとることができる。しかし、白岩ら異端派グループの形成は、戦時体制下ですでに親方・子方関係の一定の解体があり、戦後の農地解放という新しい情勢の展開のなかで、地主支配の虚偽性を見抜く力が、小作人のなかで形成されていたことを証明している。

最後に、かなり高度なリコール闘争をたたかった農民運動が、農地改革の決着がつく四八年の裁判闘争の終結とともに後退していくのはなぜか。それを運動自体の性格から見ると、①運動が農地改革の開始とともにはじまったことに象徴されるように、徹頭徹尾小作人の土地取り闘争であったこと、②運動組織が白岩の個人請負い型[13]であり、泉を除く丹後在地の指導者たちは戦前期農民運動の経験が皆無であったこと、③組織人が、そもそも一〇人前後の小作人だけの組織であったこと、④四八年以降の供出・重税反対闘争を十分たたかっていないこと、などが要因としてあげられる。

4　佐濃村の農民運動

被差別部落における小作地取り上げの事例を紹介しよう。被差別部落佐濃乙の椎田清は、四六年七月、野中の地主山本貞一を上佐濃村農地委員会に告発している。「昭和弐拾壱年五月上旬地主ヨリ弐反歩共作ッテモラウガ壱反歩ノ実収ヲ米デ呉レ」と申し入れがあったが、拒否して小作地を「返却」したところ、地主が「他ノ小作へ出シテ作ラセテイタ」ので、「私儀小作人へ作ラセテ頂キ度」という願いである。[14]

これに対して上佐濃農地委員会は、四八年六月一日付で椎田の申し入れを「不承認」としている。不承認の理由は、

一、山本貞市（ママ）は朝鮮人中山保に小作させたものであって、椎田とは小作契約をしたことはない。昭和二〇年一ケ年椎田は中山から又借したものである。

一、二十年の年貢は椎田より（中山との契約額）山本へ契約通り精算していない。

一、二十年中山は〔朝鮮へ〕引揚ることになったので、椎田が今後耕作する為め新に契約するよう談合したが意見が締（纏）らず、椎田から仝年の播種期に山本に耕作せぬ旨を通告し、小作関係は一応消滅となった。

一、爾後《じご》は山本が自作しておる。但し昭和二十一年は椎田との話しの打切が急であったため耕作の手配を当野中区の農事実行組合に依頼したものである。

と、地主山本側の言い分を一方的に受け入れ、小作人の耕作権は一切否定している。これに対して小作側は、即刻府農地委員会に訴願するとともに、「六月十八日に至り椎田は突如私〔山本〕に何等の予告もなくして上佐濃村農民組合長石原氏を同伴前記の土地に不法侵入し」てきた、という。小作人側は、田村の場合と同様に「昭和二十年十一月二十三日現在に遡り小作権の復帰の要求」を掲げている。

そこで山本は、久美浜簡易裁判所へ立入禁止の仮処分を申請する。上佐濃農地委員会もまた、四八年六月二一日付で府農地委員会に対して「本件は元来異議を《（の）》申立もないし、訴願する順序にもなっていないし、性質上訴願ではないから弁明書添加の必要を認めない」として、先述の申し入れ不承認の理由をくり返している。

久美浜簡易裁判所は、四八年六月二三日、職権和解を承諾させ、「壱反壱畝拾弐歩ハ被申請人（椎田）ニ於テ耕作」し、「其ノ余ノ部分ハ申請人（山本）ニ於テ耕作スル」という「協定耕作」を命じている。判決は、一応小作人に有利なものであった。そこで山本は、椎田に六月「二十七日書留内容証明を以て昭和二十四年五月三十日限り前記農地を返還する様通告」している。

上佐濃農地委員会は、四八年七月二六日、府農地委員会に対する山本の申請に添え、

㈠　申請人山本貞一は該農地を耕作するに十分なる施設を有し経営力も確実である。

㈡　申請人の自作することが生産の増大が確実である。

㈢　相手方椎田清は本業は皮革業と仲介業（俗にブローカー）であり農は兼業であるから、該農地を耕作せないでも生活に脅威ありとは認められない。

という差別的とさえ言える「意見書」を提出している。しかし、府農地委員会は同年八月一一日村田琢三ほかの委員を現地調査に派遣し、一〇月二日には山本を不在地主とし、氏の土地を遡及買収するよう指示している。小作人側の完全な勝利である。

この闘争を見ても、①上佐濃村の農地委員会が終始地主側に付き、地主擁護にまわっていること、②小作人椎田は上佐濃農民組合（代表石原英男）(15)の指導・援助を得て、自らも農民組合に加盟して府農地委員会との交渉、裁判をたたかっていること、そして③地主山本（製材所を兼営）の所有地が三反、小作椎田（皮革業を兼営）の所有地が二反三畝九歩と、双方ともに零細な土地所有であることが特徴である。

上佐濃村の土地取り上げも実数は不明であるが、『訴願一件』や『耕作移動一件』に見る限り、ほかに九件の事例がある。取り上げ地の面積は、最小の三畝から最大の三反二畝までいろいろだが、全体に零細耕地である。取り上げ主体（＝地主）の経営面積も四人しかわからないが、六畝、七反八畝、一町一反八畝、二町一反七畝と、多様である。取り上げ対象（＝小作人）も三人しか経営面積がわからないが、一反一畝、六反二畝、九反三畝歩である。一律に土地取り上げといっても、中小の耕作地主がよりいっそうの経営規模拡大を図ったものと、零細耕作者間の飯米確保のためのものとがある。これに田村のような不在地主が二町九反を引き上げて一挙に自作農化を図ったものを加えると、三つのタイプが存在することになる。山本・椎田の抗争の場合は、反地主闘争とさえ位置づけられず、双方の飯米確保的性格の方が強かった。

しかし、むしろ上佐濃村の土地取り上げで特徴的なことは、先の一〇件九人（一件同一人間の抗争がある）のうち一件を除いてすべて佐濃乙の被差別部落の小作人が、土地を引き上げられていることである。これは被差別部落に小作人が多かったことと、地主の土地取り上げが部落差別を利用して行なわれていることを証明している。また上佐濃農地委員会では、ことごとく小作人側の「異議申立」

が却下されている。この農地委員会の地主擁護的な立場に、徹底して対抗したのが石原らの上佐濃農民組合である。

上佐濃農民組合は、公式には四七年八月二五日（『佐濃村誌』）、農地改革の開始とともに結成されており、熊野郡でも最も早い農民組合のひとつである。しかも組合員一五人のうち一〇人が佐濃乙の小作人で、被差別部落の青年たちを中心に結成されている（長田繁男談）。

一九四四年から四五年の佐濃乙は、農家二二戸の内小作・小自作が一九戸で、自作農が三戸という小作地帯である。戦前の小作料率は、収量の七五％と熊野郡でも異常に高い（信本照・本田孫一・長田談）。石原は、この地域の小作人と在日朝鮮人の小作人を組織していたと言う（神谷英子談）。農民組合の活動は、小作地取り上げ反対、小作料協定、税金対策などであった（長田談）。農民組合は、「税金対策、土地取り組合」（崇島良孝談）であった、とも言う。また当時、被差別部落の住民も部落解放を独自の課題としては掲げなかった。部落問題が丹後地域でも独自に提起されてくるのは六〇年代に入ってからである（崇島談）。石原個人は、差別の非合理性について語っており、戦前水平社の文献を読んでいた（神谷談）ようだが、部落解放運動について正確な知識を持っていたとは思えない。解放運動を組織する動きさえもなかった。

他方長田ら部落の青年は、田村の一分地区に疎開していた政所某という人物が指導する青年団に参加していた（長田談）。この政所は、田村の農地委員会のリコール運動の指導者白岩に日農への加盟を示唆している（白岩談）し、農民組合運動を日本共産党の本橋に指導するよう頼みに行ったり（本橋談）、網野での藤本らの日農の運動にも協力している（藤本談）。このように、この時期の農民組合運動では、日農の直接的な指導とともに、農村青年団が大きな力を発揮していることも忘れてはならない。

戦後農民運動の指導者が、戦時中に都会から流入して来た知識人であることは興味深い。また農民組合が、責任者を農民自身から出せないで石原のような外来者を立てていること自体、上佐濃農民組合の組織的な弱さと、被差別部落青年たちの農村での地位を証明している。具体的には、「耕作地返還」を要求している被差別部落の農民が「文盲」であるようなことが、たびたび存在する(前掲『耕作異動一件』)。しかし、その被差別部落の青年が、日本共産党・日農・青年団などに結集していること自体、「土地取り」という要求だけでは説明できない新しい情勢の進展がある。

5　川上・海部村の農民運動

上佐濃農民組合の創設者石原は、四八年に川上村須田地区へ転居している。しかし同年に石原が川上村で農民組合と日本共産党細胞を結成する以前から、川上村には農民運動・農民組合があった。市野々地区の事例を挙げよう。四七年、瀬戸花子(所有地一町六反二一歩、経営地七反三畝一六歩)と、同氏の小作地を借りていた小作人森本万三(経営地五反八畝二一歩)、中田昭二(同六反八畝一七歩)、後川米三(同六反二八歩)、安井三木夫(同九反二七歩)らの四人が、小作地の取り上げをめぐって対立する。最年長者後川が森本ら三人の青年を指導し、瀬戸と対決している。ここでも川上農地委員会が地主擁護にまわり、当初は瀬戸を「在村地主」と認定するが、これを不満とした小作人側が、峰山町にあった奥丹後地方事務所に訴願する。地方事務所からは吉岡主事が現地調査に来て、瀬戸を「不在地主」と断定するが、吉岡が帰ってから再び農地委員会は瀬戸への買収は認めなかった。そこで小作人側は府農地委員会へ提訴したので、府農地委員会は川上村の現地調査を決定した。ところが川上農地委員会はあわてて買収を決議し、小作人側を説得して一緒に現地調査を断わった。しかし、その後府から農地委員が来ないとなると、再々度決議を逆転させている。ここまでくると小作人側は、日農の泉隆・藤本茂らの指導を受けて、四七年一二月と四八年五月の二度、京都府庁内にあった府農地委員会事務所へ直接事情を訴えに行った。そして二度目の訴えの場で地主と同席し、和解が成立して、瀬戸は「不在地主」と認定される（森本万三・石田新一郎談）。

ここでも①村農地委員会では地主委員が小作委員を親方―子方関係で支配し、圧倒的に地主の意図を貫徹している。②府の農地委員であり日農の幹部でもあった泉隆・藤本茂ら両氏と、神野村甲山地区の山崎忠治、海部村新谷地区の戸出梅之助ら日農の組合員が、後川らの運動を終始一貫して指導・援助している。③市野々の農民組合の指導者後川は、四七年当時五一歳の年配だが、戦前から「義侠会」という小作人らの生活救済組合を組織しており[16]、藤本のオルグで日農に参加し、同村の小作・自小作農家三七軒の内二二軒を組合員に組織している。これら日農の組合員は、ほとんど戦前「義侠会」のメンバーでもあった（森本・石田談）。

川上・海部村の農民組合は、まず四六年三月に海部村新谷地区で戸出梅之助が二五人を農民組合に組織し、同村友重地区で平井長太を代表に二〇人、同村海士地区で柿本戻男を代表に二五人、同村橋詰地区で小森久次郎を代表に六人、そして被差別部落西橋詰では森本清を代表に一〇人（当時の同地区の全戸数）が組織された。四九年の耕作地主三戸を除いた海部村の全戸数は二七九戸であるから、農民組合八六戸は三〇・八％の組織率である。また川上村の金谷地区や市野々地区の後川らと海部の農民組合は常に連絡をとっていたという。熊野郡で、四八年当時、約一五〇人ほど組織していたというから、地主を除く三八三二戸（同右）の五・三％である（戸出談）。農民組合は、どこでも小作人組合であり、自小作農の一部分しか含めていなかった。川上・海部村でも、日農の構成員は小作・小自作農が圧倒的であり、ここでも被差別部落の農民が積極的に参加している。

川上村最初の農民組合は、四七年に金谷地区で結成されており、野村弥吉（経営地六反三畝一一歩）、松宮利男（同一反四畝一四歩）らによって組織されている。小作人六軒だけの組合である（組織率一四・六％）。そして松宮は、隣接する被差別部落須田A地区をオルグし、四八年に日農参加の小作人組合を結成させている。

須田A地区は、八軒全部が小作＝貧農であり、そのうち農業を主とする一〇人が農民組合に参加しているから、ほとんどが組合員である。ここでも四七年の農地改革の実施とともに、地主であり親方であった土出庄助（所有地一町七反五畝歩、経営地八反五畝歩）、水田実（同二町三反八畝歩、同五反四畝歩）らが、小作人に対して、「農地改革前に売買契約を結んでいた」として、「金を払え、さもなくば土地を返せ」と強制したという。水田は四六年選出の第一回川上農地委員会の委員長でもある。そして農民組合の要請で、府農地委員会から泉隆・藤本茂らが三度にわたって来村し、話し合いの結果、四八年に買収・売渡しを決定している（谷口広志談）。

石原が川上村須田に移って来た四八年には、地主の土地取り上げは、ほとんど終焉していた。氏は、川上村で農民組合を再編するとともに、日本共産党川上村細胞を結成している。そして畑地区の安藤守、須田地区の足立実・土出克己ら二〇歳代の青年を集めて政治活動を行なった（神谷英子談）。しかし、四八年以降の農民組合の活動は、ほとんど農家の税金対策となり、農民運動の性格も大きく変わっていった。四八年頃を転機に、地主の土地取り上げが減少していくとともに、小作農の緊張感も薄れつつあり、「日農の組合費は、ほとんど地区の代表者が立替えて払っていた」（戸出談）という個人請け負い型の農民組合の組織的弱点が露呈してくる。石原はまた、佐濃村では佐濃乙地区、川上村では須田A地区と、それぞれ被差別部落を重点的にオルグしているが、これは部落がほとんど純小作地帯であり、同地域に無権利で一方的な土地取り落上げが集中したためであって、明確に部落問題を意識した行動ではなかった。そのためもあって、土地問題の解決とともに被差別部落での運動も終熄している(17)。

農地改革直前の農家階層構成を表終-3に見る。川上村の全戸数が四三六戸、一戸平均の経営地が六・六反、同所有地が六・一反である。ただし、ここでは史料の制約上、他地域との出入作関係や寄生地主の土地所有については直接分析ができない。自作農の比率が高いので、所有と経営の相関関係がパラレルになりそうだが、相関係数（R）は〇・四四八と低い。それでも大字ごとに若干の差異があり、出角の〇・七二四と市場の〇・六四八とが高い比例を示しているが、それ以外は〇・三〜四台であり、市野々では〇・二三四と特に低い。

一戸当たりの経営・所有規模で平均を越えるのは金谷・市野々・出角・市場の四地域であり、特に出角地区では経営規模が一町を超えている。このことは階層別の特色をも規制する。出角地区は戸数・耕作地・所有地ともに一町～一町五反層が最大の比率を占め、三反以下の農家が存在しない。金谷・市野々・新庄・市場・畑・布袋野《ほたいの》地区では七反～一町層が最大比率を示し、須田でのみ戸数・耕作地・所有地比率は五反～七反層で最大である。須田が他地区より一ランク下がるのは被差別部落のA地区を含んでいるからである。したがって須田は、一戸当たりの平均経営・所有規模ともに川上村では最低である。

次に地主制との関連で、耕作の貸付けと借受けの階層性を見よう。表終-3(1)(2)以外は、自作地面積が不明なので、階層全体としての貸付地と借受地の仮定値を出した。一戸平均の貸付けが、経営規模一町五反～一町層に多いのは布袋野地区だけで、後は出角地区が一町～一町五反層、須田地区が七反～一町層、金谷地区が三反～五反層、市野々地区が一反～三反層、新庄・畑地区が一反以下層である。そして市場地区だけが、全階層で経営面積が所有面積を上回っている。このように貸付けといっても、村内では零細経営者間での貸付けが支配的であり、戦時労働力不足での貸借が、かなり多かったのであろう。

これに対して小作地を借り受けている階層は、出角地区では経営規模一町五反～二町層、新庄・須田では一町～一町五反層、市場では七反～一町層、金谷・市野々・畑地区では五反～七反層、布袋野では三反～五反層が一戸当たり最大である。

全体として七反～一町の中位の生産者層比重が高いが、須田で五反～七反の下位の生産者層、出角で一町～一町五反の上位の生産者層の比重が高く、対極をなしている。寄生地主の経済基盤は、金谷・市野々・畑では五反～七反の中位の生産者層、新庄・須田・布袋野では五反以下の下位の生産者層にある。出角は、やや例外で七反～一町層と三反～五反層の二つの階層に搾取基盤がある。両極分化の進展している出角・市場と、その対極の全層落層的な須田があり、その中間に他の諸地域がある、というのが川上村の地域的分業の姿である。

最後に、農地改革前後の川上村の自小作・小作農の生活を、市野々と須田A地区の事例で紹介しよう。市野々の森本万三（自小作・経営地五反八畝一二歩）、石田新一郎（自小作・同三反七畝二三歩）から見よう。

表終－3　川上村の農家階層構成（1946～47年）

(1)　金谷地区

経営規模	実数	%			
	戸数	経営地	所有地	小作地	貸付地
町	戸				
1.0～1.5	6	26.2	19.9	12.1	—
0.7～1.0	14	42.1	50.4	43.9	77.0
0.5～0.7	9	20.7	14.8	37.8	4.6
0.3～0.5	5	7.5	10.9	5.8	15.8
0.1～0.3	4	3.5	3.8	0.4	1.1
～0.1	3	0.0	0.3	—	1.2
計	41	100.0	100.0	100.0	100.0

(2)　市野々地区

経営規模	実数	%			
	戸数	経営地	所有地	小作地	貸付地
町	戸				
1.0～1.5	6	16.6	15.1	10.7	—
0.7～1.0	17	48.1	51.2	30.5	10.1
0.5～0.7	12	18.2	12.4	35.1	—
0.3～0.5	14	15.0	13.1	19.8	—
0.1～0.3	5	2.0	7.5	3.9	89.9
～0.1	1	0.1	0.7	—	—
計	55	100.0	100.0	100.0	100.0

(3)　新庄地区

経営規模	実数	%			
	戸数	経営地	所有地	小作地	貸付地
町	戸				
1.0～1.5	3	8.2	4.4	22.9	—
0.7～1.0	18	36.6	44.6	—	48.3
0.5～0.7	21	32.4	30.6	11.6	—
0.3～0.5	19	18.5	7.5	65.5	—
0.1～0.3	7	4.3	4.5	—	0.9
～0.1	2	—	8.4	—	50.8
計	70	100.0	100.0	100.0	100.0

(4) 市場地区

経営規模	実数	%			
	戸数	経営地	所有地	小作地	貸付地
町	戸				
1.0～1.5	13	48.4	51.4	34.9	—
0.7～1.0	11	29.3	26.4	42.7	—
0.5～0.7	9	17.4	17.9	15.0	—
0.3～0.5	3	3.8	3.9	3.5	—
0.1～0.3	2	1.0	0.4	3.5	—
～0.1	1	0.1	—	0.4	—
計	39	100.0	100.0	100.0	—

(5) 須田地区

経営規模	実数	%			
	戸数	経営地	所有地	小作地	貸付地
町	戸				
1.0～1.5	5	13.0	10.4	22.4	—
0.7～1.0	12	24.1	32.1	—	85.4
0.5～0.7	27	39.0	36.4	35.6	—
0.3～0.5	21	19.9	15.7	42.0	—
0.1～0.3	10	4.0	5.4	—	14.6
～0.1	—	—	—	—	—
計	75	100.0	100.0	100.0	100.0

(6) 畑地区

経営規模	実数	%			
	戸数	経営地	所有地	小作地	貸付地
町	戸				
1.0～1.5	5	19.4	17.8	13.3	—
0.7～1.0	14	38.5	42.2	—	19.4
0.5～0.7	12	24.4	16.1	50.8	—
0.3～0.5	8	10.7	15.9	—	51.3
0.1～0.3	11	7.0	5.3	35.9	—
～0.1	1	—	2.7	—	29.3
計	51	100.0	100.0	100.0	100.0

出所：表終－2と同じ。各村分。

農業生産は、米・麦二毛作で、副業として薪炭《しんたん》、養蚕、蟹取りを行なっている。戦時下でも地主の土地取り上げがあり、小作農は山間部に近い湿田（ジルタと呼ぶ）、零細な地片を貸し与えられるようになる。小作料は普通田で反収二石に対して一石を納めている（小作料率五〇％）。肥料は化学肥料がほとんど買えず、山草を刈って堆肥を作っていた。戦前笹取りの牛の購入資金は、親方＝地主に借りることが多く、戦後は農業協同組合から借りる。しかし子牛を買っても、三年間の養育が必要であり、子牛を産むようになっても三年間は子牛で農協に借金を返済し、自分たちのものになる時には廃牛寸前になっている。途中で牛が病死すれば、借金が増大するだけである。農閑余業としては、伏見への酒造り、和歌山へのみかん取りや日雇稼ぎぐらいである（森本・石田談）。

須田A地区の谷口広志（小作・経営地五反三畝）を見る。水田五反三畝では米・麦を作り、開墾畑を別に開いて一反余で芋を作っていた。牛は全農家一六軒の内一〇軒ぐらい持っており、犢取りを行なっていた。小作料は反収二石前後に対して一石二斗と高かった（小作料率六〇％）。戦後、採種業が導入されるが、一九六〇年代からは消滅している（谷口談）。

牛の購入資金、飼料・肥料源としての「山草」、薪炭の原料(18)などが、地主＝親方－小作＝小方関係の有力な物質的基礎になっている。ここに自給性の強い山間部の農村ほど、親方－子方関係が残存するひとつの根拠がある。また被差別部落の小作料率は六〇％と異常に高い。

川上村の農民層分解は、その自給的経済構造と対応して、中位の生産者の滞留に見られるように緩慢である。しかし、小作農の手元に一石そこそこしか残らない五割の収奪を可能にしているのは、単なる自給性だけでは考えられない。村内の過剰人口による競争と養蚕業、土木工事の日雇稼ぎや村外への「出稼ぎ」（丹後機業・杣氏《とうじ》他）など、資本主義との相補的な関係を見る必要がある。

6　農地改革による農村構造の変貌

北部の小作地残存度の大きさについては先述したが・奥丹後では四六年と五〇年の比が四四・五％

表終－4　1945～49年経営面積増減戸数・比率（戸数）

経営規模	耕作地主			自　作			自小作			小自作			小　作			合計
	+	0	−	+	0	−	+	0	−	+	0	−	+	0	−	
(町)																
2.0～3.0						1										1
1.5～2.0				1		2		2			1					6
1.0～1.5	1	1	1	3	14	9	1	11	9		2	4				56
0.5～1.0	3	2		10	35	18	2	33	16	1	18	7	1	6	2	154
0.3～0.5	1			5	10	2	3	17	1	2	8	2	1	8	1	61
～0.3				3	6			3			4		1	7	1	25
計	5	3	1	22	65	32	6	66	26	3	33	13	3	21	4	303
%	55.6	33.3	11.1	18.5	54.6	26.9	6.1	67.4	26.5	6.1	67.4	26.5	10.7	75.0	14.3	—

出所：『農地統計調査結果表』（田村、1949年３月１日実施）。
注：階層・経営規模は1945年当時のもの。

になる。熊野郡では村ごとにかなりの差異があるが、四六年と四九年での残存度を出すと・川上村四〇・二％、神野村四六・二％、田村二七・〇％、湊村一九・五％、上佐濃村四八・九％、下佐濃村三八・七％、海部村四四・〇％、久美谷村三六・二％、久美浜町四三・五％である。田村・湊村で農地改革の徹底度が大きいと言える。

その田村の農地改革の結果を見ていこう。表終-４で一九四五年から四九年までの経営面積を増減を見ると、全体として「変化無し」が多いが、旧耕作地主が最も増加率が高く、自小作・小自作が最も低いことになる。減少率でも耕作地主が最も少ない。このことは、一町五反以下層の零細な耕作地主が、小作地引上げなどを通して、この時期にも経営規模を拡大させていることがわかる。

表終-５にも見られるように、耕作地主では八戸（八八・九％）、自小作農では七戸（七六・五％）、小自作農では二二戸（四四・九％）、小作農では七戸（二五・〇％）が自作農化している。自作農化でも耕作地主の比率が最も高く、小作農の比率が低い。しかし戸数のうえ

表終－5　終戦時と現在の自小作別農家数の関係（1949年）

		現在の自小作別				
		自作農	自小作農	小自作農	小作農	計
終戦時の自小作別	貸付地所有農家	8	1			9
	自　作　農	106	12	1		119
	自　小　作　農	75	23			98
	小　自　作　農	22	25	2	4	53
	小　作　農	7	9	8		24
	非　農　家	5			2	7
	計	223	70	11	6	310

備考：史料は表終－4に同じ。

表終－6　耕地貸付農家と貸付面積

1945年	A. 全戸数	B. 貸付農家	B／A	C. 貸付耕地	%	1戸当たり（C／B）
町	戸	戸	%	町・畝	%	畝
2.0～3.0	1	1	100.0	0.32	1.0	32
1.5～2.0	6	5	83.3	1.68	5.2	34
1.0～1.5	56	42	75.0	12.63	38.9	30
0.5～1.0	154	67	43.5	14.71	45.3	22
0.3～0.5	61	18	29.5	2.65	8.2	15
0.1～0.3	25	2	8.0	0.44	1.4	22
計	303	135	44.6	32.43	100.0	24

1949年	A. 全戸数	B. 貸付農家	B／A	C. 貸付耕地	%	1戸当たり（C／B）
町	戸	戸	%	町・畝	%	畝
2.0～3.0	2	—	—	—	—	—
1.5～2.0	6	3	50.0	0.29	1.8	10
1.0～1.5	54	32	59.3	6.56	41.5	21
0.5～1.0	159	40	25.2	7.11	44.9	10
0.3～0.5	61	9	14.8	1.78	11.2	20
0.1～0.3	25	1	4.0	0.10	(0.6)	10
～1.0	3	—	—	—	—	—
計	310	85	27.4	15.83	100.0	19

備考：史料は表終－4に同じ。

表終－7　経営規模の小作地率（1949年）

1945年	A. 全戸数	B. 耕作面積	C. 小作地面積	%	D. 小作地率（C／B）
（町）	（戸）	（町）（畝）	（町）（畝）	（%）	（%）
2.0～3.0	2	4.68	—	—	—
1.5～2.0	6	9.81	0.02	（0.1）	0.2
1.0～1.5	54	64.29	1.53	（9.1）	2.4
0.5～1.0	159	117.91	9.56	（56.9）	8.1
0.3～0.5	61	24.84	4.26	（25.3）	17.2
0.1～0.3	25	4.62	1.45	（8.6）	31.3
～1.0	3	0.15	—	—	—
計	310	226.30	16.82	（100.0）	7.4

備考：史料は表終－4に同じ。

で見れば、自小作農が最も農地改革の恩恵を受けたことになる。

次いで貸付けについて見る。表終-6の一九四五年当時の貸付けを見ると、農家の比率は、ほぼ経営序列に比例している。しかし、貸付け面積比率は五反～一町層が多く、三反以下層でも二反余の貸付けが行なわれている。これは上層の地主と下層の小作間の貸付け、下層の労働力不足による貸付け、中間層の労働力不足の相互補助的な貸付け、という三つの種類の貸付けが鼎立していることを意味する。

これに対して四九年の貸付けでは、まず上層の貸付けが減少している。これは改革の結果の地主制解体を意味しており、貸付けは五反～一町五反層に集中する。しかし、貸付け農家が全農家の二七％ほどあり、上層農ほど貸付け農家比率が高いことは注目すべきである。

他方、借受け農家数が不明なので、表終-7に四九年の経営規模別の小作地比率を見る。小作地面積の比率では五反～一町層が最高であるが、小作地比率は下層ほど大きくなる。一反以下層は、自家飯米確保のために耕地を持つもので、農家とは言えない。基本的に地主－小作関係は解体しているが、貧農層にとって借地関係の重圧から完全に解放された、とは言えない状態がつづいている。なお五一年の『農地年報』にも、「闇小作料は概して丹後地方の封建性の強い地域に多」く、「統制小作料を越えるものは約二〇％と推定される」とある。農地委員会リコール闘争をたたかった田村の農地改革でさえこのような結果である。

おわりに

田村・川上村での一九四五年当時の貸付けに見られるように、農地改革期の土地貸借関係には、寄生地主－小作人間、自小作・小自作の相互間、耕作地主・自作－小作人間など、多様な貸付けが存在する。そこから土地取り上げの性格も、寄生地主の自作化、零細耕作者の飯米確保、中小耕作地主の経営規模拡大、といった三つの形態が生まれてくる。しかし、同地域での農民運動は、前進する自小作＝中農層を主体とするものではなく貧農層の飯米確保闘争という性格の濃いものであった。この運動は、その後、営農条件を改善し、経営規模を拡大する方向にはストレートに向かわなかった。むしろ奥丹後での四四・五％、上佐濃村四八・九％、川上村四〇・二％という著しく高い小作地残存度に示されるように、貧農層を中心とした「新しい借地関係」の再編が見られる。

ここで、今後の研究課題を含めて三つの問題を提起しておきたい。一つは、農地改革後の貧農層を中心とした高率地代による「新しい借地関係」の性格である。これは、この時期の農村人口や兼業機会の増大などと関連させて考える必要がある。しかし、丹後の場合は、インフレによる米価の高騰ということもあるだろうが、飯米確保的な土地の借受け「競争」の問題をぬきには考えられないであろう。

二つには、北部の貧農型農民組合は、徹底した「耕作権＝生存権」要求を掲げてたたかい、親方－子方関係などを破壊して村政の民主化を推進した。しかし、その経済的な成果はあまりに貧困であった。ここから政治的な進歩性と経済的な進歩性との乖離という問題が指摘できる。この点、農地改革の徹底化に成功した京都府南部の自作＝中農型農民組合ではどうであったか。事後の実証的な比較検討が課題である。しかし、農業改革期の丹後地域の小作層の農民運動が、親方・子方制などの関係を解体させる大きな契機となったのは事実である。

最後に、上佐濃・川上村では部落住民・在日朝鮮人を中心に日本農民組合が結成され、土地取り上げ反対闘争をたたかっている。他地域でも農地改革期、純粋な小作型村落の多かった被差別部落は、早期に農民組合を結成して地主の土地取り上げ、強権供出・重税に反対し、戦後改革のトレーガーとして重要な役割を果たしている。農地改革によって寄生地主が最後的に解体したことが、戦後農村部落での解放運動の性格をどのように転換させたかを特に村落構造の転換を含めて考察するのが、今後の研究課題である。

（1） 農林省小倉小作官補宛「本府ニ於ケル小作争議、協調組合ニ関スル参考資料呈出ノ件」一九三〇年一月二八日（『自大正拾参年至昭和五年小作事務雑綴』所収〔京都府立資料館所蔵〕）によると――

奥丹後（波）及奥丹後地方ニ於テハ大地主極メテ少ク、且ツ耕作面積モ少キ関係上、地主ト称スルモ自作ノ余分ヲ小作セシムルニ止マル、且ツ大地主ハ縮緬業又ハ林業等ヲ兼営シ小作収入ヲ度外視セシヲ以テ、従来不作ニ基ク減免交渉ハ比較的円満ニ解決シ来レリ……
とある。

(2) 一九五〇年八月一日に完成（京都府庁農林部所蔵文書）。ただし、当該期、過重な税負担を逃れるため、全国的に耕地面積の過小申告が行なわれていることは、近藤康男編『日本農業の統計的分析』（一九五三年）第二章（豊田尚稿）を参照。

(3) 豊栄村は給田朝治、峰山町は平井七郎らやはり小作人を中心としたリコール運動で、日本農民組合が指導していた、という（藤本茂談）。

(4)『京都新聞』一九四七年九月一〇日。同記事によると、「与謝郡上宮津村では、小作有権者二分の一の連署で現在の農地委員会小作委員は農地改革の精神にそっていないという理由で、改選方を村長に提出したので直ちに府知事へ進達した」とある。中心になったのは「小松喜太郎、中島準治、池田藤之助」らである。

(5) 京都地方裁判所所蔵文書。なお、同文書の写しが京都府庁農政課にある。

(6) 農地委員会全国協議会『農村に於ける土地改革——農地改革現地報告——』（一九四八年）。以下特に断わりのない限り同書より引用。白岩家所蔵本による。

(7) 久美浜町役場所蔵文書。

(8) 能勢長三郎・谷川丹治・能勢正治・小幡善助・白岩鹿蔵・能勢林一・白岩徳治・田村寿ら八名の連名になっている（京都府農林部農政課所蔵文書）。

(9) 後述する川上・佐濃・金谷の農民組合も小作人組合であるし、一九四七年一一月頃に中郡丹波村・西山（吉原村）・河辺村・周枳村・五十河《いかが》村・三重村・口大野村に出来る組合も、四八年竹野郡野間村・郷村に出来る組合もいずれも小作人組合である（京都農民運動史編纂委員会『京都の農民運動五〇年のあゆみ年表（未定稿）』一九七二年、二九頁）。五十河村では「組合員は昭和二二年発足当初は三一名（明田一五名、延利一一名、五十河五名）であった」し、「組合員のうち自作農はこの運動の中心となっていた矢野助三郎一人で、あとはすべて小作農であった」。

そして「農民組合の活動としてはまず小作地の調査と隠し田の摘発」であった（野崎治男「五十河村の社会構造」立命館大学『人文科学研究所紀要』第九号、一九六〇年、二二四～二二五頁）。野間村は同村洞養寺の住職渡辺桂舟と品角一郎によって作られている（品角一郎『岩に愚かれた男』一九七七年、一八四頁）。

(10)「親方・子方」関係は、京都府下丹後全域・福知山や兵庫県の北部（但馬）から島根・鳥取の山陰地方にかけて広範に存在する。農林省京都農地事務局の報告書『農地改革に依る農村変貌調査』（一九二五年）では、「親方・子方」関係を次のようにまとめている。

農民は、彼が必要を感じたときに親方どりをする。すなわち、経済的にも社会的にも勢力のある地主とか、自作農上層のものを選んで、親方になってくれと頼みにゆく。……親方は、子方の一家に対して、パトロンの役割を引きうける。経済的困窮に対しては援助を与え（金を貸したり、借金の保証に立ったり）、結婚の仲介をし、葬祭には祭主として世話をやき、出産児の名付け親になり、子弟に不まじめな行為があると訓戒を加える、等々。これに対して子方は、親方に対して種々の奉公を行う義務を負う。吉凶禍福の際には出入して雑用に任じ、農繁期には労力を以て援助する、等々。このような親方子方の関係は、もちろん両者が対等の立場で結合するのではなく、前者に後者の身分的隷従を伴うものでちる。……

この親方子方の関係は、直接地主と小作の関孫ではない。親方の中には地主でない純自作もあり、また子方の中にはその親方の小作人でなく別の地主の土地を耕作している場合もある。しかし概していえば、もちろん地主小作の関係と重複している場合の多いことは云うまでもない。（一〇九～一一〇頁）

純粋な経済関係ではないが独自な給付・賦役関係であり、岩滝町や五十河村でも「親子代々世襲され」（立命館大学前掲『紀要』七六頁）ているのが、一般的である。「各部落には親方になる家が数戸ないし一〇数戸あり、親方株が事実上形成され、固定化」している（同二一八頁）。親方である地主が没落し、人身的隷属と経済的実体との間にズレが生じた時には・地主－小作関係と親方－子方関係が乖離することもある。そこで山間地の自給経済的な地域ほど親方－子方関係は固定的であり、田村のように果樹等の商業的農業が発達した地域では、両者の関係はかなり弛緩していた。熊野郡川上村の山村的性格の濃い布袋野地区では、「一二人衆」といって、村の役職を親方株の一二軒から交代で選ぶことを、農地改革直後も行なっていたと言う（川上村での聞き取り）。ここらでは土地取り上げが「小作人の泣寝入りにおわる」（前掲『紀要』二二二頁）ことが多かった。

なお兵庫県の研究としては、杉之原寿一「但馬における親方・子方関係の実態」五三年（京都大学人文科学研究所調査報告第一〇号）を参照。親方・子方関係の古典的研究としては有賀喜左衛門『日本家族制度と小作制度』一九四三年（有賀喜左衛門著作集Ⅰ・Ⅱ、一九六六年）、農地改革期の長野県を取り上げたものに福武直『日本村落の社会構造』一九五九年（福武直著作集・第五巻、一九七六年）などがある。また、山梨県を対象とした服部治則『親分子分と本分家』（一九六八年）などもある。

(11)　藤本茂は、一九一三年一月一日に京都府竹野郡網野町に生まれる。一九二七年の丹後震災で家が破産し、高等小学校を二年で中退する。向学心に燃えながら織屋の筬作りをしていた三〇年頃に、同級生の広西元信（早稲田大学文学部露西亜文学科学生）・野村孝（同志社大学学生）らをチューターとして読書会を始める。ここではマルクス主義関係の文献や『赤旗』の輪読をやっていたので、氏は一九二九年の四・一六事件の余波を受けて三〇年一二月末に検束され、二週間の拘留を受ける。三三年徴兵検査、三四年九月一日福知山連隊へ入隊、同年四月二九日新彊警備隊に配属、「満州」各地を転々とし、三六年一月五日に「営門」伍長として現役満期。そして帰郷して兄の工場で筬作りを一年間手伝っていたが、三七年に大阪へ出て機械歯車の製造工になる。しかし同年に千葉県の砲兵学校へ予備召集され、三五日間で終了して再び大阪の工場へ帰るが、すぐ翌三八年の日中戦争で応召され、三九年九月三〇日に中国の戦地で負傷し、四〇年五月に網野町へ帰る。

戦後四七年一一月に京都府農地委員会に小作代表として出場し当選する。この時には日本農民組合に加盟しており、書記長泉隆の指導による立候補であった。四七年三月三一日に農地改革が開始されると、網野町農民組合（代表高山清三）をつくり、小作農家を組織する。それと同時に、丹後各地に農民組合を組織してまわり、峰山町・曲豆栄村らの農地委員会リコール運動を指導する。田村の運動を白岩亭の要請で指導するが、ほかに川上村の農民組合結成にも協力している。五〇年五月一〇日の町議選には日本共産党から立候補し当選する。所謂「五〇年問題」で五二年に共産党を離党し、その後六二年五月九日まで、三期一二年町議を務め、六二年七月一日から六六年六月三〇日まで、一期四年間網野町長を務めて政界を引退する。後年は網野町静尾旅館の経営者であった（藤本談、網野町役場文書）。

(12) 泉隆（一九〇二年八月二一日〜六八年一二月二二日）。石川県鹿島郡滝尾村の出身である。父忠蔵は同村の村長も務めているが、自小作農である。一九二一年金沢の旧制四高理科に入学したが、この四高時代、新聞・牛乳配達をしながら苦学している。「そこで同じ配達の仕事をしている貧困な人たちに接して、社会の欠陥に目ざめた」（『泉隆氏聞書』一九五九年九月一八日）という。このような生活のなかでも、当時の金沢で寺西三郎（関西出版労組の活動家、病いで帰郷中）らが発行していた社会主義的啓蒙雑誌『開拓』の編集に参加している。二三年頃、四高の友人末友正喜が教育召集中の歩兵第三五連隊内で「不戦か革命か」というビラを撒き、憲兵隊に家宅捜索され、「古代の天皇の存命年令がおかしい、日本の歴史の一部はウソでかためられている」（前掲『聞書』）と書いた日記を見つけられて学校から謹慎処分を受ける（『資料・第四高等学校学生運動史』一九七六年、一〇頁）。この事件を契機に東京から訪ねて来た社会運動家たちと接触し、校内に社会科学研究会をつくり、四〇名ほどの学生を組織する。そのメンバーの一人であった中野重治は、「ある日泉という学生が訪ねて来たことも安吉（中野）にとっては大事件であった。泉はこの学校には珍しい苦学生というべき生徒であったが、安吉を訪ねて来て社会主義の話をしかけて帰って行った。そういう学生をそれまでも見かけていたが、どうも軽薄な感じで一向に安吉は感服できないでいた。しかし泉だけは、そういう人達とは派でも違うらしく、話も大人びて、安吉が見当ちがいのことなどをいっても本当の親切さで話の筋立を直したりした」（『歌のわかれ』一九三九年）と、後年回想している。

一九二五年三月、京都帝国大学経済学部に入学すると同時に、社会科学研究会に入会する。当時の京大社研は全盛期で、一二〇名の会員を擁し、河上肇のもと岩田義道・淡徳三郎らが指導していた。泉は河上が出席していた資本論研究班と、農村問題研究班に出ていた。福本和夫の影響もあり、社研内に実践組織としてのプロ・カル部（プロレタリア・カルチュア部）が設けられ、泉は農民部長となった。労働者部長は岩田義道である。農民部は、農民学校を嵯峨、亀岡（余部村）、向日町、久世郡佐山村の四カ所に設け、週一回開催した。参加者は二〇～三〇名の農民であった。講師は泉のほか、永井徹・橋本省三・白石某らがあたった。また同年八月からは京都九条にあった日本農民組合京都府連合会の書記として、森英吉・坂本兵蔵・木村忠一・杣田貞次郎らとともに、佐山村をはじめとする府下の農民闘争を指導した。

学連第二回大会の翌年、一九二六年の一月一五日から四カ月にわたって社会科学運動に関係した大学教授、思想家、学生など三八名を検挙した所謂「学連事件」が起こった。同じ京大生の淡徳三郎・岩田義道・鈴木安蔵・栗原佑・石田英一郎・太田遼一郎・逸見重雄・武藤丸楠らとともに、泉は一二月に逮捕された。二七年四月三〇日の第一審判決で禁錮八カ月の刑を言い渡されたが、全員が控訴した。泉は同年夏に仮出所して郷里に帰るが、秋に京都へ再び出て来て、農民組合書記の活動をつづける。そして二八年一二月の判決では、幸運にも無罪の判決を受けている（内務省『昭和二年中ニ於ケル社会主義運動ノ状況』八五～八七頁、稲岡進・絲屋寿雄『日本の学生運動』一九六一年、一〇三～一一二頁、前掲『聞書』）。しかし二九年の四・一六事件に連座して再び逮捕され、泉は、その公判で四時間にわたって、天皇制批判や土地と農民の関係について、戦闘的な供述をしたため有罪判決を受け、京都山科刑務所に六年間投獄される。出獄後、石川県の能登に帰り、三八年には金沢へ出て浅野電鉄に勤務。その後、富山県立樹徳学園（感化院）の教諭になる（品角一郎「泉隆」日本共産党京都府委員会『礎をきずいた人びと』一九七二年、一〇三頁）。

戦後、一九四六年二月、旧全農全国会議派の森英吉・田中房次郎・杣田貞次郎・矢部東三らの連名による要請を受け、京都農民協議会の活動に参加するため、富山から上洛する。共産党の絲屋寿雄・太田典礼らの要請でもあったという（品角談）。その後、二二年一月二五日から日本農民組合京都府連合会書記長、同年二月から四九年九月まで京都府農地委員会の中立委員として、農地改革の推進に努める。また再建共産党府委員会委員、日農中央委員を歴任する。なお乃以夫人は、氏が逝去した翌一九六九年一二月二一日、おなじ胃ガンで逝った。

史料は、前掲諸史料のほか、青木恵一郎『農業風土人物誌・京都』一九七七年、一三頁、品角・山名（旧姓矢部）東三談。

(13) 白岩亨は、日農の京都府連執行委員であったことさえ村内では隠していた、という。また氏は戦前、中国戦線の野線に一兵卒として配属しており、一切社会運動の経験はなかった、とのことである（白岩談）。

(14) 『昭和二十二年十月耕作異動一件』（久美浜町役場所蔵文書）、以下同史料による。

(15) 石原英男（一九〇七年八月三〇日～六〇年一二月二一日）は大阪市浪速区稲荷町の生まれ。福島商工学校の土木科を出て大阪鉄道局に勤務する。その後、大阪市役所、神戸西ノ宮の高木土地区画整理組合、阪神電鉄土地部と職業を転々とする。そして四〇年から佐濃村の城野化学工業所という軍需工場の工場長を勤め、風船爆弾を製造する。学生時代は英語と数学が得意で、英語版『資本論』を読み、『重心公式』、『求積公式』という数学の本を自分で書いている。彼の聡明さは佐濃村の人たちも口をそろえて称しているし、娘英子も、「父は工場長時代でもよく徹夜で読書をしていた」と語る。ただし、戦前はマルクス主義関係の文献は読んでいたが、社会運動の実践経験はない。家族は、二七年に結婚した（旧姓北村）スエノとの間に、英子、清司、勝、照久、武夫と四人の子供がいる。しかし、四男武夫が生まれたのは四六年の一月で、同年の七月に妻スエノが病死しており、失業中であったため武夫を他家の養子にやっている。

一九四五年八月一五日の敗戦とともに、佐濃村の軍需工場は閉鎖され、家財道具を「売り食い」して極貧の生活をつづける。そして四六年四月の戦後第一回総選挙の直後、宮津の日本共産党地区委員会の事務所を自ら訪ねて入党している。この当時の宮津は、前年一〇月二一日の解放運動犠牲者出獄歓迎大会を契機につくられた人民解放連盟丹後支部の会員が続々と共産党に入党している。まず井上公作、沢村秀夫、三津屋須善、西村四朗、少し遅れて前田保三郎、池辺純一（のち離党）、長壁《おさかべ》民之助、そして戦前入党の野間の渡辺桂舟、間人《たいざ》の奥田茂雄らが党活動に加わっている。五月には、「北星会」という進歩的サークルが出来、丹後が京都人民戦線の重要な一翼を担っていた時期である（小伝編集委員会編『長壁民之助の生涯』一九七六年、三四〜三六頁、八木康敝『丹後ちりめん物語』一九七〇年、一八六頁、岩崎英精・品角談）。石原の入党動機は、学生時代からの読書によるマルクス主義への理論的確信と戦争協力への反省にあったらしい。

入党後、住居を工場の社宅から上佐濃村字小桑の古村与右衛門宅の納屋に移して、佐濃村農民組合委員長として活動し、四八年に川上村須田に転居してからは、川上村細胞長と農民組合の委員長を兼務する。川上村では、啓蒙活動として井上晴丸を招いて「農業問題」の講演会が、農民組合によって催されている。四八年七月からは、共産党も「農村地域での党の宣伝、組織活動に力を注」いでおり、河田賢治も「丹後の網野、久美浜の北端から南山城の南端までほとんどの町を歩きまわった」（『夜明けをめざして』一九六八年、五四〜五五頁）と書いている。石原も四九年一月二三日の衆議院選挙では、河田候補のために活動し、当選させている。

五〇年に再び上佐濃村に転居してからも同じ活動をつづける。しかし、この時には肺結核を相当悪化させている。共産党員という理由だけで生活保護も受けられず、辛うじて尼ケ崎の大日繊維という紡績工場に出稼ぎに行っていた英子の仕送りだけで、一家三人がどうにか喰いつないでいた。

五二年に病気を悪化させながら大阪の実家へ帰り、ここも追われて南河内郡の島田病院に入院して療養をつづけるが、ここでも日本患者同盟を組織して、共産党の活動を持続している。そして六〇年安保闘争の終焉とともに逝去する。五三年の生涯である。英子は父の影響を受け、民主統一会議が蜷川虎三を立てた四九年の第一回知事選挙の時に、日本共産党へ入党している。無口で、やさしく、誠実な父だった、という（神谷（旧姓石原）英子談）。

（16）「義侠会」では、〝講〟的な金銭貸借が行なわれていた（森本・石田談）。後川は、一九二四年三月、京都府が定めた『自作農奨励資金貸付規則』による自創事業に積極的に参加し、一反一畝二四歩の土地を購入して、五〇〇円の貸付けを受けている（『昭和三年度自作農奨励ニ関スル書類綴』京都府農林部農政課所蔵）。

（17）戦前の須田A地区の状況を補足する。同地区は、純小作地帯で、地主としては水田実（川上小学校教員を兼業）・土出庄助（村長を兼任）らが貸し付けている。二七年の丹後震災の復旧事業と併せて、上水道の整備、部落道の改修、八坂神社の創建、共同作業場の設置など、「部落改善事業」が行なわれている。事業開始の直前の時期に、入営兵の見送りの際、村役場の職員が同地区の人びとに盃を最後に持って行ったことを、「差別」として村役場を糾弾する事件などが起きているが、組織的な部落解放運動はなかった（岩瀬儀一談）。

（18）田村の事例になるが、一九三七年の入会山林（共有山林）は約一四〇町で、全山林面積の四〇％を占めている。「入会山林は三部落〔関・大井・一分〕共有のものを除いては殆んど荒廃して居り」、農民個人への分割が進んでいる、という（『昭和十二年田村経済更生計画書』第一編基本調査、第五生産状況〔京都府会図書館所蔵〕による）。

〔付記〕　本調査では、京都府農業会議、京都府農林部、久美浜町農業委員会、京都府立総合資料館、並びに聞き取りに快く応じて下さった農家の方々に多大な援助を得た。また調査を直接指導・協力して下さった荒木幹雄先生や野田公夫氏、草稿を読んで貴重な御批判・御意見を下さった岩井忠熊・三好正喜・馬原鉄男・掛谷宰平先生らに心から感謝したい。私の非力からこれらの方々の御意見・御援助には十分答えられなかった。

なお、本書の聞き取りで使ったテープは、その後、京丹後市教育委員会の市史編纂室に寄贈した。

あとがき

ここ二、三年、毎年韓国の漢陽大学などとのシンポジウムを行なってきたが、その経験については、拙編『世界システムと東アジア』（日本経済評論社、二〇〇八年）の「おわりに」に書いた通りである。国際シンポ・ブームは続いており、今年の五月四、五日には、サハリン公文書館の調査を行ない、六、七日には、ロシア国立サハリン総合大学で、「サハリン　植民地化の歴史的な経験」というテーマのシンポジウムを行なった。その経過についても、「国内植民地の「遺産」」（『女性史研究ほっかいどう』第三号、二〇〇八年）や「植民地としてのサハリン」（『評論』日本経済評論社、二〇〇八年一二月号）に書いた。

しかし、このロシアのサハリン・シンポに参加した人たちを中心に、サハリン・樺太史研究会を、隔月間隔で開くようになり、原暉之先生や北海道の優秀な若手研究者たちを中心とする、サハリン・樺太史の研究会を始めることになった。

一〇月一六日には、全北大学校の人文韓国コメ・生・文明研究院が主催した国際学術大会「世界－地域的実践としてのコメ文明：植民地と脱植民地の視座から」で、本書の第一部第I章の一部を、「近代日本の土地改革」という表題で報告した。この報告は、ハングルに翻訳され、同研究所の紀要に掲載される予定である。かつて二〇〇一年一二月一五日に韓国の日本史研究会の第三一回大会で、同じ内容の報告をしたことがある。その時も、コメンターの梁義模氏をはじめ参加者から貴重な御意見をいただいたし、今回も熱心に討論していただいた。

それにしても、大会の翌日からの二日間、全北大学校の人文韓国コメ・生・文明研究院の林慶澤先生らのご厚意で、郡山や木浦での巡見が実現し、日本の植民地時代の「遺産」とともに、韓国の開発主義と自然破壊のすさまじさを、この眼で確認できた。韓国でも、干拓や広域的な行政圏をつくるという名の下に、海が埋め立てられ、野山が切り開かれて、団地や官庁が建てられており、そこには巨大な利権がうごめいていることが、十分に予想される。

一一月一四日には、韓陽大学のＲＩＣＨ研究所が主催する国際シンポジウム"Transnationalism and Nationanalism in the Era of Globalization"で、「社会主義的国内植民地の「遺産」」という報告を行なった。ここでもＲＩＣＨ研究所などの好意で、安山市の工業団地や「国境のない村」など、移民労働者の居住地域を見学できた。韓国は、移民労働者や国際結婚（農村では三人に一人）の増大で、「多文化共生」を政策として掲げるようになったが、安山市の「国境のない村」などは、エスニック料理の「観光地」となっており、実際の周縁労働者は、地価や家賃が高騰して、そこに住めなくなってきて、一種の「スラム・クリアランス（一掃）」が行なわれている。ここでもサハリンから引き揚げてきた韓国人の居住団地で、彼らと日本語で会話し、日本の植民地主義の傷の根深さを再確認させられた。機会があれば、再度この地を訪れて、一週間ほど滞在して、聞き取りを行ないたいと思っている。

韓国の恐慌は、日本以上であり、通貨や株は半分以下に暴落していた。そもそも日本以上に、「新自由主義」の政策がとられ、日本では勤労者の三人に一人が正規社員でないことが問題になっているが、韓国では二人に一人が非正規雇用で、ＯＥＣＤ（経済協力開発機構）諸国中でも最高の比率である。日本では非正規雇用の勤労者が、年収二〇〇万円以下の収入しかないことが問題になっているが、韓国の二〇代は「八八万ウォン世代」と呼ばれ、月一〇万円（現在のレートだと五万円）で暮らしている。この脆弱な社会的基盤のうえに恐慌が襲いかかっているのである。

二〇代の私もフリーターで暮らしていて、初めて正規に就職したのが四〇代であるから、大学をでて二〇年間は、フリーターであった。フリーター歴二〇年というのも凄いが、私の時代は、予備校や塾の黄金時代で、一分一〇〇円、時給六〇〇〇円ぐらいの講師料は貰えた。それでも研究時間を確保するために、週二日以上は働かないという生活をして、国民健康保険の保険料を払えず、保険証を取り上げられたこともある。医者にも行けず、売薬で勝手な治療をしていたため、持病の生活習慣病を悪化させ、今では余病に苦しんでいる。そのフリーター時代のフィールド調査をまとめたのが本書である。

序章は、部落解放・人権研究所の『部落史研究からの提言』（二〇〇九年刊行予定）に書いた、「国民国家論と部落史」という原稿を改編したものである。本書での私の立場を鮮明にするために掲載した。第1章も某出版社のために書いた「概説」である。二〇〇一年の韓国留学中に急いで書かされたが、未だに出版の目途さえ立っていない。編者の中世史の某氏でさえ未だに書いていないのだから、私の生きているうちに日の目を見るのは無理だろう。

この韓国留学中は、『小樽高商の人々』（北海道大学出版会、二〇〇二年）の原稿をはじめ、一〇本以上の原稿を抱えて、忠南大学の研究室に毎日泊まり込み、「月刊今西」といわれる生活をしていた。帰国後、靱帯骨化症という難病にかかったのは、若い時の無理とこの時の無理がたたったのであろう。

第2章は、『宮津市史』のための書いた草稿である。紙数の都合で削除した部分などを復活している。京都府の宮津市の研究は、私の研究者の出発点であった。私は国文学科の卒業だから卒論では、北村透谷を選んだ。その一部は、「自由民権期の青春」として、『講座　青年』（清風堂出版部、一九九〇年）に短文として発表した。透谷を選んだのは、色川大吉氏の『明治精神史』（黄河書房、一九六四年、岩波現代文庫、二〇〇八年）の絶大な影響もあるが、透谷は早世したので著作が少ないというのが最大の理由であった。

国文学科に入ったが、その訓詁学的な授業に興味が持てず、史学科に移りたかったが、二回生の時は、学園闘争の最中で、学友会の委員長をやっていたため、試験を受けに行くと言うと「裏切り者」という罵倒さえあびせられた。そのため一年間で四単位しか取れず、編入試験などとても受けられなかった。そこで三・四回生の時に、一三〇単位以上の授業を取らなければならなかった（教員免許まで取ったのである）。こんなことが可能だったのは、当時の龍谷大学の文学部は、教養が伏見区の深草で、専門が四条の大宮にあり、試験の時間まで違っていたおかげである。同じ時間の二つの授業を登録したのであるが、今のコンピュター時代では考えられない無謀（無法）さである。

そこで国文学科では透谷を卒論で書きながら、奈良の地方調査をやり、後に一九八〇年の日本史研究会の大会報告になる「「原生的産業革命」期の農村構造と農業生産力」（『日本史研究』第二一三号、一九八一年）の元になる論文を別に書いていた。しかし、この大会報告は、評判もよくなかったが、自分でも納得のいくものではなく、日本史の研究を辞めようかと悩んでいた。

だが、七〇年代の中頃からはじめていた丹後地域の研究成果をまとめた、「帝国議会開設前夜の地価修正運動」（『史林』第六九巻六号、一九八三年）から、自分の研究方向に少し自信が持てるようになった。丹後でのフィールドは、最初は国立公文書館の調査を、近世史の水本邦彦氏の誘いで参加したことがきっかけであった。調査地の丹後郷土資料館で百田昌夫氏と出会い、彼の協力を得て、一〇年以上、丹後に通った成果の一部が同論文であった。

丹後調査では、早世した百田氏はもちろん、中嶋利雄先生や原田久美子氏にも大変なお世話になった。中嶋先生は、丹後の小学校の校長先生までやりながら、地域史研究者として堅実な史料の発掘と研究を続けておられた。原田氏もまた、丹後研究の大先輩として、いろんなことを教えてくださった。両先生が編集された『丹後に生きる』（三省堂、一九八七年）に書かせてもらったも、懐かしい思い出である。原田氏が、優れた研究を残されながら、自由民権運動史研究について一冊の単著も残さず逝去されたことは、本当に残念である。高久嶺之介氏によって残された原稿が整理されていると聞いているが、本人以外がまとめるのは大変な仕事である。

本編は『宮津市史』（本文編第三巻、二〇〇四年）の草稿を使った。地租改正の話なども入れたかったが、私が本の値段を廉価にしてくれと頼んだので、収録できなかった。私の学位論文『近代日本成立期の民衆運動』（柏書房、一九九一年）などを参照していただきたい。史料については、『宮津市史』（史料編第四巻、二〇〇一年）に収録した。ただ、宮津市史で集めた史料をもとに、宮津市の歴史の館を造って、そこに保管していたが、その歴史資料館も一昨年から閉館である。地方財政の破綻が、私たちの研究基盤を崩していっている。

第3・4章は、同じく『福崎町史』第二巻（一九九五年）に書いたものの草稿である。この福崎町史の編集の仕事は有り難いアルバイトであった。週末に兵庫県の福崎町まで行って、ホテルに泊めてもらって、昼は資料調査にまわり、夜はホテルで読書できたのである。しかも日当まで貰って、それを翌週の生活費にすればよかったのである。今は亡き石田善人先生が編集長であったが、福崎は柳田国男兄弟の出身地ということもあって、民俗学の千葉徳爾先生なども東京からわざわざ調査に来られ、民俗調査のお供ができたり、柳田先生の思い出を聞かせてもらったりして、大変勉強になった。編集室の方々にもお世話になり、私が京都大学の学位を取った時には、お祝いの会まで開いて下さった。史料はまた、『福崎町史』第四巻（一九九一年）に収録されている。

終章は、私の修士論文を活字にしたものである（『部落問題研究』第六三輯、一九八〇年）。当初、修論では旧豊岡県の地価修正運動をやりたかったのだが、どうしても間に合わず、二カ月ほどで農地改革にテーマを変えた。それが可能だったのは、七〇年代の後半に、京都府農業会議のアルバイトで、『京都府農地改革史』（同会議、一九八〇年）の編纂のために京都府下の調査をしていたからである。ここでも農業会議の職員の方々には、お世話になった。京都大学農学部の荒木幹雄先生や当時院生の野田公夫氏らとは、カメラやテープを担いで、よく京都府下の農業委員会や農村などをまわったものである。

このように私の学問形成は、自治体史や古文書調査のなかで築かれたものである。よく私の専門は何かと聞かれるが、その時によく言うのは、「大学病院の医者は、何科と決まっているが、村の開業医はどんな患者が来ても見なければならない」ということである。自治体史や古文書の調査などをやっていれば、さまざまな史料に出会い、それなりの対応をしなければならない。そのような実践のなかで鍛えられたのが、私の歴史学である。健康の許す限り、私はフィールドワーカーでありたいと思っている。

本書の作成にあたっては、終章などは古くてワープロのソフトが無いので、わざわざ北大スラブ研究所の研究員で、建築史研究者で且つ未来の大作家、井潤裕氏に多忙ななか打ってもらった。その上、年末は特に多忙であったため、京都大学農学部の大学院生の中山大将氏に校正を手伝ってもらった。また、地味なテーマであるにもかかわらず、私の勝手な願いを聞いて編集してくれた、日本経済評論社の谷口京延氏に感謝したい。

出版の危機は、将来の学問、研究にとっては最大の危機である。インターネットの安易な情報操作に頼るのではなく、本を読んで考える、という最低限の文化が守れなくては、日本の教育も崩壊していくだろう。少子化のなかで、大学では実業教育だけがはびこって、どんどん専門学校化していっている。福田徳三先生のように、「簿記・会計は学問ではない」とまでは言わないが、そんなことで学校が愉しいわけがない。教育とは、人間の思考力、想像力、批判精神を育てるものである。今年からは大学の倒産や合併もすすみ、日本の教育も瀬戸際に立たされていくだろう。良心的な出版人には、是非、頑張ってもらいたい。

最後に私事になるが、本書の校正中に父久一《ひさかず》が八四歳で永眠した。優しいひとであったが、気が弱く、バクチの誘惑に最後まで抗えなかった。幾度も会社をクビになり、借金に追われた人生であった。

今流の嫌いな言葉で言えば人生の「負け組」ということになるのだろうが、どんな人間の一生にも「無意味な人生」というものはない。これが私の民衆史の原点となっている。しかも最後は弟恵一のつれあいの淳子さんのおかげで父を暖かく見送ることができた。親の介護に追われている友人たちを見ると、淳子さんの御厚情には、ただただ感謝するだけである。

今西　一

二〇〇九年二月

【著者紹介】

今西　一（いまにし・はじめ）

1948年生まれ

現在、小樽商科大学商学部教授、農学博士（京都大学）

主要著書『近代日本成立期の民衆運動』柏書房、1991年
『近代日本の差別と村落』雄山閣出版、1993年
『近代日本の差別と性文化』同上、1998年
『メディア都市・京都の誕生』同上、1999年
『国民国家とマイノリティ』日本経済評論社、2000年
『文明開化と差別』吉川弘文館、2001年
『遊女の社会史』有志舎、2007年
『世界システムと東アジア』（編者）日本経済評論社、2008年、ほか

近代日本の地域社会

2009年3月31日　第1刷発行　定価（本体2800円＋税）
2011年3月25日　第2刷発行

著　者　今　西　一
発行者　栗　原　哲　也

発行所　株式会社　日本経済評論社
〒101-0051　東京都千代田区神田神保町3-2
電話 03-3230-1661　FAX 03-3265-2993
info@nikkeihyo.co.jp
URL: http://www.nikkeihyo.co.jp

装幀＊奥定泰之　印刷＊文昇堂・製本＊高地製本所

乱丁落丁本はお取替えいたします。　Printed in Japan

ISBN978-4-8188-2040-1

世界システムと東アジア ―小経営・国内植民地・「植民地近代」 今西一編 本体四二〇〇円
国民国家とマイノリティ 今西一著 本体二三〇〇円
〈私〉にとっての国民国家論 ―歴史研究者の井戸端談義 牧原憲夫編 本体三二〇〇円
昭和史論争を問う ―歴史を叙述することの可能性 大門正克編著 本体三八〇〇円
増補 戦場の記憶 冨山一郎著 本体二〇〇〇円
近代日本社会と「沖縄人」 ―「日本人」になるということ 冨山一郎著 本体三二〇〇円
日本近代のサブ・リーダー ―歴史をつくる闘い 金原左門著 本体四五〇〇円
歴史の交差点に立って 孫歌著 本体二〇〇〇円
男性史全3巻 阿部恒久・大日方純夫・天野正子編 本体二五〇〇円
竹内好セレクションⅠ・Ⅱ 竹内好著／丸川哲史・鈴木将久編 本体二〇〇〇円